절대어휘
5100
②

DARAKWON

구성과 특징

절대어휘 5100 시리즈는

어휘 학습에 있어서 반복학습의 중요성을 강조합니다.
자기주도적인 어휘학습의 중요성을 강조합니다.
체계적인 단계별 학습의 중요성을 강조합니다.

1 | 단계별 30일 구성! 계획적인 어휘 학습

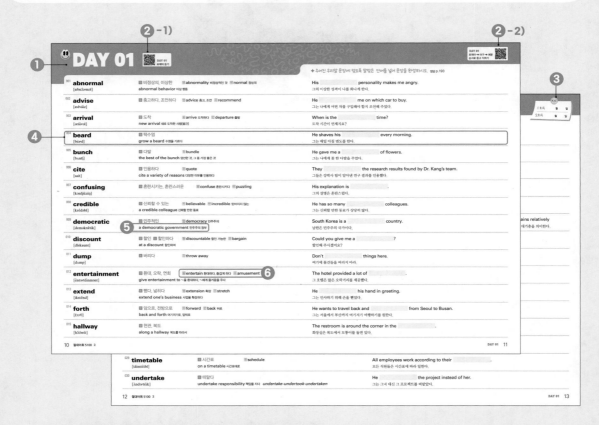

① **30일 구성의 계획적인 어휘 학습** : 하루 30개씩 30일 구성으로 총 900 단어 학습
② **두 가지 버전의 QR코드 바로 듣기** : 남녀 원어민 음성으로 정확한 발음 연습
    1) 표제어 듣기   2) 표제어, 어구, 예문 순서로 듣고 익히기
③ **DAY별 학습 진도 체크하기** : 학습 날짜를 기록하여 효과적으로 반복 학습
④ **단어 → 어구 → 문장 순서**로 자연스럽게 표제어 응용 학습
⑤ **다양한 Collocation 학습**으로 어휘 자신감 높이기
⑥ **유의어, 반의어, 파생어** 등으로 어휘력 확장

2 | 7가지 유형의 REVIEW TEST

① **어구 빈칸 완성**
우리말과 일치하도록 어구의 빈칸을 완성합니다.

② **품사별 단어 변형**
조건에 따라 주어진 단어를 다양한 품사로 변형해 보고 우리말 뜻을 써 봅니다.

③ **영영 풀이**
영영 풀이에 해당하는 단어를 보기에서 찾아봅니다.

④ **문장 빈칸 완성**
우리말과 일치하도록 문장의 빈칸을 완성합니다.

⑤ **유의어 or 반의어**
문장 속 밑줄 친 어휘의 유의어 또는 반의어를 보기에서 찾아 써 봅니다.

⑥ **단어 받아쓰기**
남녀 원어민의 음성을 듣고 영어와 우리말 뜻을 적어봅니다.

⑦ **문장 듣고 받아쓰기**
남녀 원어민의 음성을 듣고 문장 속 빈칸을 완성합니다.

3 | WORKBOOK

쓰기 노트

STEP 1
영어의 우리말 의미를
생각하며 두 번씩
써 보기

일일테스트

STEP 2
DAY별로 학습한
단어로 최종 실력
점검하기

4 | 문제출제프로그램 voca.darakwon.co.kr

그 밖에 3종 이상의 다양한 테스트지를 원하는 범위에서 출제하고 출력해서 쓸 수 있는 문제출제프로그램을
제공합니다.

절대어휘 5100 학습 계획표

중등 내신 필수 900 단어 Master

30일 구성의 계획적인 어휘 학습으로 중등 내신 필수 900 단어를 암기해보세요.

	1회독		2회독			1회독		2회독	
DAY 01	월	일	월	일	**DAY 17**	월	일	월	일
DAY 02	월	일	월	일	**DAY 18**	월	일	월	일
REVIEW TEST 01	월	일	월	일	**REVIEW TEST 09**	월	일	월	일
DAY 03	월	일	월	일	**DAY 19**	월	일	월	일
DAY 04	월	일	월	일	**DAY 20**	월	일	월	일
REVIEW TEST 02	월	일	월	일	**REVIEW TEST 10**	월	일	월	일
DAY 05	월	일	월	일	**DAY 21**	월	일	월	일
DAY 06	월	일	월	일	**DAY 22**	월	일	월	일
REVIEW TEST 03	월	일	월	일	**REVIEW TEST 11**	월	일	월	일
DAY 07	월	일	월	일	**DAY 23**	월	일	월	일
DAY 08	월	일	월	일	**DAY 24**	월	일	월	일
REVIEW TEST 04	월	일	월	일	**REVIEW TEST 12**	월	일	월	일
DAY 09	월	일	월	일	**DAY 25**	월	일	월	일
DAY 10	월	일	월	일	**DAY 26**	월	일	월	일
REVIEW TEST 05	월	일	월	일	**REVIEW TEST 13**	월	일	월	일
DAY 11	월	일	월	일	**DAY 27**	월	일	월	일
DAY 12	월	일	월	일	**DAY 28**	월	일	월	일
REVIEW TEST 06	월	일	월	일	**REVIEW TEST 14**	월	일	월	일
DAY 13	월	일	월	일	**DAY 29**	월	일	월	일
DAY 14	월	일	월	일	**DAY 30**	월	일	월	일
REVIEW TEST 07	월	일	월	일	**REVIEW TEST 15**	월	일	월	일
DAY 15	월	일	월	일					
DAY 16	월	일	월	일					
REVIEW TEST 08	월	일	월	일					

절대어휘 5100 권장 학습법

1 회독

❶ 하루에 30개의 표제어를 학습합니다. (30일 완성!)
❷ QR코드를 통해 표제어, 어구, 예문을 들으며 발음을 따라해 봅니다.
❸ 유의어, 반의어, 파생어 등을 살펴보며 어휘력을 확장합니다.
❹ REVIEW TEST로 2일 동안 학습한 단어들을 점검해 봅니다.
❺ 워크북을 활용하여 단어의 철자와 뜻을 한번 더 확인합니다.

2 회독

❶ 하루에 60개의 표제어를 학습합니다. (15일 완성!)
❷ QR코드를 통해 표제어를 들으며 발음을 따라해 봅니다.
❸ 표제어와 함께 유의어, 반의어, 파생어 등을 꼼꼼히 살펴봅니다.
❹ REVIEW TEST에서 자주 틀리거나 헷갈리는 단어들을 오답노트에 정리합니다.
❺ 단어테스트지와 문제출제프로그램을 통해 학습한 단어를 최종 점검합니다.

N 회독

❶ QR코드 또는 MP3를 반복해서 들어보세요.
❷ 반복 학습으로 중등 내신 필수 900 단어를 마스터해보세요.

목차

■ 책 속의 책 Workbook 제공

3rd Edition

절대어휘 5100

② 중등 내신 필수 900

*DAY
01~30

001 abnormal [æbnɔ́ːrməl]	형 비정상의, 이상한	명 abnormality 비정상적인 것 반 normal 정상의 abnormal behavior 이상 행동
002 advise [ædváiz]	동 충고하다, 조언하다	명 advice 충고, 조언 유 recommend
003 arrival [əráivəl]	명 도착	동 arrive 도착하다 반 departure 출발 new arrival 새로 도착한 사람[물건]
004 beard [biərd]	명 턱수염	grow a beard 수염을 기르다
005 bunch [bʌntʃ]	명 다발	유 bundle the best of the bunch 엄선한 것, 그 중 가장 좋은 것
006 cite [sait]	동 인용하다	유 quote cite a variety of reasons 다양한 이유를 인용하다
007 confusing [kənfjúːziŋ]	형 혼란시키는, 혼란스러운	동 confuse 혼란시키다 유 puzzling
008 credible [krédəbl]	형 신뢰할 수 있는	유 believable 반 incredible 믿어지지 않는 a credible colleague 신뢰할 만한 동료
009 democratic [deməkrǽtik]	형 민주적인	명 democracy 민주주의 a democratic government 민주주의 정부
010 discount [dískaunt]	명 할인 동 할인하다	형 discountable 할인 가능한 유 bargain at a discount 할인하여
011 dump [dʌmp]	동 버리다	유 throw away
012 entertainment [èntərtéinmənt]	명 환대, 오락, 연회	동 entertain 환대하다, 즐겁게 하다 유 amusement give entertainment to ~을 환대하다, ~에게 즐거움을 주다
013 extend [iksténd]	동 뻗다, 넓히다	명 extension 확장 유 stretch extend one's business 사업을 확장하다
014 forth [fɔːrθ]	부 앞으로, 전방으로	유 forward 반 back 뒤로 back and forth 여기저기로, 앞뒤로
015 hallway [hɔ́ːlwèi]	명 현관, 복도	along a hallway 복도를 따라서

✦ 주어진 우리말 문장에 맞도록 알맞은 단어를 넣어 문장을 완성하시오. 정답 p.193

His   personality makes me angry.

그의 이상한 성격이 나를 화나게 한다.

He   me on which car to buy.

그는 나에게 어떤 차를 구입해야 할지 조언해 주었다.

When is the   time?

도착 시간이 언제지요?

He shaves his   every morning.

그는 매일 아침 면도를 한다.

He gave me a   of flowers.

그는 나에게 꽃 한 다발을 주었다.

They   the research results found by Dr. Kang's team.

그들은 강박사 팀이 알아낸 연구 결과를 인용했다.

His explanation is   .

그의 설명은 혼란스럽다.

He has so many   colleagues.

그는 신뢰할 만한 동료가 상당히 많다.

South Korea is a   country.

남한은 민주주의 국가이다.

Could you give me a   ?

할인해 주시겠어요?

Don't   things here.

여기에 물건들을 버리지 마라.

The hotel provided a lot of   .

그 호텔은 많은 오락거리를 제공했다.

He   his hand in greeting.

그는 인사하기 위해 손을 뻗었다.

He wants to travel back and   from Seoul to Busan.

그는 서울에서 부산까지 여기저기 여행하기를 원한다.

The restroom is around the corner in the   .

화장실은 복도에서 모퉁이를 돌면 있다.

DAY 01

016 inequality
[ìnikwáləti]
명 같지 않음, 불평등 　형 inequitable 불평등한 　반 equality 한결같음, 균등성
educational inequality 교육적 불평등

017 ironical
[airánikəl]
형 반어적인, 역설적인 　부 ironically 반어적으로, 역설적으로
an ironical situation 역설적인 상황

018 magnet
[mǽgnit]
명 자석 　형 magnetic 자석의
a bar magnet 막대 자석

019 misunderstand
[mìsʌndərstǽnd]
동 오해하다 　명 misunderstanding 오해
misunderstand a gesture 몸짓을 오해하다

020 normal
[nɔ́ːrməl]
형 정상의, 보통의 　명 normality 정상 　반 abnormal 비정상의
a normal person 보통 사람

021 ozone
[óuzoun]
명 오존
the ozone layer 오존층

022 posture
[pástʃər]
명 자세 　유 attitude
correct one's posture 자세를 교정하다

023 protection
[prətékʃən]
명 보호 　동 protect 보호하다

024 remarkable
[rimáːrkəbl]
형 현저한, 주목할 만한 　부 remarkably 현저하게 　유 extraordinary
remarkable progress 현저한 진보

025 saw
[sɔː]
명 톱 동 톱질하다 　참 see 보다 (see-saw-seen)
saw a branch off 가지를 톱질로 자르다 　saw-sawed-sawed[sawn]

026 sociology
[sòusiálədʒi]
명 사회학 　참 social studies 사회 (과목)

027 steam
[stiːm]
명 증기 　형 steamy 증기의
by steam 증기로

028 survival
[sərváivəl]
명 생존 　동 survive 생존하다

029 timetable
[táimtèibl]
명 시간표 　유 schedule
on a timetable 시간표대로

030 undertake
[ʌ̀ndərtéik]
동 떠맡다
undertake responsibility 책임을 지다 　undertake-undertook-undertaken

✦ 주어진 우리말 문장에 맞도록 알맞은 단어를 넣어 문장을 완성하시오. 정답 p.193

Some people are worried about the educational _____.
몇몇 사람들은 교육적 불평등에 대해서 걱정하고 있다.

We face lots of _____ situations in our lives.
우리는 삶에서 많은 역설적인 상황에 직면한다.

The _____ attracts all the pieces of iron.
자석은 모든 철을 끌어당긴다.

He _____ my intentions.
그는 나의 의도를 오해했다.

It's hard for a _____ person to understand the situation.
보통 사람에게는 그 상황을 이해하는 것이 어렵다.

The _____ layer is a layer in Earth's atmosphere which contains relatively
high concentrations of ozone. 오존층은 오존이 상대적으로 매우 밀집되어 있는 지구의 대기층을 의미한다.

It seems that he keeps maintaining a military _____.
그는 계속 전투태세를 유지하는 것으로 보인다.

Lions give their cubs _____ from their enemies.
사자들은 적으로부터 새끼 사자들을 보호한다.

They made _____ progress.
그들은 현저한 진보를 이루었다.

The dead branches were _____ off.
죽은 나뭇가지들이 톱으로 잘려 나갔다.

_____ is one of my favorite classes.
사회학은 내가 좋아하는 수업 중 하나다.

_____ can sometimes be very hot.
증기는 때때로 매우 뜨거울 수 있다.

The pollution was fatal to the _____ of the birds.
그 오염은 새들의 생존에 치명적이었다.

All employees work according to their _____.
모든 직원들은 시간표에 따라 일한다.

He _____ the project instead of her.
그는 그녀 대신 그 프로젝트를 떠맡았다.

031	**absorb** [əbsɔ́:rb]	동 흡수하다 be absorbed in ~로 흡수되다	명 absorption 흡수 유 suck up

032	**affair** [əfɛ́ər]	명 일, 사건 on business affairs 사업상의 용무로	

033	**beast** [bi:st]	명 짐승 a beast of prey 맹수, 포식 동물	형 beastly 짐승 같은 유 animal

034	**burden** [bə́:rdn]	명 부담 lift a burden from ~로부터 부담을 덜어 주다	형 burdensome 부담스러운

035	**civil** [sívəl]	형 시민의 a civil society 시민 사회	동 civilize 문명화하다 유 civic

036	**confusion** [kənfjú:ʒən]	명 혼란, 당황 be in confusion 당황하다	동 confuse 혼란스럽게 하다 유 disorder

037	**credit** [krédit]	명 외상, 신용 형 신용의 No credit! 외상 사절!	

038	**demonstrate** [démənstrèit]	동 논증하다, 증명하다 demonstrate the law of ~의 법칙을 증명하다	명 demonstration 논증, 증명 유 prove

039	**discourage** [diskə́:ridʒ]	동 낙담시키다	명 discouragement 낙담 반 encourage 용기를 북돋우다

040	**durable** [djúərəbl]	형 튼튼한, 내구력 있는 a durable color 바래지 않는 색	명 durability 내구성

041	**enthusiastic** [inθù:ziǽstik]	형 열렬한 an enthusiastic welcome 열렬한 환영	부 enthusiastically 열렬히 유 eager

042	**external** [ikstə́:rnl]	형 외부의 for external use only 외용 전용, 피부에 바르는 용도 전용	부 externally 외부로 반 internal 내부의

043	**fortress** [fɔ́:rtris]	명 요새 occupy the fortress 요새를 점령하다	유 castle

044	**harbor** [há:rbər]	명 항구 a harbor of refuge 피난항	

045	**influence** [ínfluəns]	명 효과, 영향 have (an) influence on ~에 영향을 끼치다	유 effect

✦ 주어진 우리말 문장에 맞도록 알맞은 단어를 넣어 문장을 완성하시오. 정답 p.193

Soil easily   water.
흙은 쉽게 물을 흡수한다.

The government mishandled the whole   .
정부는 전체 사건을 잘못 다루었다.

Most people think that   are scary.
대부분의 사람들은 짐승이 무섭다고 생각한다.

Her words lifted a   from me.
그녀의 말이 내 부담을 덜어 주었다.

Martin Luther King, Jr. was the leader of the   rights movement.
마틴 루터 킹은 시민 권리 운동의 선도자였다.

His explanation caused more   .
그의 설명은 더 많은 혼란을 일으켰다.

I will pay with my   card.
신용카드로 계산할게요.

I want to   Newton's first law of motion.
저는 뉴턴의 제1운동법칙을 증명하고 싶습니다.

The bad result   everyone.
나쁜 결과가 모두를 낙담시켰다.

This timber is   enough to make a desk.
이 목재는 책상을 만들 수 있을 만큼 충분히 튼튼하다.

Their   welcome pleased him.
그들의 열렬한 환영이 그를 기쁘게 했다.

This medicine is only for   use.
이 약은 외용[피부에 바르는 용도] 전용입니다.

The easiest way to capture a   is to attack it from within.
요새를 점령하는 가장 쉬운 방법은 내부에서 공격하는 것이다.

Her room commands a view of the beautiful   .
그녀의 방은 아름다운 항구를 내려다보고 있다.

Research on the   of the drug is still needed.
그 약의 효능에 대한 조사가 여전히 필요하다.

| 046 | **irresponsible** [ìrispánsəbl] | 형 무책임한 | 명 irresponsibility 무책임 반 responsible 책임이 있는 |
| | | irresponsible conduct 무책임한 행위 | |

| 047 | **magnitude** [mǽɡnətjùːd] | 명 크기, 진도 | |
| | | a magnitude 4 earthquake 진도 4의 지진 | |

| 048 | **misuse** [misjúːz] | 동 오용하다 | 명 misusage 오용 유 abuse |

| 049 | **notice** [nóutis] | 동 주의하다, 알아채다 명 주의, 통지 | 형 noticeable 눈에 띄는 유 attention |
| | | without notice 예고 없이 | |

| 050 | **partial** [páːrʃəl] | 형 부분의, 불완전한 | 유 incomplete 불완전한 반 whole 모든 |
| | | partial knowledge 어설픈 지식 | |

| 051 | **potential** [pəténʃəl] | 형 잠재적인, 가능한, 위치의 명 가능성, 잠재력 | 명 potentiality 가능성 |
| | | potential energy 위치 에너지 | |

| 052 | **protest** [próutest] | 동 항의하다 명 항의 | 명 protestation 강한 항의 유 object |
| | | without protest 이의 없이 | |

| 053 | **remedy** [rémədi] | 명 치료 동 치료하다 | 형 remediable 치료할 수 있는 유 cure |

| 054 | **scarcely** [skέərsli] | 부 거의 ~ 않다 | 형 scarce 드문, 진귀한 유 hardly, seldom |

| 055 | **solar** [sóulər] | 형 태양의 | 명 sun 태양 |
| | | solar spots 태양의 흑점 | |

| 056 | **stir** [stəːr] | 동 휘젓다, 뒤섞다 명 휘젓기 | 유 mix |
| | | stir A with B A를 B로 휘젓다 | |

| 057 | **suspect** [səspékt] | 동 의심하다 명 용의자 | 명 suspicion 의심 |
| | | suspect A as B A를 B로 의심하다 | |

| 058 | **timid** [tímid] | 형 겁 많은, 소심한 | 부 timidly 소심하게 반 bold 대담한 |
| | | as timid as a rabbit 토끼처럼 겁 많은 | |

| 059 | **unfaithful** [ʌnféiθfəl] | 형 불성실한, 불충실한 | 명 unfaithfulness 불성실, 불충실 |
| | | an unfaithful servant 불충실한 하인 | |

| 060 | **warrior** [wɔ́ːriər] | 명 전사 | 유 fighter |
| | | a legendary warrior 전설적인 전사 | |

1회독 월 일
2회독 월 일

✦ 주어진 우리말 문장에 맞도록 알맞은 단어를 넣어 문장을 완성하시오. 정답 p.193

His ________ attitude made me angry.
그의 무책임한 태도가 나를 화나게 했다.

It is difficult to imagine the ________ of the universe.
우주의 크기를 상상하는 것은 어렵다.

If you ________ drugs, it could be very dangerous.
약물을 오용하면 매우 위험할 수 있다.

They have received ________ of a typhoon approaching.
그들은 태풍이 온다는 통보를 받았다.

________ sunshine will greet us tomorrow.
내일은 부분적으로 맑겠습니다. (내일은 부분적인 햇살이 우리를 맞이할 것이다.)

Every seed is a ________ plant.
모든 씨앗은 잠재적인 식물이다.

She ________ that she had never done it.
그녀는 그런 일을 한 적이 없다고 항의했다.

It's dangerous to rely on a popular ________.
인기 있는 민간치료에 의지하는 것은 위험하다.

They ________ get along with each other.
그들은 거의 서로 어울리지 않는다.

They accurately predicted the ________ eclipses.
그들은 정확하게 일식을 예보했다.

I ________ my coffee with a spoon.
나는 커피를 숟가락으로 휘젓는다.

The police began to ________ he was the murderer.
경찰은 그를 살인자로 의심하기 시작했다.

She is a ________ driver and doesn't like to speed up.
그녀는 겁 많은 운전자라 속도 내는 것을 싫어한다.

Jack has been an ________ servant for a long time.
잭은 오랫동안 불성실한 하인이었다.

People looked up to the legendary ________.
사람들은 그 전설적인 전사를 존경했다.

A 우리말과 같은 뜻이 되도록 빈칸에 들어갈 알맞은 단어를 적으시오.

① a bar _____ (막대 자석)

② on a _____ (시간표대로)

③ _____ A as B (A를 B로 의심하다)

④ be _____ in (~로 흡수되다)

⑤ correct one's _____ (자세를 교정하다)

⑥ an _____ welcome (열렬한 환영)

⑦ occupy the _____ (요새를 점령하다)

⑧ _____ conduct (무책임한 행위)

⑨ a legendary _____ (전설적인 전사)

⑩ No _____ ! (외상 사절!)

B 다음 괄호 안의 지시대로 주어진 단어를 변형시키고 그 뜻을 적으시오.

		변형	뜻
①	confusing (동사형으로)	→ _____	_____
②	democratic (명사형으로)	→ _____	_____
③	entertainment (동사형으로)	→ _____	_____
④	extend (명사형으로)	→ _____	_____
⑤	misunderstand (명사형으로)	→ _____	_____
⑥	protection (동사형으로)	→ _____	_____
⑦	remarkable (부사형으로)	→ _____	_____
⑧	survival (동사형으로)	→ _____	_____
⑨	absorb (명사형으로)	→ _____	_____
⑩	advise (명사형으로)	→ _____	_____

C 다음 영영풀이에 해당하는 단어를 보기에서 골라 적으시오.

보기	sociology	beard	normal	magnitude	civil
	undertake	saw	influence	durable	burden

❶ the growth of hair on the face of an adult man, often including a mustache

➜ _____

❷ conforming to the standard or the common type ➜ _____

❸ to cut or divide with a saw ➜ _____

❹ the science or study of the origin, development, organization, and functioning of human society ➜ _____

❺ to take upon oneself, as a task, performance, etc.; attempt ➜ _____

❻ something that is oppressive or difficult to bear ➜ _____

❼ of, pertaining to, or consisting of citizens ➜ _____

❽ able to resist wear, decay, etc., well; lasting; enduring ➜ _____

❾ the action or process of producing effects on the actions, behavior, opinions, etc., of another or others ➜ _____

❿ size; extent; dimensions ➜ _____

D 우리말과 같은 뜻이 되도록 주어진 문장의 빈칸을 완성하시오.

❶ 증기는 때때로 매우 뜨거울 수 있다.

➜ _____ can sometimes be very hot.

❷ 대부분의 사람들은 짐승이 무섭다고 생각한다.

➜ Most people think that _____ are scary.

❸ 그의 설명은 더 많은 혼란을 일으켰다.

➜ His explanation caused more _____.

❹ 저는 뉴턴의 제1운동법칙을 증명하고 싶습니다.

➜ I want to _____ Newton's first law of motion.

⑤ 요새를 점령하는 가장 쉬운 방법은 내부에서 공격하는 것이다.
➜ The easiest way to capture a _____ is to attack it from within.

⑥ 그녀의 방은 아름다운 항구를 내려다보고 있다.
➜ Her room commands a view of the beautiful _____.

⑦ 약물을 오용하면 매우 위험할 수 있다.
➜ If you _____ drugs, it could be very dangerous.

⑧ 그들은 거의 서로 어울리지 않는다.
➜ They _____ get along with each other.

⑨ 그들은 정확하게 일식을 예보했다.
➜ They accurately predicted the _____ eclipses.

⑩ 그녀는 매우 겁 많은 운전자라 속도 내는 것을 싫어한다.
➜ She is a _____ driver and doesn't like to speed up.

E 문장의 밑줄 친 부분에 해당하는 유의어 혹은 반의어를 보기에서 골라 적으시오.

보기	whole	bundle	bargain	quote	equality
	encourage	fighter	cure	throw away	attitude

❶ He gave me a <u>bunch</u> of flowers. 유의어 = _____

❷ They <u>cited</u> the research results found by Dr. Kang's team. 유의어 = _____

❸ Could you give me a <u>discount</u>? 유의어 = _____

❹ Don't <u>dump</u> things here. 유의어 = _____

❺ It seems that he keeps maintaining a military <u>posture</u>. 유의어 = _____

❻ The bad result <u>discouraged</u> everyone. 반의어 ↔ _____

❼ <u>Partial</u> sunshine will greet us tomorrow. 반의어 ↔ _____

❽ It's dangerous to rely on a popular <u>remedy</u>. 유의어 = _____

❾ People looked up to the legendary <u>warrior</u>. 유의어 = _____

❿ Some people are worried about the educational <u>inequality</u>. 반의어 ↔ _____

F 영어발음을 듣고 영어단어를 적은 후, 우리말 뜻을 적으시오.

영어단어
듣고 쓰기

영어	우리말		영어	우리말
❶ _____	_____	❽ _____	_____
❷ _____	_____	❾ _____	_____
❸ _____	_____	❿ _____	_____
❹ _____	_____	⑪ _____	_____
❺ _____	_____	⑫ _____	_____
❻ _____	_____	⑬ _____	_____
❼ _____	_____	⑭ _____	_____

G 영어문장을 듣고 빈칸에 들어갈 단어를 채워 문장을 완성하시오.

영어문장
듣고 쓰기

❶ He has so many _____ colleagues.

❷ The restroom is around the corner in the _____.

❸ The _____ attracts all the pieces of iron.

❹ All employees work according to their _____.

❺ The government mishandled the whole _____.

❻ Their _____ welcome pleased him.

❼ His _____ attitude made me angry.

❽ She _____ that she had never done it.

❾ The police began to _____ he was the murderer.

❿ Jack has been an _____ servant for a long time.

⑪ His explanation is _____.

⑫ The hotel provided a lot of _____.

⑬ He _____ my intentions.

⑭ Lions give their cubs _____ from their enemies.

⑮ They made _____ progress.

⑯ Soil easily _____ water.

061	**absurd** [əbsə́:rd]	형 어리석은, 불합리한, 터무니없는	명 absurdity 어리석음 유 ridiculous 반 sensible 분별 있는

| 062 | **affection**
[əfékʃən] | 명 애정
a feeling of affection 애정, 사랑의 감정 | 유 fondness |

| 063 | **artificial**
[à:rtəfíʃəl] | 형 인공적인, 인위적인
artificial flowers 조화 | 반 natural 자연적인 |

| 064 | **beg**
[beg] | 동 간청하다, 빌다
beg for money 돈을 구걸하다 | 유 implore |

| 065 | **calculate**
[kǽlkjulèit] | 동 계산하다
calculate the distance 거리를 재다 | 명 calculation 계산 유 estimate |

| 066 | **clarity**
[klǽrəti] | 명 명료, 명확
clarity of writing 글의 명료성 | 유 lucidity |

| 067 | **conquest**
[kánkwest] | 명 정복
the Norman Conquest 노르만 정복 | 동 conquer 정복하다 |

| 068 | **creep**
[kri:p] | 동 기다
creep into ~에 몰래 들어가다 | 형 creepy 오싹하게 하는 |

| 069 | **demonstration**
[dèmənstréiʃən] | 명 논증, 시위 | 동 demonstrate 논증하다, 시위하다 |

| 070 | **discovery**
[diskʌ́vəri] | 명 발견
make a discovery 발견하다 | 동 discover 발견하다 유 finding |

| 071 | **dusk**
[dʌsk] | 명 황혼, 해 질 무렵
at dusk 해 질 무렵에 | 반 dawn 새벽, 해 뜰 무렵 |

| 072 | **equality**
[ikwáləti] | 명 동등, 평등
equality of opportunity 기회의 평등 | 형 equal 동등한, 평등한 반 inequality 불평등 |

| 073 | **extinct**
[ikstíŋkt] | 형 멸종된
an extinct species 멸종된 종 | 명 extinction 멸종 |

| 074 | **fortunate**
[fɔ́:rtʃənət] | 형 운 좋은
a fortunate event 운 좋은 사건 | 부 fortunately 운 좋게도 유 lucky |

| 075 | **heal**
[hi:l] | 동 고치다, 낫게 하다
heal a wound 상처를 낫게 하다 | 형 healable 고칠 수 있는 |

✦ 주어진 우리말 문장에 맞도록 알맞은 단어를 넣어 문장을 완성하시오. 정답 p.194

Her ▨▨▨▨▨ excuse made me upset.
그녀의 터무니없는 변명이 나를 화나게 만들었다.

The ▨▨▨▨▨ of a parent for a child determines how he grows up.
아이에 대한 부모의 애정이 그가 어떻게 자라는지를 결정한다.

There were only ▨▨▨▨▨ flowers in the garden.
그 정원에는 조화들만 있었다.

Most people who ▨▨▨▨▨ for money are homeless.
돈을 구걸하는 사람들은 대개 집이 없는 사람들이다.

Computers ▨▨▨▨▨ so fast.
컴퓨터는 매우 빨리 계산한다.

Writing should have ▨▨▨▨▨.
글은 명료성이 있어야 한다.

The Norman ▨▨▨▨▨ happened in 1066.
노르만 정복은 1066년에 일어났다.

A snake was ▨▨▨▨▨ along the wall.
뱀이 담장을 따라 기어가고 있었다.

We watched the ▨▨▨▨▨ from our windows.
우리는 창문으로 시위를 지켜보았다.

The ▨▨▨▨▨ of the dead body shocked many people.
시체가 발견되어 많은 사람들을 놀라게 했다.

I will never forget the beautiful scenery at ▨▨▨▨▨.
나는 해 질 무렵의 그 아름다운 광경을 잊지 않을 겁니다.

Everyone should be given the ▨▨▨▨▨ of opportunity.
모든 사람에게 평등한 기회가 주어져야 한다.

Dinosaurs became ▨▨▨▨▨ a long time ago.
공룡은 오래 전에 멸종되었다.

It was a very ▨▨▨▨▨ thing that happened to me.
그것은 내게 일어난 운 좋은 일이었다.

The famous doctor can ▨▨▨▨▨ almost anything.
그 유명한 의사는 거의 모든 병을 낫게 할 수 있다.

DAY 03

| 076 | **influential**
[ìnfluénʃəl] | 형 영향력 있는 | 명 influence 영향 유 powerful |
| | | an influential action 영향력 있는 행동 | |

| 077 | **isolate**
[áisəlèit] | 동 고립시키다, 격리시키다 | 명 isolation 고립 유 separate |
| | | be isolated from ~로부터 고립되다 | |

| 078 | **mainly**
[méinli] | 부 주로 | 형 main 주요한 유 mostly |

| 079 | **mixture**
[míkstʃər] | 명 혼합 | 동 mix 섞다 유 blend |
| | | by a mixture 혼합해서 | |

| 080 | **nuclear**
[njú:kliər] | 형 핵의 | 명 nucleus 핵 |
| | | a nuclear war 핵전쟁 | |

| 081 | **participate**
[pɑːrtísəpèit] | 동 참여하다 | 명 participation 참가 유 take part |
| | | participate in a debate 토론에 참여하다 | |

| 082 | **pottery**
[pátəri] | 명 도자기 | 유 china |
| | | a pottery workshop 도자기 작업장 | |

| 083 | **proverb**
[právəːrb] | 명 속담, 격언 | 형 proverbial 속담의, 잘 알려진 유 saying, maxim |
| | | the proverbs of Solomon 솔로몬의 잠언 | |

| 084 | **remove**
[rimú:v] | 동 제거하다 | 명 removal 제거, 삭제 |
| | | remove A from B A를 B로부터 삭제하다 | |

| 085 | **scenery**
[sí:nəri] | 명 풍경, 경치 | 형 scenic 경치의, 경치가 좋은 유 landscape |
| | | natural scenery 자연 풍경 | |

| 086 | **sold out**
[sóuldàut] | 형 품절된, 매진된 | |

| 087 | **stock**
[stɑk] | 명 주식, 저장 | 유 share |
| | | a stock market 주식 시장 | |

| 088 | **suspend**
[səspénd] | 동 (일시) 중지하다, 연기하다 | 명 suspension 중지 유 postpone, put off |
| | | suspend payment 지불을 중단하다 | |

| 089 | **unification**
[jù:nəfikéiʃən] | 명 통합, 통일 | 유 union |

| 090 | **wasteful**
[wéistfəl] | 형 낭비의 | 명 wastefulness 낭비 |
| | | a wasteful use 낭비 | |

✦ 주어진 우리말 문장에 맞도록 알맞은 단어를 넣어 문장을 완성하시오. 정답 p.194

His father is an _____ politician.
그의 아버지는 영향력 있는 정치가이다.

The little village is _____ from modern civilization.
그 작은 마을은 현대문명으로부터 격리되어 있다.

They _____ carry medicine.
그들은 주로 약품을 취급한다.

This city is a _____ of old and young people.
이 도시에는 노인과 젊은이가 섞여 있다.

_____ war can destroy all living things.
핵전쟁은 모든 살아 있는 것들을 파괴할 수 있다.

He is going to _____ more in the class.
그는 수업에 더 잘 참여할 것이다.

He makes _____.
그는 도자기를 만든다.

My father likes reading the _____ of Solomon.
아버지는 솔로몬의 잠언 읽기를 좋아하신다.

Two men's names were _____ from the blacklist.
두 남자의 이름이 블랙 리스트에서 삭제되었다.

The countryside has some beautiful _____.
그 전원은 아름다운 경치를 가졌다.

The weather was so hot that all the ice cream was _____.
날씨가 너무 더워서 아이스크림이 모두 다 팔렸어요.

The world's _____ markets have been booming since last year.
작년 이래로 세계 주식 시장이 성황을 이루고 있다.

His driver's license was _____ because of drunk driving.
음주운전 때문에 그의 운전면허가 정지되었다.

The _____ of all the workers is key to the success of the company.
모든 직원의 통합은 그 회사의 성공 비결이다.

The _____ use of resources is very serious.
자원 낭비는 아주 심각하다.

DAY 04

DAY 04
표제어 듣기

| 091 | **abundant** [əbʌ́ndənt] | 형 풍부한 be abundant in ~이 풍부하다 | 명 abundance 풍부, 부유   유 plentiful |

| 092 | **afterlife** [ǽftərlàif] | 명 내세, 사후의 삶 in the afterlife 내세에서 | |

| 093 | **artistic** [ɑːrtístik] | 형 예술적인 artistic ability 예술적 능력 | 명 art 예술   반 unartistic 비예술적인 |

| 094 | **behavior** [bihéivjər] | 명 행동 strange behavior 이상한 행동 | 동 behave 행동하다 |

| 095 | **campaign** [kæmpéin] | 명 캠페인, 운동 open a campaign 캠페인을 시작하다 | 유 movement |

| 096 | **classic** [klǽsik] | 형 고대의, 고전의 classic myths 고대 신화 | 유 classical   반 modern 현대의 |

| 097 | **criticism** [krítəsìzm] | 명 비판 harsh criticism 심한 비판 | 동 criticize 비판하다 |

| 098 | **deny** [dinái] | 동 부정하다, 부인하다 deny one's crime 죄를 부정하다 | 명 denial 부정, 부인   반 admit 인정하다 |

| 099 | **discrimination** [diskrìmənéiʃən] | 명 차별, 식별 without discrimination 차별 없이 | 동 discriminate 차별하다   유 distinction |

| 100 | **dynamic** [dainǽmik] | 형 동적인 dynamic engineering 기계공학 | 반 static 정적인 |

| 101 | **equipment** [ikwípmənt] | 명 장비, 설비 modern equipment 현대식 장비 | 동 equip 장비를 갖추다   유 apparatus |

| 102 | **extinguisher** [ikstíŋgwiʃər] | 명 소화기 a fire extinguisher 소화기 | 동 extinguish (빛·불 따위를) 끄다 |

| 103 | **foundation** [faundéiʃən] | 명 창설, 기초, 근거 a rumor without foundation 근거 없는 소문 | 형 foundational 기초적인 |

| 104 | **healthful** [hélθfəl] | 형 건강에 좋은 a healthful diet 건강에 좋은 식품 | 명 health 건강   유 healthy |

| 105 | **informative** [infɔ́ːrmətiv] | 형 유익한, 정보의 an informative lecture 유익한 강의 | 명 information 정보   유 instructive |

✦ 주어진 우리말 문장에 맞도록 알맞은 단어를 넣어 문장을 완성하시오. 정답 p.194

Grapes are   in this region.

이 지역은 포도가 풍부하다.

Do you believe in the   ?

내세를 믿으십니까?

He thought that his son had some   ability.

그는 자신의 아들이 예술적 능력을 가지고 있다고 생각했다.

I think his   is out of line.

나는 그의 행동이 지나치다고 생각한다.

The organization opened a   .

그 기구가 캠페인을 시작했다.

I love to read   myths.

나는 고대 신화 읽는 것을 좋아한다.

It isn't easy to take   from others.

다른 사람들의 비판을 받아들이는 것은 쉽지 않다.

He   his theft.

그는 자신의 절도를 부인했다.

Our teacher loves all of us without   .

우리 선생님께서는 우리 모두를 차별 없이 사랑하십니다.

The story had a   ending.

그 이야기는 역동적인 결말을 맺었다.

This stadium has some modern   .

이 경기장은 현대식 장비를 갖추고 있다.

There should be at least two   in this building.

이 건물에는 적어도 두 개의 소화기가 있어야 한다.

The rumor is without   .

그 소문은 근거 없는 것이다.

Eating lots of vegetables is very   .

야채를 많이 먹는 것은 건강에 좋다.

His lecture was very   .

그의 수업은 매우 유익했다.

DAY 04

106	**jail** [dʒeil]	명 감옥 be sent to jail 투옥되다	윤 prison
107	**maintain** [meintéin]	동 유지하다 maintain peace 평화를 유지하다	명 maintenance 유지 윤 preserve
108	**mobile** [móubəl]	형 이동성의 a mobile phone 휴대전화	명 mobility 이동성 윤 movable
109	**obey** [oubéi]	동 따르다, 복종하다 obey orders 명령에 따르다	명 obedience 복종 반 disobey 거역하다
110	**particular** [pərtíkjulər]	형 특별한, 특정의 a particular solution 특별한 해결 방안	윤 special
111	**pound** [paund]	명 파운드 동 치다, 두드리다 by the pound 파운드 단위로	
112	**province** [právins]	명 지방, 지역	윤 region
113	**replacement** [ripléismənt]	명 교체, 교환 replacement of damaged parts 손상된 부품의 교체	동 replace 교체하다 윤 substitution
114	**scholarship** [skálərʃìp]	명 장학금 receive a scholarship 장학금을 받다	
115	**solid** [sálid]	형 단단한, 고체의 solid rock 단단한 돌	
116	**storage** [stɔ́:ridʒ]	명 저장(소) a storage tank 저장 탱크	동 store 저장하다
117	**suspicious** [səspíʃəs]	형 의심스러운 suspicious behavior 의심스러운 행동	동 suspect ~을 의심하다 윤 distrustful
118	**untidy** [ʌntáidi]	형 단정치 못한, 지저분한 an untidy street 너저분한 거리	반 tidy 단정한
119	**watchful** [wátʃfəl]	형 주의 깊은, 방심하지 않는 under watchful eyes 주의 깊게	부 watchfully 주의 깊게 반 unwatchful 방심하는, 부주의한
120	**academy** [əkǽdəmi]	명 학원, 학회, 학교 a music academy 음악 학교	형 academic 학구적인, 학원의 윤 school

◆ 주어진 우리말 문장에 맞도록 알맞은 단어를 넣어 문장을 완성하시오. 정답 p.194

Now you are going to ▨▨▨▨▨▨.
당신은 이제 감옥에 갈 것이오.

It is important to ▨▨▨▨▨▨ peace.
평화를 유지하는 것이 중요하다.

My parents bought a new ▨▨▨▨▨▨ phone for me.
부모님께서 제게 새 휴대전화를 사 주셨어요.

Students should ▨▨▨▨▨▨ the new school rules.
학생들은 새로운 학교 규율을 따라야 한다.

I see there is nothing ▨▨▨▨▨▨.
특별한 게 안 보이는데요.

The vegetables are sold by the ▨▨▨▨▨▨.
그 야채들은 파운드 단위로 팔린다.

Over 100 people died in this ▨▨▨▨▨▨ last year.
작년에 이 지역에서 백 명이 넘는 사람이 죽었다.

We provide ▨▨▨▨▨▨ of damaged products.
우리는 파손된 물품을 교체해 드립니다.

My sister received several ▨▨▨▨▨▨.
내 여동생은 장학금을 여러 번 받았다.

When it cools down, it becomes ▨▨▨▨▨▨.
그것은 식으면 단단해진다.

People began to make a place for the ▨▨▨▨▨▨ of water.
사람들은 물을 저장하는 장소를 만들기 시작했다.

The man living on the third floor was very ▨▨▨▨▨▨.
3층에 살고 있는 남자는 매우 의심스러웠다.

The living room was ▨▨▨▨▨▨ than usual.
거실이 평소보다 더 너저분했다.

Behold your lovely baby under ▨▨▨▨▨▨ eyes.
당신의 사랑스러운 아이를 주의 깊게 보세요.

The military ▨▨▨▨▨▨ was founded in 1946.
육군 사관학교는 1946년에 세워졌다.

A 우리말과 같은 뜻이 되도록 빈칸에 들어갈 알맞은 단어를 적으시오.

① make a _____ (발견하다)

② an _____ species (멸종된 종)

③ _____ in a debate (토론에 참여하다)

④ natural _____ (자연 풍경)

⑤ be _____ in (~이 풍부하다)

⑥ _____ ability (예술적 능력)

⑦ a _____ tank (저장 탱크)

⑧ _____ peace (평화를 유지하다)

⑨ an _____ street (너저분한 거리)

⑩ a fire _____ (소화기)

B 다음 괄호 안의 지시대로 주어진 단어를 변형시키고 그 뜻을 적으시오.

	변형	뜻
① calculate (명사형으로) →	_____	_____
② conquest (동사형으로) →	_____	_____
③ demonstration (동사형으로) →	_____	_____
④ discovery (동사형으로) →	_____	_____
⑤ equality (형용사형으로) →	_____	_____
⑥ extinct (명사형으로) →	_____	_____
⑦ fortunate (부사형으로) →	_____	_____
⑧ mixture (동사형으로) →	_____	_____
⑨ remove (명사형으로) →	_____	_____
⑩ wasteful (명사형으로) →	_____	_____

정답 p.194

C 다음 영영풀이에 해당하는 단어를 보기에서 골라 적으시오.

보기	extinguisher	proverb	beg	foundation	suspicious
	creep	pottery	behavior	pound	equipment

❶ to ask someone to give or do something; implore ➡ _____

❷ to move slowly with the body close to the ground, as a reptile an insect, or a person on hands and knees ➡ _____

❸ objects made out of baked clay ➡ _____

❹ a wise saying or precept ➡ _____

❺ manner of behaving or acting ➡ _____

❻ supplies or tools provided for a specific purpose ➡ _____

❼ a device that can be used to put out a fire ➡ _____

❽ the basis or groundwork of anything ➡ _____

❾ to strike repeatedly with great force, as with an instrument, the fist, etc.

➡ _____

❿ tending to cause or excite suspicion; questionable ➡ _____

D 우리말과 같은 뜻이 되도록 주어진 문장의 빈칸을 완성하시오.

❶ 글은 명료성이 있어야 한다.

➡ Writing should have _____.

❷ 날씨가 너무 더워서 아이스크림이 모두 다 팔렸어요.

➡ The weather was so hot that ice cream was _____.

❸ 음주운전 때문에 그의 운전면허가 정지되었다.

➡ His driver's license was _____ because of drunk driving.

❹ 모든 직원의 통합은 그 회사의 성공 비결이다.

➡ The _____ of all the workers is key to the success of the company.

⑤ 내세를 믿으십니까?

➡ Do you believe in the _____?

⑥ 그의 수업은 매우 유익했다.

➡ His lecture was very _____.

⑦ 당신은 이제 감옥에 갈 것이오.

➡ Now you are going to _____.

⑧ 작년에 이 지역에서 백 명이 넘는 사람이 죽었다.

➡ Over 100 people died in this _____ last year.

⑨ 우리는 파손된 물품을 교체해 드립니다.

➡ We provide the _____ of damaged products.

⑩ 내 여동생은 장학금을 여러 번 받았다.

➡ My sister received several _____.

E 문장의 밑줄 친 부분에 해당하는 유의어 혹은 반의어를 보기에서 골라 적으시오.

보기	powerful	static	unartistic	admit	preserve
	mostly	sensible	modern	landscape	dawn

❶ The story had a <u>dynamic</u> ending. 반의어 ↔ _____

❷ Her <u>absurd</u> excuse made me upset. 반의어 ↔ _____

❸ I will never forget the beautiful scenery at <u>dusk</u>. 반의어 ↔ _____

❹ His father is an <u>influential</u> politician. 유의어 = _____

❺ They <u>mainly</u> carry medicine. 유의어 = _____

❻ The countryside has some beautiful <u>scenery</u>. 유의어 = _____

❼ He thought that his son had some <u>artistic</u> ability. 반의어 ↔ _____

❽ I love to read <u>classic</u> myths. 반의어 ↔ _____

❾ He <u>denied</u> his theft. 반의어 ↔ _____

❿ It is important to <u>maintain</u> peace. 유의어 = _____

F 영어발음을 듣고 영어단어를 적은 후, 우리말 뜻을 적으시오.

	영어	우리말		영어	우리말
❶			❽		
❷			❾		
❸			❿		
❹			⓫		
❺			⓬		
❻			⓭		
❼			⓮		

G 영어문장을 듣고 빈칸에 들어갈 단어를 채워 문장을 완성하시오.

❶ He is going to _____ more in the class.

❷ The organization opened a _____.

❸ It isn't easy to take _____ from others.

❹ My parents bought a new _____ phone for me.

❺ I see there is nothing _____.

❻ When it cools down, it becomes _____.

❼ The living room was _____ than usual.

❽ Behold your lovely baby under _____ eyes.

❾ Computers _____ so fast.

❿ The Norman _____ happened in 1066.

⓫ We watched the _____ from our windows.

⓬ The _____ of the dead body shocked many people.

⓭ Everyone should be given the _____ of opportunity.

⓮ Dinosaurs became _____ a long time ago.

⓯ It was a very _____ thing that happened to me.

⓰ Two men's names were _____ from the blacklist.

DAY 05

121	**agency** [éidʒənsi]	명 대리점 a travel agency 여행사	참 agent 대리인
122	**asleep** [əslíːp]	형 잠들어 있는 while asleep 잠들어 있는 동안	반 awake 깨어 있는
123	**belief** [bilíːf]	명 믿음 have belief in ~을 믿다	동 believe 믿다 유 trust
124	**capacity** [kəpǽsəti]	명 수용력, 역량 lack the capacity 역량이 부족하다	형 capacious 널찍한 유 ability, capability
125	**classify** [klǽsəfài]	동 분류하다 classify books 책을 분류하다	명 classification 분류
126	**consent** [kənsént]	동 동의하다, 찬성하다 consent to a suggestion 제안에 동의하다	반 dissent 반대하다
127	**crosswalk** [krɔ́ːswɔ̀ːk]	명 횡단보도 at the crosswalk 횡단보도에서	
128	**depict** [dipíkt]	동 그리다, 묘사하다 depict A as B A를 B로 묘사하다	명 depiction 묘사 유 describe
129	**disobey** [dìsəbéi]	동 거역하다 disobey the rule 규칙을 어기다	반 obey 따르다, 준수하다
130	**ease** [iːz]	동 완화시키다 ease one's mind 안심시키다	형 easy 쉬운 유 relieve
131	**error** [érər]	명 오류, 실수 correct an error 실수를 고치다	형 erroneous 잘못된 유 mistake
132	**extreme** [ikstríːm]	형 극도의, 극심한, 과격한 an extreme case 극단의 경우	부 extremely 극단적으로 유 ultimate
133	**fountain** [fáuntən]	명 분수, (물의) 원천 동 분출하다 a drinking fountain 분수식 급수대	
134	**heartless** [háːrtlis]	형 무정한, 냉혹한 a heartless man 냉혹한 사람	유 cold-hearted
135	**initial** [iníʃəl]	형 처음의 an initial letter 첫 글자	동 initiate 시작하다

✦ 주어진 우리말 문장에 맞도록 알맞은 단어를 넣어 문장을 완성하시오. 정답 p.195

He works at a travel   .
그는 여행사에서 근무해요.

While I was   , he left.
내가 자고 있는 동안 그가 떠났다.

My father doesn't have much   in doctors.
아버지는 의사들을 별로 믿지 않으신다.

It seems that he lacks the   .
그는 역량이 부족한 것처럼 보인다.

The books in the library were   by title.
도서관의 책들은 제목으로 분류되어 있다.

We cannot help but to   to his suggestion.
우리는 그의 제안에 동의하지 않을 수 없다.

Be careful while you are crossing at the   .
횡단보도를 건널 때는 주의해야 한다.

The article   me as a betrayer.
그 기사는 나를 배신자로 묘사했다.

He often   his parent's instructions.
그는 종종 부모님의 명령을 거역한다.

Shedding tears can sometimes   our stress and tension.
눈물을 흘리는 것이 때때로 스트레스와 긴장감을 완화시킨다.

Be sure to check if there are any   .
오류가 있는 건 아닌지 잘 확인해 보세요.

You had better not give an   case.
극단적인 예는 들지 않는 것이 좋겠다.

I saw a drinking   near here.
나는 이 근처에서 분수식 급수대를 봤다.

It is   of him not to help the homeless.
집 없는 사람을 돕지 않다니 그는 무정한 사람이다.

Write down the   letters of the words.
단어들의 첫 글자를 적어라.

136	**jealous** [dʒéləs]	형 질투가 많은 be jealous of ~을 질투하다	명 jealousy 질투 유 envious
137	**majority** [mədʒɔ́:rəti]	명 대다수, 대부분 in the majority of cases 대개의 경우에	형 major 대부분의 반 minority 소수
138	**moderation** [mὰdəréiʃən]	명 알맞음, 중용 in moderation 적당히	형 moderate 알맞은
139	**objection** [əbdʒékʃən]	명 반대 have an objection to ~에 이의가 있다	동 object 반대하다 유 opposition
140	**passion** [pǽʃən]	명 열정 have a passion for ~을 매우 좋아하다, ~에 열정을 가지고 있다	형 passionate 열정적인 유 desire
141	**poverty** [pávərti]	명 빈곤 extreme poverty 극빈	형 poor 가난한 반 wealth 부
142	**psychologist** [saikálədʒist]	명 심리학자	형 psychological 심리학의
143	**representation** [rèprizentéiʃən]	명 표현 the representation of one's mind 마음의 표현	
144	**scold** [skould]	동 꾸짖다 scold A for B A를 B 때문에 꾸짖다	
145	**solitary** [sálətèri]	형 고독한 a solitary life 고독한 삶	명 solitude 고독 유 alone
146	**strategy** [strǽtədʒi]	명 전략 strategy and tactics 전략과 전술	유 tactics 전술
147	**sustain** [səstéin]	동 떠받치다, 유지하다 sustain a conversation 대화를 계속하다	명 sustenance 생계, 유지 유 maintain
148	**tolerate** [tálərèit]	동 너그럽게 봐주다, 참다	명 tolerance 관대, 참을성
149	**untie** [ʌntái]	동 풀다 untie a knot 매듭을 풀다	반 tie 묶다
150	**weaken** [wí:kən]	동 약화시키다 weakened eyesight 약해진 시력	형 weak 약한

✦ 주어진 우리말 문장에 맞도록 알맞은 단어를 넣어 문장을 완성하시오. 정답 p.195

He was _____ of his friend's reputation.

그는 친구의 명성을 질투했다.

The _____ of people in this room prefer coffee to tea.

이 방에 있는 사람들 대다수가 차보다 커피를 더 좋아한다.

Children should play computer games in _____.

아이들은 컴퓨터 게임을 적당히 해야 한다.

I have no _____ to their plan.

나는 그들의 계획에 반대하지 않는다.

He has a _____ for singing.

그는 노래에 열정을 가지고 있다.

The government tries to relieve the poor from _____.

정부는 가난한 사람들을 가난으로부터 구제하고자 한다.

Most _____ like to observe people.

대부분의 심리학자들은 사람들을 관찰하는 것을 좋아한다.

The _____ of the same fact is not always the same.

같은 사실에 대한 표현이 항상 같은 것은 아니다.

Mothers _____ their children for playing too many games.

엄마들은 아이들이 게임을 너무 많이 하는 것을 꾸짖는다.

The old man enjoys his _____ life.

그 노인은 자신의 고독한 삶을 즐긴다.

He is an expert in military _____.

그는 군사 전략 전문가이다.

The old pillars _____ the roof of the building.

낡은 기둥들이 건물의 지붕을 떠받치고 있다.

His rudeness shouldn't be _____.

그의 무례함을 너그럽게 봐줘서는 안 된다.

She _____ the lace of the box.

그녀는 상자의 끈을 풀었다.

Nobody could _____ my willingness toward it.

아무도 그것에 대한 나의 의지를 약하게 할 수 없었다.

151 acceleration
[æksèləréiʃən]
명 가속, 촉진　　　　동 accelerate 가속하다
positive acceleration 가속도

152 agreement
[əgríːmənt]
명 일치, 합의　　　　동 agree 합의하다
reach an agreement 합의에 도달하다

153 aspect
[æspekt]
명 모양, 관점, 양상　　　유 view 관점
in all aspects 모든 관점에서

154 belong
[bilɔ́(ː)ŋ]
동 속하다　　　　명 belongings 소유물　유 be part of
belong to ~에 속하다

155 consequence
[kánsəkwèns]
명 결과　　　　유 result
as a consequence of ~의 결과로

156 deposit
[dipázit]
동 예금하다 명 예금
deposit money 돈을 예금하다

157 disorder
[disɔ́ːrdər]
명 무질서　　　　유 confusion　반 order 질서
fall into disorder 혼란에 빠지다

158 easygoing
[íːzigóuiŋ]
형 태평스러운
an easygoing person 수더분한 사람

159 eruption
[irʌ́pʃən]
명 폭발, 분출　　　　동 erupt 분출하다　유 explosion
a volcanic eruption 화산 폭발

160 factor
[fǽktər]
명 요인, 요소
a principle factor 주요인

161 freeway
[fríːwèi]
명 고속도로

162 hidden
[hídn]
형 숨겨진　　　　동 hide 숨다
a hidden track 숨겨진 트랙

163 injure
[índʒər]
동 다치게 하다　　　　명 injury 부상　유 hurt
injure one's hand 손을 다치다

164 journal
[dʒə́ːrnl]
명 정기 간행물, 학술지, 저널　　유 periodical
a monthly journal 월간 저널

165 manage
[mǽnidʒ]
동 관리하다, 경영하다　　　명 management 관리　유 run
manage one's affairs ~의 일을 처리하다

✦ 주어진 우리말 문장에 맞도록 알맞은 단어를 넣어 문장을 완성하시오. 정답 p.195

The car was praised for its   capacities.

그 차는 가속력이 우수하다는 평가를 받았다.

They reached an   at the summit.

그들은 정상회담에서 합의에 도달했다.

My father considered other   of the matter.

아버지는 그 문제의 다른 면을 고려했다.

This area   to me.

이 지역은 나의 소유이다.

You are responsible for the   of your actions.

당신은 자신이 한 행동의 결과에 책임이 있다.

He   been   a million dollars into his bank account.

그는 통장에 백만 달러를 예금했다.

His room was in   .

그의 방은 어수선했다.

Our manager's an   person.

우리 매니저는 태평스러운 사람이다.

There have been several volcanic   this year.

올해 들어 화산 폭발이 여러 차례 일어났다.

Reading lots of books is an important   .

다독은 중요한 요소이다.

There was a car accident on the   this morning.

오늘 아침 고속도로에서 교통사고가 있었다.

They watched me through a   camera.

그들은 몰래 카메라로 나를 지켜보았다.

Five people were   in the car crash.

자동차 충돌로 5명이 다쳤다.

Her paper was published in a scientific   .

그녀의 논문이 과학 학술지에 실렸다.

I think that she will   things better than her brother.

내 생각에는 그녀가 오빠보다 경영을 더 잘할 것 같다.

DAY 06

166	**modify** [mádəfài]	통 바꾸다, 수정하다 명 modification 수정, 변경 modify a contract 계약을 변경하다
167	**objective** [əbdʒéktiv]	명 목표 형 객관적인, 목표의 명 objectivity 객관성 유 goal, target a learning objective 학습 목표
168	**pastime** [pǽstàim]	명 기분전환, 오락, 취미 play games as a pastime 심심풀이로 게임하다
169	**praiseworthy** [préizwə̀:rði]	형 칭찬받을 만한 유 praisable praiseworthy efforts 칭찬받을 만한 노력
170	**psychology** [saikáləadʒi]	명 심리학, 심리 형 psychological 심리학의, 심리적인 child psychology 아동심리학
171	**require** [rikwáiər]	통 필요로 하다, 요구하다 명 requirement 요구 유 need It requires that ~할 필요가 있다
172	**scout** [skaut]	통 스카우트하다, 수색하다
173	**sophomore** [sáfəmɔ̀:r]	명 (4년제 학교의) 2학년, 2년차 형 sophomoric 아는 체하는 a sophomore slump 2년차 증후군 참 freshman 1년차, junior 3년차, senior 4년차
174	**stressful** [strésfəl]	형 스트레스가 많은 유 tense a stressful job 스트레스가 많은 일
175	**swear** [swɛər]	통 맹세하다 유 pledge swear by ~을 두고 맹세하다 *swear-swore-sworn*
176	**tongue** [tʌŋ]	명 혀, 말 유 language a mother tongue 모국어
177	**upbeat** [ʌ́pbì:t]	형 낙관적인 명 상승기조 유 cheerful an upbeat attitude 긍정적 태도
178	**wealthy** [wélθi]	형 부유한 명 wealth 부 유 rich grow wealthy 부를 쌓다
179	**accidentally** [æ̀ksədéntəli]	부 우연히 형 accidental 우연한 유 by accident happen accidentally 우연히 일어나다
180	**alert** [ələ́:rt]	형 경계하는, 조심하는 부 alertly 방심하지 않고, 기민하게 유 careful, watchful be alert to+명사 ~을 경계하다

◆ 주어진 우리말 문장에 맞도록 알맞은 단어를 넣어 문장을 완성하시오. 정답 p.195

Let's not ▩▩▩▩▩ the contract yet.
아직 계약을 변경하지 맙시다.

What is the terminal learning ▩▩▩▩▩?
최종 학습 목표는 무엇인가?

The kids played games as a ▩▩▩▩▩.
아이들은 심심풀이로 게임을 했다.

It is ▩▩▩▩▩ to help the poor.
가난한 사람들을 돕는 것은 칭찬받을 만하다.

The professor is a specialist in criminal ▩▩▩▩▩.
그 교수는 범죄심리학 분야의 전문가이다.

The roof ▩▩▩▩▩ repairing.
지붕을 수리할 필요가 있다.

Many companies want to ▩▩▩▩▩ new experienced workers.
많은 회사들은 새로운 경력자를 스카우트하길 원한다.

Sophomores tend to fall into ▩▩▩▩▩ slumps.
2년차들은 2년차 증후군에 빠지는 경향이 있다.

Doctors have very ▩▩▩▩▩ jobs.
의사는 스트레스가 많은 직업이다.

I ▩▩▩▩▩ I will tell you everything I know.
내가 아는 것을 당신에게 모두 말하겠다고 맹세합니다.

My mother ▩▩▩▩▩ is Korean.
내 모국어는 한국어이다.

My cousin is a really ▩▩▩▩▩ guy.
내 사촌은 진짜 낙관적인 사람이다.

He was the eldest son in a ▩▩▩▩▩ family.
그는 부유한 가정의 장남이었다.

I ▩▩▩▩▩ met my classmate at the party.
나는 파티에서 반 친구를 우연히 만났다.

We must be ▩▩▩▩▩ to an attack by our enemy.
우리는 적의 공격을 경계해야 합니다.

A 우리말과 같은 뜻이 되도록 빈칸에 들어갈 알맞은 단어를 적으시오.

① _____ money (돈을 예금하다)

② fall into _____ (혼란에 빠지다)

③ _____ a knot (매듭을 풀다)

④ _____ and tactics (전략과 전술)

⑤ a principle _____ (주요 요인)

⑥ a _____ job (스트레스가 많은 일)

⑦ _____ books (책을 분류하다)

⑧ an _____ letter (첫 글자)

⑨ _____ to a suggestion (제안에 동의하다)

⑩ the _____ of one's mind (마음의 표현)

B 다음 괄호 안의 지시대로 주어진 단어를 변형시키고 그 뜻을 적으시오.

	변형	뜻
① belief (동사형으로) →	_____	_____
② depict (명사형으로) →	_____	_____
③ extreme (부사형으로) →	_____	_____
④ initial (동사형으로) →	_____	_____
⑤ majority (형용사형으로) →	_____	_____
⑥ moderation (형용사형으로) →	_____	_____
⑦ passion (형용사형으로) →	_____	_____
⑧ poverty (형용사형으로) →	_____	_____
⑨ psychologist (형용사형으로) →	_____	_____
⑩ solitary (명사형으로) →	_____	_____

정답 p.195

C 다음 영영풀이에 해당하는 단어를 보기에서 골라 적으시오.

보기	require	injure	tolerate	objection	easygoing
	modify	representation	crosswalk	fountain	agreement

❶ a lane marked off for pedestrians to use when crossing a street, as at an intersection

➡ _____

❷ a spring or source of water; the source or head of a stream ➡ _____

❸ the act of objecting; an expression of disapproval ➡ _____

❹ the act of depicting something ➡ _____

❺ to endure without repugnance; put up with ➡ _____

❻ the act of agreeing or of coming to a mutual arrangement ➡ _____

❼ calm and unworried; relaxed and rather casual ➡ _____

❽ to do or cause harm of any kind to; damage ➡ _____

❾ to change somewhat the form or qualities of; alter partially ➡ _____

❿ to have need of; need ➡ _____

D 우리말과 같은 뜻이 되도록 주어진 문장의 빈칸을 완성하시오.

❶ 그는 친구의 명성을 질투했다.

➡ He was _____ of his friend's reputation.

❷ 낡은 기둥들이 건물의 지붕을 떠받치고 있다.

➡ The old pillars _____ the roof of the building.

❸ 이 지역은 나의 소유이다.

➡ This area _____ to me.

❹ 엄마들은 아이들이 게임을 너무 많이 하는 것을 꾸짖는다.

➡ Mothers _____ their children for playing too many games.

⑤ 그녀의 논문이 과학 학술지에 실렸다.

→ Her paper was published in a scientific _____.

⑥ 아이들이 심심풀이로 게임을 했다.

→ The kids played games as a _____.

⑦ 가난한 사람들을 돕는 것은 칭찬받을 만하다.

→ It is _____ to help the poor.

⑧ 많은 회사들은 새로운 경력자를 스카우트하길 원한다.

→ Many companies want to _____ new experienced workers.

⑨ 의사는 스트레스가 많은 직업이다.

→ Doctors have very _____ jobs.

⑩ 내 모국어는 한국어이다.

→ My mother _____ is Korean.

E 문장의 밑줄 친 부분에 해당하는 유의어 혹은 반의어를 보기에서 골라 적으시오.

보기	pledge	dissent	obey	ability	view
	by accident	explosion	minority	cold-hearted	careful

❶ It seems that he lacks the <u>capacity</u>. 유의어 = _____

❷ We cannot help but to <u>consent</u> to his suggestion. 반의어 ↔ _____

❸ He often <u>disobeys</u> his parent's instructions. 반의어 ↔ _____

❹ It is <u>heartless</u> of him not to help the homeless. 유의어 = _____

❺ My father considered other <u>aspects</u> of the matter. 유의어 = _____

❻ There have been several volcanic <u>eruptions</u> this year. 유의어 = _____

❼ We must be <u>alert</u> to an attack by our enemy. 유의어 = _____

❽ I <u>swear</u> I will tell you everything I know. 유의어 = _____

❾ The <u>majority</u> of people in the room prefer coffee to tea. 반의어 = _____

❿ I <u>accidentally</u> met my classmate at the party. 유의어 = _____

F 영어발음을 듣고 영어단어를 적은 후, 우리말 뜻을 적으시오.

	영어	우리말		영어	우리말
❶			❽		
❷			❾		
❸			❿		
❹			⓫		
❺			⓬		
❻			⓭		
❼			⓮		

G 영어문장을 듣고 빈칸에 들어갈 단어를 채워 문장을 완성하시오.

❶ The car was praised for its _____ capacities.

❷ You are responsible for the _____ of your actions.

❸ His room was in _____.

❹ There was a car accident on the _____ this morning.

❺ I think that she will _____ things better than her brother.

❻ What is the terminal learning _____?

❼ The professor is a specialist in criminal _____.

❽ Sophomores tend to fall into _____ slumps.

❾ My cousin is a really _____ guy.

❿ My father doesn't have much _____ in doctors.

⓫ The article _____ me as a betrayer.

⓬ You had better not give an _____ case.

⓭ Write down the _____ letters of the words.

⓮ Children should play computer games in _____.

⓯ He has a _____ for singing.

⓰ The government tries to relieve the poor from _____.

DAY 07

181 assign
[əsáin]
동 할당하다, 지정하다 　명 assignment 할당, 지정 　유 allocate
assign work 일을 할당하다

182 beneath
[biníːθ]
전 아래쪽에 　유 below
beneath a window 창 밑에

183 capsule
[kǽpsəl]
명 캡슐, 작은 용기
in capsule 요약해서

184 clip
[klip]
동 자르다, 쥐다 명 속도, 클립
at a clip 한 번에, ~ 속도로

185 conserve
[kənsə́ːrv]
동 보존하다 　명 conservation 보존
conserve the environment 환경을 보존하다

186 crust
[krʌst]
명 (딱딱한 빵 등의) 껍질, 외피 　유 skin
the Earth's crust 지구의 지각

187 depressing
[diprésiŋ]
형 침울하게 만드는 　동 depress 침울하게 하다 유 gloomy
depressing weather 침울하게 만드는 날씨

188 disposable
[dispóuzəbl]
형 일회용의 명 일회용 물품 　명 disposability 일회성
a disposable spoon 일회용 숟가락

189 economic
[èːkənámik|ìːkənámik]
형 경제의 　명 economy 경제 유 financial
economic power 경제 대국, 경제력

190 essential
[isénʃəl]
형 근본적인, 필수의 　부 essentially 본질적으로
essential qualities 본질 　반 inessential 없어도 되는

191 faith
[feiθ]
명 신뢰 　형 faithful 충실한 유 trust
by one's faith 맹세코, 믿음을 통해

192 frightening
[fráitniŋ]
형 깜짝 놀라게 하는, 겁주는 　동 frighten 깜짝 놀라게 하다
a frightening sight 무서운 광경 　유 terrifying, shocking

193 hinder
[híndər]
동 방해하다 　명 hindrance 방해 유 prevent
hinder A from B A가 B하는 것을 방해하다

194 injury
[índʒəri]
명 상해, 손해, 부상 　동 injure 해치다, 상처를 입히다 유 damage
suffer an injury 다치다

195 judgment
[dʒʌ́dʒmənt]
명 판단, 판결 　참 judge 판단하다; 판사 유 decision
rational judgment 합리적인 판단

◆ 주어진 우리말 문장에 맞도록 알맞은 단어를 넣어 문장을 완성하시오. 정답 p.196

The teacher   us homework.
선생님께서 우리에게 숙제를 나눠 주셨다.

She enjoyed herself   the tree.
그녀는 나무 아래에서 즐거운 시간을 보냈다.

Take one   every four hours.
4시간마다 캡슐을 하나씩 먹어라.

Fasten these receipts with a red   , please.
이 영수증들을 빨간 클립으로 고정시켜 주세요.

It is our responsibility to   energy.
에너지를 보호하는 것은 우리의 책임이다.

Cut off the   to make the sandwiches smooth.
샌드위치를 부드럽게 만들려면 빵 껍질을 잘라내라.

Today's weather is too   for me to work.
오늘 날씨가 너무도 침울해서 난 일을 할 수 없다.

These chopsticks are   .
이 젓가락은 일회용이다.

America is an   power.
미국은 경제 대국이다.

Water is   for living creatures.
물은 생명체에게는 필수적이다.

He has   in my ability.
그는 나의 능력을 신뢰하고 있다.

The number of students who want to go abroad is   .
해외에 나가길 원하는 학생들의 숫자가 놀랄 만큼 많다.

Age   me from moving about.
나이 때문에 나는 돌아다니기가 힘들다. (나이는 내가 움직이는 것을 방해한다.)

She had an   to her big toe.
그녀는 엄지발가락에 부상을 입었다.

The   which the judge made was wrong.
판사가 내린 판결은 오관이었다.

DAY 07

196	**manual** [mǽnjuəl]	명 안내문, 소책자	유 handbook
		a computer manual 컴퓨터 사용 설명서	
197	**moisture** [mɔ́istʃər]	명 습기	유 damp
		moisture-proof 방습의	
198	**observe** [əbzə́:rv]	동 보다, 관찰하다	명 observation 관찰
199	**pasture** [pǽstʃər]	명 목초지	유 meadow
200	**precede** [prisí:d]	동 앞서다	유 go ahead of
		the preceding year 그 전해	
201	**punish** [pʌ́niʃ]	동 벌주다	명 punishment 처벌 유 penalize
		punish a person for ~에 대하여 벌주다	
202	**resident** [rézədənt]	명 거주자	형 residential 주거의 유 inhabitant
		a foreign resident 외국인 거주자	
203	**scrape** [skreip]	동 문지르다, 닦아 내다	
		scrape one's shoes 구두를 문지르다[털다]	
204	**strict** [strikt]	형 엄격한	명 strictness 엄격함
		a strict person 엄격한 사람	
205	**syllable** [síləbl]	명 음절	형 syllabic 음절의
206	**tourism** [túərizm]	명 관광	
		eco-tourism 환경보호 지향 관광	
207	**upward** [ʌ́pwərd]	형 위로 향한	명 upwardness 상승
		the upward line 올라가는 선	
208	**weep** [wi:p]	동 눈물을 흘리다, 울다	
		weep with pain 아파서 울다 *weep-wept-wept*	
209	**accompany** [əkʌ́mpəni]	동 ~에 동반하다, 수반하다	형 accompanying 동반하는, 수반하는
		be accompanied with[by] ~을 동반하다	
210	**algebra** [ǽldʒəbrə]	명 대수학	
		weak in algebra 대수학에 약한	

◆ 주어진 우리말 문장에 맞도록 알맞은 단어를 넣어 문장을 완성하시오. 정답 p.196

Let me read the ▢▢▢▢▢▢▢ first.
안내문 먼저 읽을게요.

The sun takes the ▢▢▢▢▢▢▢ out of the clothes.
햇빛은 옷에서 습기를 제거한다.

She ▢▢▢▢▢▢ the man breaking into the house.
그녀는 그 남자가 그 집에 침입하는 것을 목격했다.

The cows are out grazing in the ▢▢▢▢▢▢.
소들은 목초지에서 풀을 뜯고 있다.

This has to ▢▢▢▢▢▢ all the others.
이것은 다른 모든 것을 앞서야만 한다.

She ▢▢▢▢▢▢ the boy for his misbehavior.
그녀는 소년의 잘못된 행동에 대하여 벌을 주었다.

The ▢▢▢▢▢▢ here are unkind.
여기 거주자들은 불친절하다.

Why don't you ▢▢▢▢▢▢ your shoes first?
구두부터 터는 게 어때?

My father is a ▢▢▢▢▢▢ person.
우리 아버지는 매우 엄격한 분이다.

How many ▢▢▢▢▢▢ are there in "beautiful"?
"beautiful"에는 몇 개의 음절이 있는가?

▢▢▢▢▢▢ is the major industry of the nation.
관광이 그 나라의 주요 산업이다.

Follow the ▢▢▢▢▢▢ line.
올라가는 선을 따라가라.

She ▢▢▢▢▢▢ and laughed with joy.
그녀는 기뻐서 울고 웃었다.

Heavy rain was ▢▢▢▢▢▢ by a strong wind last night.
어젯밤 폭우가 강풍을 동반하였다.

I am not going to fail ▢▢▢▢▢▢ again.
다시는 대수학에서 낙제하진 않을 거예요.

DAY 08

DAY 08
표제어 듣기

211 **assistant** [əsístənt]	명 조수 형 부-, 조-	동 assist 도와주다 유 helper
	an assistant manager 부지배인	
212 **benefit** [bénəfit]	명 이익	형 beneficial 유익한 유 profit
	be of benefit to ~에 이롭다	
213 **carbohydrate** [kà:rbouháidreit]	명 탄수화물	
	carbohydrates such as bread 빵과 같은 탄수화물	
214 **code** [koud]	명 암호 동 암호로 하다	유 sign
	Morse Code 모스 부호	
215 **crystal** [krístl]	명 크리스탈, 수정 형 맑고 투명한	
	crystal clean 정말 깨끗한	
216 **description** [disikrípʃən]	명 묘사	동 describe 묘사하다 형 descriptive 묘사적인
	beyond description 형언할 수 없는, 말로 표현할 수 없는	
217 **disrupt** [disrʌpt]	동 붕괴시키다	명 disruption 붕괴
	disrupt a country 국가를 붕괴시키다	
218 **economical** [èkənámikəl|ì:kənámikəl]	형 경제적인	명 economy 경제
	an economical price 경제적인 가격	
219 **ethical** [éθikəl]	형 윤리적인	명 ethics 윤리학 유 moral
	an ethical debate 윤리 논쟁	
220 **fantasy** [fǽntəsi]	명 환상	유 fancy
	fantasy and reality 환상과 현실	
221 **furry** [fə́:ri]	형 털이 많은	명 fur 털
	a furry animal 털이 많은 동물	
222 **historical** [histɔ́:rikəl]	형 역사적인	부 historically 역사적으로
	a historical background 역사적 배경	
223 **injustice** [indʒʌ́stis]	명 불공정	반 justice 공정
	without injustice 공정하게	
224 **jury** [dʒúəri]	명 배심원	
	a trial by jury 배심 재판	
225 **manufacture** [mǽnjufǽktʃər]	동 제조하다 명 제조, 제품	형 manufacturing 제조업의
	of domestic manufacture 국산의	

◆ 주어진 우리말 문장에 맞도록 알맞은 단어를 넣어 문장을 완성하시오. 정답 p.196

The new _____ manager was very strict to everyone.
새 부지배인은 모든이에게 매우 엄격했다.

Your suggestion will be of _____ to our work.
당신의 제안은 우리의 일에 이로울 것이다.

You'd better have fewer _____ in your diet.
식이요법을 할 때는 탄수화물을 덜 섭취해야 해요.

I used to send Morse _____ messages to my friend.
나는 친구에게 모스 부호 메시지를 보내곤 했다.

My mom collects _____ sculptures.
우리 엄마는 크리스탈 조각품들을 모으신다.

He liked to give _____ of what happened.
그는 무슨 일이 일어났는지 묘사하는 것을 좋아했다.

Don't let the spy _____ our country.
간첩이 우리나라를 붕괴시키지 못하게 하라.

The company developed a new _____ car.
그 기업은 경제적인 신차를 개발했다.

His behavior caused a serious _____ debate.
그의 행동이 심각한 윤리 논쟁을 일으켰다.

He likes to read _____ novels.
그는 판타지 소설 읽기를 좋아한다.

What's that _____ creature?
저 털 많은 생물체는 뭐니?

Seoul has many _____ sites.
서울에는 역사적인 곳이 많다.

The students protested the _____ of the punishment.
학생들은 처벌의 불공정함에 대해 항의했다.

My father is one of the members of the _____.
아버지는 배심원 중 한 명이시다.

The company _____ cars.
그 회사는 차를 제조한다.

226	**monitor** [mánitər]	명 모니터, 감시자 통 감시하다
		a computer monitor 컴퓨터 모니터

227	**occupy** [ákjəpài]	통 차지하다, 점령하다 · 명 occupation 직업, 점령 · 반 withdraw 물러나다
		occupy oneself with ~에 전념하다

228	**pause** [pɔ:z]	통 중단하다, 잠시 멈추다 명 일시중지, 중단 · 유 stop
		pause to+동사원형 잠시 중단하고 ~하다 · 반 continue 계속하다

229	**precious** [préʃəs]	형 귀중한 · 부 preciously 매우, 소중하게 유 valuable
		a precious natural treasure 천연기념물

230	**purchase** [pə́:rtʃəs]	통 구입하다 명 구입 · 유 buy

231	**resist** [rizíst]	통 저항하다 · 명 resistance 저항 유 oppose
		resist the law 법을 거스르다

232	**seal** [si:l]	명 봉인, 도장 통 날인하다, 봉하다
		break the seal 개봉하다

233	**stride** [straid]	통 성큼성큼 걷다 명 성큼성큼 걷기
		stride down the street 거리를 활보하다 · *stride-strode-stridden*

234	**symbolize** [símbəlàiz]	통 상징하다 · 명 symbolization 상징화

235	**track** [træk]	명 자취, 흔적 · 유 trace
		a tiger's tracks 호랑이의 발자국

236	**vacuum** [vǽkjuəm]	통 진공 청소기로 청소하다 명 진공
		a vacuum cleaner 진공 청소기

237	**weigh** [wei]	통 ~만큼 무게가 나가다, ~의 무게를 달다 · 명 weight 무게
		weigh oneself 체중을 달다

238	**accord** [əkɔ́:rd]	통 일치하다 명 조화 · 명 accordance 일치
		be in accord with ~와 조화되다

239	**alley** [ǽli]	명 골목길, 뒷골목 · 유 backstreet
		a dead alley 막다른 골목

240	**associate** [əsóuʃièit]	통 관련시키다, 연관시키다 · 명 association 관련
		associate A with B A를 B와 관련시키다

✦ 주어진 우리말 문장에 맞도록 알맞은 단어를 넣어 문장을 완성하시오. 정답 p.196

My computer ⬚⬚⬚⬚⬚⬚⬚ is blinking.
내 컴퓨터 모니터가 깜박거린다.

The enemy just ⬚⬚⬚⬚⬚⬚⬚ the town.
적군이 막 도시를 점령했다.

Let's ⬚⬚⬚⬚⬚⬚⬚ to look around.
잠시 중단하고 둘러봅시다.

Time is ⬚⬚⬚⬚⬚⬚⬚.
시간은 귀중하다.

The rich woman ⬚⬚⬚⬚⬚⬚⬚ a very expensive necklace.
그 부유한 여자는 매우 비싼 목걸이를 구입했다.

A healthy body ⬚⬚⬚⬚⬚⬚⬚ disease.
건강한 몸은 질병에 저항한다.

The envelope's ⬚⬚⬚⬚⬚⬚⬚ was torn open.
편지의 봉인이 뜯겨져 열려 있었다.

They ⬚⬚⬚⬚⬚⬚⬚ across the grassy field.
그들은 풀로 덮인 들판을 가로질러 성큼성큼 걸어갔다.

This sculpture ⬚⬚⬚⬚⬚⬚⬚ peace.
이 조각은 평화를 상징한다.

We couldn't find the tiger's ⬚⬚⬚⬚⬚⬚⬚.
우리는 그 호랑이의 자취를 찾을 수 없었다.

My mother ⬚⬚⬚⬚⬚⬚⬚ the floor every morning.
엄마는 매일 아침 마루를 진공청소기로 청소하신다.

I ⬚⬚⬚⬚⬚⬚⬚ 45 kilos.
나는 몸무게가 45킬로그램이야.

His account of the incident ⬚⬚⬚⬚⬚⬚⬚ with yours.
사건에 대한 그의 진술이 당신의 진술과 일치합니다.

I like to walk through the ⬚⬚⬚⬚⬚⬚⬚.
나는 골목길을 걷는 것을 좋아한다.

I always ⬚⬚⬚⬚⬚⬚⬚ the word with an unpleasant memory.
나는 항상 그 말을 불쾌한 기억과 연관시킨다.

A 우리말과 같은 뜻이 되도록 빈칸에 들어갈 알맞은 단어를 적으시오.

❶ _____ with pain (아파서 울다)

❷ an _____ manager (부지배인)

❸ _____ oneself with (~에 전념하다)

❹ _____ a person for (~에 대하여 벌주다)

❺ _____ the environment (환경을 보존하다)

❻ _____ down the street (거리를 활보하다)

❼ a _____ spoon (일회용 숟가락)

❽ a computer _____ (컴퓨터 사용 설명서)

❾ _____ oneself (체중을 달다, 몸무게를 재다)

❿ beyond _____ (형언할 수 없는, 말로 표현할 수 없는)

B 다음 괄호 안의 지시대로 주어진 단어를 변형시키고 그 뜻을 적으시오.

	변형	뜻
❶ description (동사형으로) →	_____	_____
❷ depressing (동사형으로) →	_____	_____
❸ essential (부사형으로) →	_____	_____
❹ faith (형용사형으로) →	_____	_____
❺ frightening (동사형으로) →	_____	_____
❻ judgment (동사형으로) →	_____	_____
❼ observe (명사형으로) →	_____	_____
❽ punish (명사형으로) →	_____	_____
❾ upward (명사형으로) →	_____	_____
❿ assistant (동사형으로) →	_____	_____

C 다음 영영풀이에 해당하는 단어를 보기에서 골라 적으시오.

| 보기 | accord | beneath | pasture | scrape | crystal |
| | associate | benefit | clip | moisture | precede |

① below; under ➡ _____

② to cut, or cut off or out, as with shears ➡ _____

③ condensed or diffused liquid, esp. water ➡ _____

④ grass or other plants for feeding livestock ➡ _____

⑤ to go before, as in place, order, rank, importance, or time ➡ _____

⑥ to remove something from surface by rubbing an object ➡ _____

⑦ something that is advantageous or good; an advantage ➡ _____

⑧ to be in agreement or harmony; agree ➡ _____

⑨ the transparent form of crystallized quartz ➡ _____

⑩ to connect or bring into relation, as thought, feeling, memory, etc.
➡ _____

D 우리말과 같은 뜻이 되도록 주어진 문장의 빈칸을 완성하시오.

① 선생님께서 우리에게 숙제를 나눠 주셨다.
➡ The teacher _____ us homework.

② 대수학에서 다시는 낙제하진 않을 거예요.
➡ I am not going to fail _____ again.

③ 간첩이 우리나라를 붕괴시키지 못하게 하라.
➡ Don't let the spy _____ our country.

④ 저 털 많은 생물체는 뭐니?
➡ What's that _____ creature?

⑤ 그 회사는 차를 제조한다.

→ The company _____ cars.

⑥ 내 컴퓨터 모니터가 깜박거린다.

→ My computer _____ is blinking.

⑦ 건강한 몸은 질병에 저항한다.

→ A healthy body _____ disease.

⑧ 엄마는 매일 아침 마루를 진공 청소기로 청소하신다.

→ My mother _____ the floor every morning.

⑨ 그는 판타지 소설 읽기를 좋아한다.

→ He likes to read _____ novels.

⑩ 그 기업은 경제적인 신차를 개발했다.

→ The company developed a new _____ car.

E 문장의 밑줄 친 부분에 해당하는 유의어 혹은 반의어를 보기에서 골라 적으시오.

보기	inhabitant	inessential	pill	withdraw	skin
	sign	prevent	justice	handbook	valuable

① Take one capsule every four hours. 유의어 = _____

② Cut off the crust to make the sandwiches smooth. 유의어 = _____

③ Age hinders me from moving about. 유의어 = _____

④ Let me read the manual first. 유의어 = _____

⑤ The residents here are unkind. 유의어 = _____

⑥ I used to send Morse Code messages to my friend. 유의어 = _____

⑦ The students protested the injustice of the punishment. 반의어 ↔ _____

⑧ The enemy just occupied the town. 반의어 ↔ _____

⑨ Time is precious. 유의어 = _____

⑩ Water is essential for living creatures. 반의어 ↔ _____

F 영어발음을 듣고 영어단어를 적은 후, 우리말 뜻을 적으시오.

영어단어
듣고 쓰기

	영어	우리말			영어	우리말
❶				❽		
❷				❾		
❸				❿		
❹				⓫		
❺				⓬		
❻				⓭		
❼				⓮		

G 영어문장을 듣고 빈칸에 들어갈 단어를 채워 문장을 완성하시오.

영어문장
듣고 쓰기

❶ _____ is the major industry of the nation.

❷ He likes to give _____ of what happened.

❸ My father is one of the members of the _____.

❹ Let's _____ to look around.

❺ The rich woman _____ a very expensive necklace.

❻ They _____ across the grassy field.

❼ This sculpture _____ peace.

❽ We couldn't find the tiger's _____.

❾ I _____ 45 kilos.

❿ His account of the incident _____ with yours.

⓫ I like to walk through the _____.

⓬ Today's weather is too _____ for me to work.

⓭ The number of students who want to go abroad is _____.

⓮ The _____ which the judge made was wrong.

⓯ She _____ the man breaking into the house.

⓰ Follow the _____ line.

| 241 | **bent**
[bent] | 형 구부러진 | 동 bend 구부러지다 유 curved |
| | | a bent stick 구부러진 막대기 | |

| 242 | **carpenter**
[káːrpəntər] | 명 목수 | 유 woodworker |
| | | a carpenter's shop 목공소 | |

| 243 | **collapse**
[kəlǽps] | 동 무너지다, 붕괴하다 명 붕괴 | |
| | | the collapse of the tower 탑의 붕괴 | |

| 244 | **consideration**
[kənsìdəréiʃən] | 명 고려 | 동 consider 고려하다 유 thought |
| | | have no consideration for ~을 고려하지 않다 | |

| 245 | **cue**
[kjuː] | 명 단서 동 ~에게 신호를 하다 | 유 signal |
| | | a cue for ~에 대한 단서 | |

| 246 | **desert**
명 [dézəːrt] 동 [dizə́ːrt] | 명 사막 동 ~를 버리다 | |

| 247 | **dissolve**
[dizálv] | 동 용해하다, 녹다 | 명 dissolution 용해 유 melt |
| | | dissolve in ~에 녹다 | |

| 248 | **ecosystem**
[íːkousìstəm] | 명 생태계 | |
| | | a balanced ecosystem 균형 잡힌 생태계 | |

| 249 | **ethnic**
[éθnik] | 형 민족의, 인종의 | |
| | | an ethnic religion 민족 종교 | |

| 250 | **faraway**
[fáːrəwèi] | 형 먼 | |
| | | the faraway past 먼 과거 | |

| 251 | **homesick**
[hóumsìk] | 형 향수병의 | 명 homesickness 향수병 |
| | | feel homesick 향수병을 느끼다 | |

| 252 | **insert**
[insə́ːrt] | 동 삽입하다 | 명 insertion 삽입 |
| | | insert a key in a lock 자물쇠에 열쇠를 끼워 넣다 | |

| 253 | **justice**
[dʒʌ́stis] | 명 정의, 공정 | 반 injustice 불공정 |
| | | a sense of justice 정의감 | |

| 254 | **mass**
[mæs] | 명 덩어리, 다량 | 형 massive 거대한, 대량의 유 bunch |

| 255 | **mop**
[map] | 명 대걸레 동 (대걸레로) 닦다 | |

✦ 주어진 우리말 문장에 맞도록 알맞은 단어를 넣어 문장을 완성하시오. 정답 p.197

You should do this exercise with your knees _____ .
너는 무릎을 구부린 채로 이 운동을 해야 한다.

The _____ 's shop is just around the corner.
목공소는 코너를 돌자마자 있다. (목공소는 바로 근처에 있다.)

The building _____ due to the earthquake.
그 건물은 지진 때문에 무너졌다.

That matter is under _____ .
그 문제는 고려 중이다.

This is the _____ to tell why she is here.
이것이 그녀가 왜 이곳에 있는지를 말해 주는 단서이다.

It is not easy to find water in the _____ .
사막에서 물을 찾는 것은 쉽지 않다.

Oil doesn't _____ in water.
기름은 물에 녹지 않는다.

A balanced _____ can protect animals.
균형 잡힌 생태계가 동물들을 보호해 줄 수 있다.

_____ violence is increasing rapidly.
민족간 폭력이 급속히 증가하고 있다.

Historians study events which happened in the _____ past.
역사가들은 먼 과거에 일어났던 사건들을 연구한다.

Staying away from home for a long time can make you feel _____ .
오랜 기간 집을 떠나 있으면 향수병을 느끼게 할 수 있다.

He _____ the key in the lock but could not open the door.
그는 자물쇠에 열쇠를 끼워 넣었지만 문을 열 수는 없었다.

_____ is one of the very important values we must not forget.
정의로움은 우리가 잊지 말아야 할 중요한 가치 중의 하나이다.

She was holding a _____ of red flowers.
그녀는 붉은 꽃을 많이 들고 있었다.

I borrowed a _____ from my neighbor.
나는 이웃에게서 대걸레를 빌렸다.

DAY 09

No.	Word	Meaning	Related

256 **occur** [əkə́ːr]
통 발생하다, 일어나다 　명 occurrence 발생 　유 happen
occur-occurred-occurred

257 **pay** [pei]
통 지불하다 　명 payment 지불
pay in cash 현금으로 지불하다

258 **prediction** [pridíkʃən]
명 예언, 예보 　동 predict 예언하다 　유 forecast
make a prediction for ~을 예언하다

259 **pursue** [pərsúː]
통 추구하다, 쫓다, 추격하다 　명 pursuit 추구
pursue happiness 행복을 추구하다

260 **resistance** [rizístəns]
명 저항 　동 resist 저항하다 　반 acceptance 수용

261 **seek** [siːk]
통 찾다
seek through ~을 샅샅이 뒤지다 　*seek-sought-sought*

262 **specialty** [spéʃəlti]
명 전문, 특제품 　형 special 특별한
specialty foods 특선 식품

263 **strip** [strip]
통 벗기다 　유 remove, deprive
strip the wallpaper 벽지를 벗기다

264 **sympathy** [símpəθi]
명 동정 　형 sympathetic 동정적인 　유 pity
feel sympathy for ~을 동정하다

265 **trade** [treid]
명 무역, 교환 통 매매하다, 교환하다 　유 exchange
protected trade 보호 무역

266 **valid** [vǽlid]
형 유효한, 효과적인 　명 validity 타당성, 유효성 　유 effective
a valid contract 유효한 계약 　반 invalid 무효의

267 **welfare** [wélfɛ̀ər]
명 복지
public welfare 공공복지

268 **accordance** [əkɔ́ːrdns]
명 일치, 조화
in accordance with ~에 따라서

269 **assume** [əsúːm]
통 가정하다, 추정하다 　명 assumption 추정, 가정 　유 presume
assuming that+절 ~라고 가정하면

270 **beverage** [bévəridʒ]
명 음료, 마실 것 　유 drink
alcoholic beverages 알코올 음료

✦ 주어진 우리말 문장에 맞도록 알맞은 단어를 넣어 문장을 완성하시오. 정답 p.197

Crimes _____ mainly at night.

범죄는 주로 밤에 일어난다.

They always _____ their bills separately.

그들은 늘 계산을 따로따로 한다.

There is a newspaper article making _____ for the new year.

신년을 예언하는 신문 기사가 있다.

The Constitution gives people the right to _____ happiness.

헌법은 사람들에게 행복 추구권을 부여한다.

There was massive _____ against the government.

정부에 맞서는 커다란 저항이 있었다.

They _____ her lost shoes.

그들은 그녀의 잃어버린 구두를 찾고 있었다.

Cheese is the _____ food at this store.

치즈가 이 가게의 특선 식품이다.

He is _____ the old wallpaper from the walls now.

그는 지금 낡은 벽지를 벗기고 있다.

He has no _____ for the disabled.

그는 장애인들을 동정하지 않는다.

_____ with other countries is important.

다른 나라와의 무역은 중요하다.

Only the signed documents are considered _____.

오직 서명된 문서만이 유효하다고 간주됩니다.

Developed countries care about public _____.

선진국들은 공공복지에 대해 신경 쓴다.

You should behave in _____ with common sense.

당신은 상식에 맞게 행동해야 한다.

Let's _____ that he worked at his office yesterday.

그가 어제 사무실에서 일을 했다고 가정해 보자.

I learned that alcoholic _____ are addictive.

알코올 음료는 중독성이 있다는 것을 알게 되었다.

DAY 10

DAY 10 표제어 듣기

---

271 carriage
[kǽridʒ]

명 마차

ride in a carriage 마차를 타다

---

272 colleague
[káli:g]

명 동료

참 colleagueship 동료 관계
유 coworker, fellow worker

---

273 consumer
[kənsú:mər]

명 소비자

동 consume 소비하다 반 producer 생산자

an association of consumers 소비자 협동조합

---

274 cunning
[kʌ́niŋ]

형 교활한, 영리한

명 cunningness 교활함 유 sly

a cunning fox 영리한 여우

---

275 desirable
[dizáiərəbl]

형 바람직한

동 desire 갈망하다 유 advantageous, preferable

a desirable result 바람직한 결과

---

276 distance
[dístəns]

명 거리

형 distant 먼

from a distance 멀리서

---

277 edit
[édit]

동 편집하다

명 edition 판, 호, editor 편집자

edit out 삭제하다

---

278 evaporate
[ivǽpərèit]

동 증발하다

명 evaporation 증발 유 vaporize, dry up

---

279 farewell
[fɛ̀ərwél]

명 작별, 고별

a farewell party 환송회

---

280 fuse
[fju:z]

동 융합하다, 결합하다

명 fusion 융합 유 blend

fuse into ~로 결합하다

---

281 household
[háushòuld]

명 가정

유 family

one-parent households 편부모 가정

---

282 insist
[insíst]

동 고집하다, 주장하다

유 assert

insist on ~을 고집하다, 주장하다

---

283 kindergarten
[kíndərgà:rtn]

명 유치원

유 preschool

---

284 mature
[mətʃúər]

형 성숙한 동 성숙하게 하다

명 maturity 성숙 반 immature 미숙한

a mature student 성숙한 학생

---

285 mostly
[móustli]

부 주로

형 most 대부분의 유 mainly

✦ 주어진 우리말 문장에 맞도록 알맞은 단어를 넣어 문장을 완성하시오. 정답 p.197

Riding in a _____ is fun.
마차를 타는 것은 재미있다.

I think that he is my best _____.
그가 나의 가장 좋은 동료라고 생각한다.

Companies should consider _____ rights.
기업은 소비자의 권리를 고려해야 한다.

The girl wearing sunglasses is as _____ as a fox.
선글라스를 쓰고 있는 저 여자는 여우처럼 교활하다.

It is _____ that you should be there by two o'clock.
두 시까지 네가 거기에 가 있는 것이 바람직하다.

From a _____, we are all friends.
거리를 두고 보면, 우리는 모두 친구다.

His job is to _____ authors' writings.
그의 직업은 작가들의 글을 편집하는 것이다.

Water _____ because of the sun.
물은 태양에 의해서 증발된다.

We threw him a _____ party.
우리는 그에게 환송회를 열어 주었다.

Our different ideas _____ into a plan.
우리의 다양한 생각들이 하나의 계획으로 융합되었다.

Most _____ have more than one TV set.
대부분의 가정들은 TV를 한 대 이상 가지고 있다.

She _____ that we leave tomorrow.
그녀는 우리에게 내일 가라고 주장했다.

My mom went to get my sister from _____.
엄마는 동생을 유치원에서 데리러 갔다.

My sister is very _____ for her age.
내 여동생은 나이에 비해 아주 성숙하다.

People _____ eat out on their birthdays.
사람들은 생일날 주로 외식을 한다.

DAY 10

286	**offspring** [ɔ́:fspriŋ]	명 자손, 자식, 새끼	유 descendant
		Korean ancestors and their offspring 한국의 조상과 그들의 자손	

287	**perhaps** [pərhǽps]	부 아마, 어쩌면	유 maybe, possibly

288	**preferable** [préfərəbl]	형 더 나은, 바람직한	동 prefer 선호하다
		preferable to ~보다 바람직한	

289	**racial** [réiʃəl]	형 인종의	명 race 인종
		racial discrimination 인종 차별	

290	**resolve** [rizálv]	동 결심하다, 결정하다	명 resolution 결심, 결의 유 decide
		resolve to+동사원형 ~할 것을 결심하다	

291	**sensitive** [sénsətiv]	형 예민한, 민감한	명 sense 감각
		a sensitive person 민감한 사람	

292	**speculate** [spékjulèit]	동 사색하다, 깊이 생각하다	명 speculation 사색, 심사숙고 유 consider
		speculate on life 인생에 대해 사색하다	

293	**stroll** [stroul]	동 한가로이 거닐다, 산책하다	유 walk
		stroll along the beach 해변을 거닐다	

294	**tablecloth** [téiblklɔ̀:θ]	명 식탁보	

295	**transact** [trænsǽkt]	동 사무를 집행하다, 거래하다	명 transaction 업무 집행
		transact business 사무를 처리하다, 거래하다	

296	**valuable** [vǽljuəbl]	형 가치 있는	명 value 가치 유 useful
		a valuable thought 가치 있는 생각	

297	**wetland** [wétlænd]	명 습지대	

298	**accountant** [əkáuntənt]	명 회계사	유 treasurer
		a certified public accountant 공인회계사	

299	**astronomer** [əstránəmər]	명 천문학자	참 astronomy 천문학

300	**bind** [baind]	동 묶다	명 binding 묶기 유 tie 반 untie 풀다
		bind a package 꾸러미를 묶다 *bind-bound-bound*	

✦ 주어진 우리말 문장에 맞도록 알맞은 단어를 넣어 문장을 완성하시오. 정답 p.197

The cow didn't let people come close to her _____.
그 암소는 사람들이 자기 새끼에게 가까이 가지 못하게 했다.

_____ he fell in love with her.
아마도 그는 그녀와 사랑에 빠졌는지도 모른다.

Peace is _____ to war.
평화는 전쟁보다 바람직하다.

I have experienced _____ discrimination.
나는 인종 차별을 체험해 본 적이 있다.

He _____ to become a lawyer when he was fifteen years old.
그는 15살이었을 때 변호사가 되기로 결심했다.

_____ people get angry easily.
예민한 사람들은 쉽게 화를 낸다.

We need to have time to _____ on life.
우리는 삶에 대해 사색해 볼 시간이 필요하다.

It is not the time for us to _____ around like this.
우리는 이렇게 한가로이 돌아다닐 때가 아니다.

Spread the _____, and set the table for dinner.
식탁보를 펴고, 저녁상을 준비해라.

This agreement will free them to _____ business between the two nations.
이 협정이 두 나라 간의 거래를 자유롭게 해줄 것이다.

Have you ever lost something very _____?
당신은 매우 가치 있는 것을 잃어본 적이 있나요?

Some people visit _____ to fish or take pictures.
몇몇 사람들은 낚시를 하거나 사진을 찍으려고 습지대를 찾아간다.

She is a qualified _____.
그녀는 검증된 회계사이다.

My uncle wants to be an _____.
우리 삼촌은 천문학자가 되고 싶어한다.

We need to _____ the package with a ribbon.
우리는 리본으로 그 꾸러미를 묶어야 한다.

A 우리말과 같은 뜻이 되도록 빈칸에 들어갈 알맞은 단어를 적으시오.

1. protected _____ (보호 무역)

2. a _____ contract (유효한 계약)

3. in _____ with (~에 따라서)

4. _____ discrimination (인종 차별)

5. _____ on (~을 고집하다, 주장하다)

6. _____ on life (인생에 대해 사색하다)

7. a _____ thought (가치 있는 생각)

8. _____ a package (꾸러미를 묶다)

9. feel _____ (향수병을 느끼다)

10. a sense of _____ (정의감)

B 다음 괄호 안의 지시대로 주어진 단어를 변형시키고 그 뜻을 적으시오.

	변형	뜻
1. bent (동사형으로) →		
2. consideration (동사형으로) →		
3. dissolve (명사형으로) →		
4. insert (명사형으로) →		
5. mass (형용사형으로) →		
6. occur (명사형으로) →		
7. resistance (동사형으로) →		
8. consumer (동사형으로) →		
9. distance (형용사형으로) →		
10. evaporate (명사형으로) →		

C 다음 영영풀이에 해당하는 단어를 보기에서 골라 적으시오.

보기	specialty	beverage	collapse	farewell	strip
	carriage	faraway	accordance	cue	desert

❶ any potable liquid, esp. one other than water, as tea, coffee, beer, or milk

  ➜ _____

❷ to fall or cave in; crumble suddenly ➜ _____

❸ a region so arid because of little rainfall that it supports only sparse and widely spaced vegetation or no vegetation at all ➜ _____

❹ distant; remote ➜ _____

❺ a special or distinctive quality, mark, state, or condition ➜ _____

❻ agreement; conformity ➜ _____

❼ a horse-drawn vehicle used for transporting people or goods ➜ _____

❽ an expression of good wishes at parting ➜ _____

❾ a hint; intimation; guiding suggestion ➜ _____

❿ to deprive of covering ➜ _____

D 우리말과 같은 뜻이 되도록 주어진 문장의 빈칸을 완성하시오.

❶ 균형 잡힌 생태계가 동물들을 보호해 줄 수 있다.

  ➜ A balanced _____ can protect animals.

❷ 헌법은 사람들에게 행복 추구권을 부여한다.

  ➜ The Constitution gives people the right to _____ happiness.

❸ 그들은 그녀의 잃어버린 구두를 찾고 있었다.

  ➜ They _____ her lost shoes.

❹ 그는 장애인들을 동정하지 않는다.

  ➜ He has no _____ for the disabled.

⑤ 그녀는 우리에게 내일 가라고 주장했다.

➡ She _____ that we leave tomorrow.

⑥ 내 동생은 나이에 비해 아주 성숙하다.

➡ My sister is very _____ for her age.

⑦ 평화는 전쟁보다 바람직하다.

➡ Peace is _____ to war.

⑧ 예민한 사람들은 쉽게 화를 낸다.

➡ _____ people get angry easily.

⑨ 우리는 이렇게 한가로이 돌아다닐 때가 아니다.

➡ It is not the time for us to _____ around like this.

⑩ 이 협정이 두 나라 간의 거래를 자유롭게 해줄 것이다.

➡ This agreement will free them to _____ business between the two nations.

E 문장의 밑줄 친 부분에 해당하는 유의어 혹은 반의어를 보기에서 골라 적으시오.

보기	preschool	preferable	family	woodworker	decide
	frank	remove	injustice	signal	consider

① The girl wearing sunglasses is as <u>cunning</u> as a fox. 반의어 = _____

② It is <u>desirable</u> that you should be there by two o'clock. 유의어 = _____

③ Most <u>households</u> have more than one TV set. 유의어 = _____

④ My mom went to get my sister from <u>kindergarten</u>. 유의어 = _____

⑤ He <u>resolved</u> to become a lawyer. 유의어 = _____

⑥ We need to have time to <u>speculate</u> on life. 유의어 = _____

⑦ The <u>carpenter's</u> shop is just around the corner. 유의어 = _____

⑧ <u>Justice</u> is one of the very important values we must not forget.

반의어 ↔ _____

⑨ This is the <u>cue</u> to tell why she is here. 유의어 = _____

⑩ He <u>is stripping</u> the old wallpaper from the walls now. 유의어 = _____

F 영어발음을 듣고 영어단어를 적은 후, 우리말 뜻을 적으시오.

	영어	우리말		영어	우리말
❶			❽		
❷			❾		
❸			❿		
❹			⓫		
❺			⓬		
❻			⓭		
❼			⓮		

G 영어문장을 듣고 빈칸에 들어갈 단어를 채워 문장을 완성하시오.

❶ You should do this exercise with your knees _____.

❷ I borrowed a _____ from my neighbor.

❸ Developed countries care about public _____.

❹ I think that he is my best _____.

❺ His job is to _____ authors' writings.

❻ Our different ideas _____ into a plan.

❼ People _____ eat out on their birthdays.

❽ The cow didn't let people come close to her _____.

❾ Spread the _____ and set the table for dinner.

❿ Some people visit _____ to fish or take pictures.

⓫ She is a qualified _____.

⓬ My uncle wants to be an _____.

⓭ That matter is under _____.

⓮ Oil doesn't _____ in water.

⓯ He _____ the key in the lock but could not open the door.

⓰ Crimes _____ mainly at night.

DAY 11

 DAY 11 표제어 듣기

301	**cast** [kæst]	통 던지다 cast a vote 투표하다	유 throw *cast-cast-cast*
302	**collision** [kəlíʒən]	명 충돌 an airplane collision 비행기 충돌	통 collide 충돌하다 유 bump
303	**consumption** [kənsʌ́mpʃən]	명 소비	통 consume 소비하다 반 production 생산
304	**curiosity** [kjùəriásəti]	명 호기심 out of curiosity 호기심에서	형 curious 알고 싶어하는 유 interest
305	**desperate** [déspərət]	형 필사적인, 절망적인 a desperate effort 필사적인 노력	부 desperately 절망적으로, 필사적으로
306	**distinguish** [distíŋgwiʃ]	통 구분 짓다 distinguish A from B A와 B를 구분하다	형 distinguishable 구분할 수 있는
307	**editorial** [èdətɔ́:riəl]	명 사설, 논설 형 편집의	통 edit 편집하다 부 editorially 사설로서, 편집상
308	**eventually** [ivéntʃuəli]	부 결국	형 eventual 결국의
309	**farming** [fá:rmìŋ]	명 농업 organic farming 유기 농업	유 agriculture
310	**futurologist** [fjù:tʃərálədʒist]	명 미래학자 expectations of futurologists 미래학자들의 예견	참 futurology 미래학
311	**humanity** [hju:mǽnəti]	명 인류, 인류애 Habitat for Humanity 가난한 사람들에게 집을 지어주는 운동	형 humanitarian 인도주의적인 유 humankind
312	**insistent** [insístənt]	형 고집하는, 주장하는 insistent on ~에 대해 고집하는	통 insist 주장하다
313	**knight** [nait]	명 기사 통 ~에게 기사 작위를 수여하다 a great knight 훌륭한 기사	
314	**maximum** [mǽksəməm]	형 최대의, 최고의 the maximum number 최대 수	통 maximize 최대화하다
315	**motto** [mátou]	명 좌우명, 표어, 모토 a family motto 가훈	유 saying, maxim

✦ 주어진 우리말 문장에 맞도록 알맞은 단어를 넣어 문장을 완성하시오. 정답 p.198

_____ your vote!
투표하세요!

The impact from the _____ was inevitable.
그 충돌의 충격은 피할 수 없었다.

Energy _____ is increasing every year.
에너지 소비는 매년 증가하고 있다.

_____ killed the cat.
《속담》 호기심이 지나치면 위험하다. (호기심이 고양이를 죽인다.)

He made a _____ attempt to stop the car.
그는 필사적으로 차를 세우려고 시도했다.

We need to _____ right from wrong.
우리는 옳은 것과 틀린 것을 골라내야 한다.

I always read the _____ first whenever I read a newspaper.
나는 신문을 읽을 때마다 항상 사설을 먼저 읽는다.

We will _____ meet again.
결국 우리는 다시 만나게 될 것이다.

These days, organic _____ is very popular.
요즈음 유기 농업이 아주 인기 있다.

_____ expect the future to have worse pollution.
미래학자들은 미래에는 오염이 더 심해질 것이라 예상한다.

Some organizations provide some habitats for _____.
몇몇 단체는 인류에게 약간의 거주지를 제공한다.

The boy was _____ on buying a toy.
남자 아이는 장난감을 사겠다고 고집을 부렸다.

He was a great _____ in the Middle Ages.
그는 중세 시대의 훌륭한 기사였다.

The _____ temperature of this room is 100 degrees.
이 방의 최고 기온은 100도이다.

My family _____ is to be considerate to others.
우리 가훈은 남을 배려하는 것이다.

DAY 11

| 316 | **operation**
[àpəréiʃən] | 명 작동, 수술 | 통 operate 작동하다 |

316 operation [àpəréiʃən] 명 작동, 수술 · 통 operate 작동하다

317 period [píəriəd] 명 시기
a transition period 과도기 · 형 periodical 정기간행물의

318 prejudice [prédʒudis] 명 편견 통 편견을 갖게 하다 · 형 prejudicial 편견의 · 유 bias
a strong prejudice 강한 편견

319 ranch [ræntʃ] 명 대목장
a chicken ranch 양계장

320 respectful [rispéktfəl] 형 경의를 표하는 · 통 respect 존경하다 · 반 disrespectful 무례한
be respectful of tradition 전통을 존중하다

321 separation [sèpəréiʃən] 명 분리 · 통 separate 분리시키다 · 반 unification 통합
separation from ~로부터의 분리

322 sphere [sfiər] 명 구
the surface of the sphere 구의 표면

323 struggle [strʌ́gl] 통 버둥거리다, 분투하다, 싸우다 명 노력, 투쟁 · 형 struggling 분투하는 · 유 fight
a struggle for power 권력 투쟁

324 taboo [təbúː] 명 금기, 터부 · 유 prohibition, ban
a religious taboo 종교적 금기

325 translation [trænsléiʃən] 명 번역 · 통 translate 번역하다
make a translation into ~로 번역하다

326 vapor [véipər] 명 증기 · 형 vaporous 증기가 많은, 안개 낀
water vapor 수증기

327 whisker [hwískər] 명 구레나룻
by a whisker 근소한 차로

328 amuse [əmjúːz] 통 즐겁게 하다 · 명 amusement 즐거움 유 entertain
amuse oneself 즐기다

329 atmosphere [ǽtməsfìər] 명 대기 · 형 atmospheric 대기의 유 air
the Earth's atmosphere 지구 대기권

330 biography [baiágrəfi] 명 전기, 일대기 · 유 life story
the biographies of the saints 성인들의 전기

✦ 주어진 우리말 문장에 맞도록 알맞은 단어를 넣어 문장을 완성하시오. 정답 p.198

The _____ of this machine is quite complicated.
이 기계의 작동은 꽤 복잡하다.

We are living in a transition _____.
우리는 과도기에 살고 있다.

They have a strong _____ against the new student.
그들은 그 새로 온 학생에게 강한 편견을 가지고 있다.

He enjoyed life on the _____.
그는 목장에서의 삶을 즐겼다.

He is _____ to his elders.
그는 어른을 공경한다.

_____ between boys and girls in class isn't necessary.
수업시간에 남녀간의 분리는 필요하지 않다.

Can you calculate the area of the surface of this _____?
당신은 이 구의 표면적을 계산할 수 있나요?

The baby _____ in its mother's arms.
아이가 엄마 품에서 버둥댔다.

Today we are going to study religious _____.
오늘 우리는 종교적 금기사항들을 공부할 것이다.

I made a _____ of an English book into Korean a long time ago.
나는 오래 전에 영어책 한 권을 우리말로 번역했다.

A cloud is a mass of _____ in the sky.
구름은 하늘에 있는 수증기 덩어리이다.

Tom is wearing _____.
톰은 수염(구레나룻)을 기르고 있다.

He _____ the children with his funny voice.
그는 우스운 목소리로 아이들을 재미있게 했다.

The city's _____ is seriously polluted.
도시의 대기는 심각하게 오염되어 있다.

I have read a _____ of Abraham Lincoln.
나는 에이브러햄 링컨의 전기를 읽었다.

| 331 | **category** [kǽtəgɔ̀:ri] | 몡 범주 | 통 categorize 범주를 나누다 |
| | | fall into the category 범주에 속하다 | |

| 332 | **combine** [kəmbáin] | 통 결합시키다 | 몡 combination 결합 윤 amalgamate |
| | | combine forces 협력하다 | 반 separate 분리하다 |

| 333 | **contrary** [kántreri] | 혱 반대의 뷔 반대로 | 윤 opposite |
| | | contrary to ~과 반대인, ~에 어긋나는 | |

| 334 | **current** [kə́:rənt] | 혱 현재의, 통용하는 몡 흐름 | 몡 currency 통화, 유통 |
| | | swim against the current 시류에 역행하다 | |

| 335 | **despite** [dispáit] | 전 ~에도 불구하고 | 윤 in spite of |
| | | despite the fact that+절 ~라는 사실에도 불구하고 | |

| 336 | **distribute** [distríbju:t] | 통 분배하다 | 몡 distribution 분배 윤 share |
| | | distribute profits 이익을 분배하다 | |

| 337 | **educate** [édʒukèit] | 통 교육시키다 | 몡 education 교육 |
| | | educate oneself 독학하다 | |

| 338 | **examine** [igzǽmin] | 통 검사하다, 시험하다 | 몡 examination 조사, 시험 윤 inspect |
| | | examine oneself 반성하다, 성찰하다 | |

| 339 | **fascinate** [fǽsənèit] | 통 황홀하게 하다, 매혹하다 | 몡 fascination 매혹, 매료 반 bore 지루하게 하다 |

| 340 | **galaxy** [gǽləksi] | 몡 은하(수), 소우주 | |
| | | the galaxy system 은하계 | |

| 341 | **humankind** [hjú:mənkáind] | 몡 인류 | 윤 humanity |
| | | the evolution of humankind 인류의 진화 | |

| 342 | **inspire** [inspáiər] | 통 영감을 주다 | 몡 inspiration 영감 |

| 343 | **lava** [lá:və] | 몡 용암 | |
| | | a lava bed 용암층 | |

| 344 | **maze** [meiz] | 몡 미로, 미궁 | 혱 mazy 미로 같은, 복잡한 윤 labyrinth |
| | | a maze of downtown streets 미로 같은 시내 거리 | |

| 345 | **muddy** [mʌ́di] | 혱 진흙의 | 윤 swampy |
| | | a muddy road 진흙 길 | |

✦ 주어진 우리말 문장에 맞도록 알맞은 단어를 넣어 문장을 완성하시오. 정답 p.198

I guess they are in the same _____.

나는 그들이 같은 범주에 속해 있다고 짐작한다.

Some films _____ education with recreation.

어떤 영화들은 교육과 오락을 결합시킨다.

His behavior is _____ to the custom in that country.

그의 행동은 그 나라의 관습에 어긋나는 것이다.

Our _____ methods of production are too expensive.

우리의 현재 생산 방식은 비용이 많이 든다.

They climbed the mountain _____ the bad weather.

나쁜 날씨에도 불구하고 그들은 그 산을 등반했다.

You should _____ the exam papers face down.

인쇄된 면이 아래로 가도록 해서 시험지를 나눠 줘야 한다.

Teenagers must be _____ about drugs.

청소년들은 마약에 대해서 교육을 받아야만 한다.

The doctor _____ the boy.

의사가 소년을 검사했다.

The audience in the concert hall was _____ with his performance.

공연장에 있는 관객들은 그의 공연에 매료되었다.

Astronomers have found a distant _____.

천문학자들은 멀리 떨어진 은하수를 발견했다.

I read a book about the evolution of _____.

나는 인류의 진화에 대한 책을 읽었다.

His words _____ me.

그의 말이 나에게 영감을 주었다.

_____ was ejected from the volcano.

용암이 화산에서 분출되었다.

I am practically lost in a _____ of downtown streets.

나는 미로 같은 시내 거리에서 거의 길을 잃었다.

The ground is so _____ today.

오늘 땅이 너무 진흙투성이다.

DAY 12

| 346 | **opinion**
[əpínjən] | 명 의견 | 유 view |
| | | give one's opinion 자신의 의견을 말하다 | |

| 347 | **permit**
[pərmít] | 동 허락하다 명 허가장, 증명서 | 명 permission 허가 유 allow |
| | | weather permitting 날씨가 좋으면 | |

| 348 | **preparation**
[prèpəréiʃən] | 명 준비, 대비 | 동 prepare 준비하다, 대비하다 유 groundwork, preparing |
| | | | |

| 349 | **rare**
[rɛər] | 형 드문, 진기한, 희귀한 | 부 rarely 좀처럼 ~하지 않는 반 common 흔한 |
| | | a rare event 드문 일 | |

| 350 | **response**
[rispáns] | 명 응답, 반응 | 동 respond 응답하다 유 answer |
| | | in response to ~에 대한 응답으로, ~에 반응하여 | |

| 351 | **settle**
[sétl] | 동 해결하다, 정착하다 | 명 settlement 해결, 정착 유 resolve |
| | | settle difficulties 문제점을 해결하다 | |

| 352 | **spine**
[spain] | 명 척추 | 형 spinal 척추의 유 backbone |
| | | the curvature of the spine 척추의 굴곡 | |

| 353 | **stubborn**
[stʌ́bərn] | 형 고집 센, 불굴의 | 부 stubbornly 완강하게 유 headstrong |
| | | a stubborn resistance 불굴의 저항 | |

| 354 | **talkative**
[tɔ́ːkətiv] | 형 수다스러운 | 동 talk 이야기하다 |
| | | | |

| 355 | **transport**
[trænspɔ́ːrt] | 동 수송하다, 나르다 | 명 transportation 운송 수단 유 carry |
| | | transport A by ship A를 배로 나르다 | |

| 356 | **whisper**
[hwíspər] | 동 속삭이다 명 속삭임 | 반 shout 외치다 |
| | | | |

| 357 | **accurate**
[ǽkjurət] | 형 정확한 | 명 accuracy 정확성 유 precise |
| | | to be accurate 정확히 말해서 | |

| 358 | **analog**
[ǽnəlɔ̀ːg ǀ -làg] | 형 아날로그의 명 아날로그 | 반 digital 디지털의; 디지털 |
| | | analog devices 아날로그 장비들 | |

| 359 | **atom**
[ǽtəm] | 명 원자, 극소량 | 형 atomic 원자의 |
| | | break A into atoms A를 산산이 부수다 | |

| 360 | **biology**
[baiálədʒi] | 명 생물학 | 형 biological 생물학의 |
| | | | |

✦ 주어진 우리말 문장에 맞도록 알맞은 단어를 넣어 문장을 완성하시오. 정답 p.198

I gave my   of the case.
나는 그 사건에 대해 나의 의견을 말했다.

Smoking is not   in this room.
이 방에서는 금연입니다.

All the   will be satisfactory.
모든 준비가 만족스러울 것이다.

He is fond of collecting highly prized and   wines.
그는 높이 평가되고 드문 와인을 모으는 것을 좋아한다.

She laughed in   to his jokes.
그녀는 그의 농담에 반응하며 웃었다.

My father has tried to   his difficulties for a long time.
아버지는 오랫동안 문제점들을 해결하고자 노력하셨다.

A cold shiver ran down her   .
차갑고 오싹한 기운이 그녀의 척추를 타고 내려갔다.

Her father is very   .
그녀의 아버지는 매우 완고하시다.

One of the things I hate about her is that she is too   .
그녀에 대해 내가 싫어하는 것들 중 한 가지는 그녀가 너무 수다스럽다는 것이다.

The company   cars by ship.
그 회사는 자동차를 배로 실어 나른다.

Two girls were   during the whole class.
두 여자 아이가 수업시간 내내 속삭이고 있었다.

To be   , he missed two questions.
정확히 말해서 그는 두 개의 질문을 놓쳤다.

       devices are rapidly changing to digital ones.
아날로그 장비들이 빠르게 디지털 장비들로 바뀌고 있다.

An   is the smallest substance in the world.
원자는 세상에서 가장 작은 물질이다.

       is my favorite subject.
생물학은 내가 가장 좋아하는 과목이다.

A 우리말과 같은 뜻이 되도록 빈칸에 들어갈 알맞은 단어를 적으시오.

① out of _____ (호기심에서)

② _____ from (~로부터 분리)

③ a transition _____ (과도기)

④ a _____ event (드문 일)

⑤ _____ oneself (독학하다)

⑥ a _____ for power (권력 투쟁)

⑦ a _____ effort (필사적인 노력)

⑧ the _____ system (은하계)

⑨ the Earth's _____ (지구 대기권)

⑩ _____ oneself (반성하다, 성찰하다)

B 다음 괄호 안의 지시대로 주어진 단어를 변형시키고 그 뜻을 적으시오.

	변형	뜻
① consumption (동사형으로)	→ _____	_____
② distinguish (형용사형으로)	→ _____	_____
③ maximum (동사형으로)	→ _____	_____
④ respectful (동사형으로)	→ _____	_____
⑤ struggle (형용사형으로)	→ _____	_____
⑥ category (동사형으로)	→ _____	_____
⑦ combine (명사형으로)	→ _____	_____
⑧ educate (명사형으로)	→ _____	_____
⑨ preparation (동사형으로)	→ _____	_____
⑩ biology (형용사형으로)	→ _____	_____

C 다음 영영풀이에 해당하는 단어를 보기에서 골라 적으시오.

보기	prejudice	knight	cast	inspire	stubborn
	distribute	translation	futurologist	lava	biography

① a person who studies or predicts future trends ➡ _____

② a mounted soldier serving under a feudal superior in the Middle Ages
  ➡ _____

③ any preconceived opinion or feeling, either favorable or unfavorable
  ➡ _____

④ the process of converting text or speech from one language into another
  ➡ _____

⑤ a written account of another person's life ➡ _____

⑥ to divide something among members of a group ➡ _____

⑦ to fill or affect with a specified feeling, thought, etc. ➡ _____

⑧ the molten, fluid rock that issues from a volcano ➡ _____

⑨ unreasonably obstinate; obstinately unmoving ➡ _____

⑩ to throw off or away ➡ _____

D 우리말과 같은 뜻이 되도록 주어진 문장의 빈칸을 완성하시오.

① 그는 목장에서의 삶을 즐겼다.
  ➡ He enjoyed life on the _____.

② 당신은 이 구의 표면적을 계산할 수 있나요?
  ➡ Can you calculate the area of the surface of this _____?

③ 나는 그 사건에 대해 나의 의견을 말했다.
  ➡ I gave my _____ of the case.

④ 이 방에서는 금연입니다.
  ➡ Smoking is not _____ in this room.

⑤ 아버지는 오랫동안 문제점들을 해결하고자 노력하셨다.

➡ My father has tried to _____ his difficulties for a long time.

⑥ 차갑고 오싹한 기운이 그녀의 척추를 타고 내려갔다.

➡ A cold shiver ran down her _____.

⑦ 그 회사는 자동차를 배로 실어 나른다.

➡ The company _____ cars by ship.

⑧ 두 여자 아이가 수업시간 내내 속삭이고 있었다.

➡ Two girls were _____ during the whole class.

⑨ 아날로그 장비들이 빠르게 디지털 장비들로 바뀌고 있다.

➡ _____ devices are rapidly changing to digital ones.

⑩ 원자는 세상에서 가장 작은 물질이다.

➡ An _____ is the smallest substance in the world.

E 문장의 밑줄 친 부분에 해당하는 유의어 혹은 반의어를 보기에서 골라 적으시오.

보기	shout	labyrinth	humankind	share	maxim
	prohibition	digital	disrespectful	bored	opposite

① Some organizations provide some habitats for <u>humanity</u>. 유의어 = _____

② My family <u>motto</u> is to be considerate to others. 유의어 = _____

③ Today we are going to study religious <u>taboos</u>. 유의어 = _____

④ Two girls <u>were whispering</u> during the whole class. 반의어 ↔ _____

⑤ He is <u>respectful</u> to his elders. 반의어 ↔ _____

⑥ His behavior is <u>contrary</u> to the custom in that country. 유의어 = _____

⑦ The audience in the concert hall was <u>fascinated</u> with his performance.
반의어 ↔ _____

⑧ I am practically lost in a <u>maze</u> of downtown streets. 유의어 = _____

⑨ You should <u>distribute</u> the exam papers face down. 유의어 = _____

⑩ <u>Analog</u> devices are rapidly changing to digital ones. 반의어 ↔ _____

F 영어발음을 듣고 영어단어를 적은 후, 우리말 뜻을 적으시오.

	영어	우리말		영어	우리말
❶	_____	_____	❽	_____	_____
❷	_____	_____	❾	_____	_____
❸	_____	_____	❿	_____	_____
❹	_____	_____	⓫	_____	_____
❺	_____	_____	⓬	_____	_____
❻	_____	_____	⓭	_____	_____
❼	_____	_____	⓮	_____	_____

G 영어문장을 듣고 빈칸에 들어갈 단어를 채워 문장을 완성하시오.

❶ The _____ of this machine is quite complicated.

❷ _____ between boys and girls in class isn't necessary.

❸ Tom is wearing _____.

❹ Our _____ methods of production are too expensive.

❺ The doctor _____ the boy.

❻ The ground is so _____ today.

❼ He is fond of collecting highly prized and _____ wines.

❽ She laughed in _____ to his jokes.

❾ One of the things I hate about her is that she is too _____.

❿ To be _____, he missed two questions.

⓫ Energy _____ is increasing every year.

⓬ We need to _____ right from wrong.

⓭ We will _____ meet again.

⓮ The _____ temperature of this room is 100 degrees.

⓯ The baby _____ in its mother's arms.

⓰ Some films _____ education with recreation.

DAY 13

DAY 13
표제어 듣기

| 361 | **cattle** [kǽtl] | 명 소 | 유 cows |
| | cattle and sheep 소와 양 | | |

| 362 | **comfort** [kʌ́mfərt] | 명 위로, 위안 | 형 comfortable 편안한 반 irritation |
| | give comfort to ~을 위로하다 | | |

| 363 | **contribution** [kàntrəbjú:ʃən] | 명 기부, 기여, 공헌 | 통 contribute 기부하다 유 donation |
| | make a contribution to ~에 공헌하다 | | |

| 364 | **curriculum** [kəríkjələm] | 명 교육 과정 | 형 curricular 교육 과정의 참 extracurricular 과외의 |
| | a school curriculum 학교 교과 과정 | | 복 curricula |

| 365 | **destruction** [distrʌ́kʃən] | 명 파괴 | 형 destructive 파괴적인 반 construction 건설 |
| | mass destruction 대량 파괴 | | |

| 366 | **district** [dístrikt] | 명 지역 | |
| | a shopping district 쇼핑 지역 | | |

| 367 | **educational** [èdʒukéiʃənl] | 형 교육적인 | 명 education 교육 유 instructive |
| | an educational film 교육 영화 | | |

| 368 | **excel** [iksél] | 통 능가하다, 우수하다 | 형 excellent 우수한 유 be superior to |

| 369 | **fearful** [fíərfəl] | 형 무서운, 두려운 | 반 fearless 겁 없는 |
| | fearful thoughts 두려운 생각들 | | |

| 370 | **gap** [gæp] | 명 차이, 틈 | 유 difference |
| | a generation gap 세대 차이 | | |

| 371 | **humor** [hjú:mər] | 명 유머 | 형 humorous 유머러스한 |
| | a sense of humor 유머 감각 | | |

| 372 | **install** [instɔ́:l] | 통 설치하다 | 명 installation 설치 |
| | install a telephone 전화를 달다 | | |

| 373 | **laver** [léivər] | 명 (성직자가 손을 씻는) 놋대야 | |
| | wash one's hands at the laver 놋대야에서 손을 씻다 | | |

| 374 | **meantime** [mí:ntàim] | 명 그동안 | |
| | in the meantime 그러는 동안에 | | |

| 375 | **multiply** [mʌ́ltəplài] | 통 증가시키다, 곱하다 | 명 multiplication 증가, 곱셈 유 increase |
| | multiply 5 by 3 5에 3을 곱하다 | | |

◆ 주어진 우리말 문장에 맞도록 알맞은 단어를 넣어 문장을 완성하시오. 정답 p.199

He has 50 _____ on his farm.
그는 농장에 50마리의 소가 있다.

Mrs. Johns visited the family to offer _____.
존스 부인은 위로차 그 집을 방문했다.

If you make a _____ today, you will be much richer.
오늘 기부를 하면, 당신은 더욱 부자가 될 것입니다.

The school _____ was set according to the regulations.
학교 교과 과정은 규정에 맞게 정해져 있었다.

He worried about the _____ of the environment.
그는 환경 파괴를 걱정했다.

Myong-dong is a popular shopping _____.
명동은 인기 있는 쇼핑 지역이다.

She chose an _____ toy for her baby.
그녀는 아기를 위해 교육적인 장난감을 골랐다.

Koreans _____ more than others in diligence.
한국인들은 성실함에 있어서 다른 나라 사람들을 능가한다.

It was a _____ and horrible sight.
그것은 무섭고 끔찍한 광경이었다.

We must try hard to overcome the generation _____.
우리는 세대 차이를 극복하기 위해 노력해야 한다.

He has a good sense of _____.
그는 유머 감각이 뛰어나다.

I need to _____ this program to play the game.
그 게임을 하려면 이 프로그램을 설치해야 한다.

The priest grabbed some water from the _____.
신부는 놋대야에서 물을 퍼냈다.

In the _____, I'll send an email to him.
그러는 동안에 저는 그에게 이메일을 보낼게요.

The hot weather caused the bacteria in the food to _____ rapidly.
더운 날씨가 음식 안의 박테리아를 빠르게 증가시켰다.

DAY 13

376	**optimism** [ɑ́ptəmìzm]	명 낙관주의	형 optimistic 낙관적인 반 pessimism 비관주의
377	**pessimistic** [pèsəmístik]	형 비관적인 a pessimistic person 비관적인 사람	부 pessimistically 비관적으로 반 optimistic 낙관적인
378	**preschool** [príːskúːl]	명 유치원 형 취학 전의 a preschool curriculum 유치원 교육 과정	유 kindergarten
379	**react** [riːǽkt]	동 반응하다 react quickly 빠르게 반응하다	명 reaction 반응 유 respond
380	**responsibility** [rispɑ̀nsəbíləti]	명 책임 take responsibility for ~을 책임지다	형 responsible 책임이 있는 유 duty
381	**sharp** [ʃɑːrp]	형 날카로운 a sharp knife 날카로운 칼	부 sharply 날카롭게 반 blunt 무딘
382	**spiritual** [spíritʃuəl]	형 정신적인 the spiritual leader 영적 지도자	부 spiritually 정신적으로 유 mental
383	**stuff** [stʌf]	명 물건	형 stuffy 숨막히는 유 things
384	**tasteful** [téistfəl]	형 품위 있는, 세련된 elegant and tasteful 우아하고 세련된	명 taste 풍류, 맛 유 elegant
385	**treatment** [tríːtmənt]	명 대우 kind treatment 친절한 대우	동 treat 대우하다
386	**various** [vɛ́əriəs]	형 다양한	명 variety 다양성 유 diverse
387	**widespread** [wáidspréd]	형 널리 퍼진 widespread pollution 널리 퍼진 오염	
388	**accustom** [əkʌ́stəm]	동 익숙하게 하다 be accustomed to+(동)명사 ~에 익숙하다	형 accustomed 익숙한 유 adapt
389	**analyze** [ǽnəlàiz]	동 분석하다 analyze data 자료를 분석하다	명 analysis 분석
390	**attachment** [ətǽtʃmənt]	명 붙이기, 부착, 애착 a deep attachment 깊은 애정	동 attach 붙이다

_____ can change a person's future.
낙관주의는 한 사람의 미래를 바꿀 수 있다.

I try not to be a _____ person.
나는 비관적인 사람이 되지 않도록 노력하고 있다.

My cousin still goes to _____.
내 사촌은 아직도 유치원에 다닌다.

My brother _____ abnormally.
내 남동생은 이상하게 반응했다.

You should take _____ for your actions.
너는 너의 행위에 책임을 져야 한다.

Put this _____ knife away.
이 날카로운 칼을 치우세요.

Poetry gives people _____ pleasure.
시는 사람들에게 정신적 기쁨을 준다.

Get your _____.
너의 물건들을 챙겨라.

I want to lead a _____ life.
나는 품위 있는 생활을 하고 싶다.

We received good _____ from the people in the town.
우리는 그 마을 사람들로부터 좋은 대접을 받았다.

_____ records were made at this Olympic game.
이번 올림픽에서 다양한 기록들이 수립되었다.

There is a _____ fear of the disease.
그 질병에 대한 공포가 널리 퍼졌다.

She isn't _____ to getting up early.
그녀는 일찍 일어나는 것에 익숙하지 않다.

His job is to _____ data.
그의 일은 자료를 분석하는 것이다.

The _____ of a price tag on each product is important.
각 물건에 가격표를 붙이는 것이 중요하다.

DAY 14
표제어 듣기

391	**blast** [blæst]	통 폭발시키다, 폭파하다 명 폭발, 돌풍	유 blow up
		blast off 발사되다	
392	**causal** [kɔ́ːzəl]	형 인과 관계의	부 causally 원인이 되어
		a causal relationship 인과 관계	
393	**comment** [kámənt]	동 논평하다 명 논평	유 criticize 비판하다
		comment on ~에 대해 논평하다	
394	**convenience** [kənvíːnjəns]	명 편의	형 convenient 편리한 반 inconvenience
		at someone's convenience ~의 편리한 시간에	
395	**detail** [ditéil]	명 세부 사항 통 상세히 알리다	
		in detail 자세하게	
396	**distrust** [distrʌ́st]	통 불신하다	형 distrustful 의심 많은 반 trust 믿다
397	**election** [ilékʃən]	명 선거	형 elective 선거의 유 ballot
		an election campaign 선거 운동	
398	**exception** [iksépʃən]	명 예외	형 exceptional 예외적인
		make an exception 예외로 하다	
399	**feather** [féðər]	명 깃털	유 plumage
400	**gauze** [gɔːz]	명 얇은 천, 거즈	형 gauzy 얇은
		a gauze dressing 거즈 붕대	
401	**hydrogen** [háidrədʒən]	명 수소	
		hydrogen oxide 산화 수소	
402	**instance** [ínstəns]	명 보기, 사례	유 example
		for instance 예를 들면	
403	**lawn** [lɔːn]	명 잔디밭	
		a public lawn 잔디 광장	
404	**mechanic** [məkǽnik]	명 정비사	
		an airplane mechanic 비행기 수리공	
405	**murder** [mə́ːrdər]	명 살인	형 murderer 살인자 유 killing

✦ 주어진 우리말 문장에 맞도록 알맞은 단어를 넣어 문장을 완성하시오. 정답 p.199

The rocket, which was made in Korea, _____ off yesterday.
한국에서 제작된 로켓이 어제 발사되었다.

The _____ relationship of this problem isn't clear.
이 문제의 인과관계는 명확하지 않다.

She hesitated to _____ on the sensitive topic.
그녀는 민감한 주제에 대해 논평하기를 주저했다.

I will send you a fax for your _____.
귀하의 편의를 위해 팩스를 보내 드리겠습니다.

The _____ were not described.
그 세부사항은 설명이 되어 있지 않았다.

He _____ people too much.
그는 사람들을 지나치게 불신한다.

The _____ campaign went on for a month.
선거 운동은 한 달 동안 계속되었다.

There is no rule without _____.
《속담》 예외 없는 규칙은 없다.

Birds of a _____ flock together.
《속담》 유유상종 (같은 무리끼리 사귀다.)

The patient is changing the _____ now.
그 환자는 지금 거즈를 갈고 있다.

Water consists of _____ and oxygen.
물은 수소와 산소로 이루어져 있다.

For _____, we have to finish our homework by this Friday.
예를 들면, 우리는 이번 금요일까지 과제를 마무리해야 한다.

Let's meet at the public _____ tomorrow.
내일 잔디 광장에서 만나자.

The _____ is busy repairing the machine.
정비사는 기계를 수리하느라 바쁘다.

He was charged with _____.
그는 살인 혐의를 받고 있다.

DAY 14

406	**option** [ápʃən]	명 선택(권) have the option to+동사원형 ~할 선택권이 있다	형 optional 선택적인 유 choice
407	**petroleum** [pətróuliəm]	명 석유 crude petroleum 원유	
408	**pretend** [priténd]	동 ~인 체하다 pretend to be asleep 자는 체하다	형 pretending 거짓의 유 make believe
409	**reasonable** [rí:zənəbl]	형 합리적인 a reasonable price 합당한 가격	부 reasonably 합리적으로 반 unreasonable 비합리적인
410	**restful** [réstfəl]	형 편안한 a restful situation 편안한 상황	부 restfully 편안하게 유 comfortable
411	**shelter** [ʃéltər]	명 피난처 동 보호하다 clothing, food, and shelter 의식주	유 refuge
412	**splash** [splæʃ]	동 튀기다 splash water 물을 튀기다	형 splashy 튀는
413	**subjective** [səbdʒéktiv]	형 주관적인 a subjective judgment 주관적 판단	부 subjectively 주관적으로 반 objective 객관적인
414	**tease** [ti:z]	동 괴롭히다, 놀리다	
415	**tremble** [trémbl]	동 떨리다, 떨다 tremble in fear 두려워 떨다	명 trembling 떨림, 진동 유 shake, shiver
416	**vary** [véəri]	동 다르다 vary in ~면에서 다르다	형 various 다양한 유 differ
417	**willing** [wíliŋ]	형 기꺼이 ~하는 be willing to+동사원형 기꺼이 ~하다	부 willingly 자진해서 반 unwilling, reluctant
418	**achieve** [ətʃíːv]	동 성취하다, 이루다 achieve a victory 승리를 이루다	명 achievement 성취 유 accomplish, fulfill
419	**animation** [ænəméiʃən]	명 만화영화 an animation artist 만화영화 작가	
420	**attendant** [əténdənt]	명 참석자 regular attendants 단골	동 attend 참석하다

✦ 주어진 우리말 문장에 맞도록 알맞은 단어를 넣어 문장을 완성하시오. 정답 p.199

I think that you don't have the _____ to take it or leave it.
당신에겐 그것을 갖거나 버릴 수 있는 선택권이 없는 것 같군요.

A huge amount of _____ can make a country very rich.
엄청난 양의 석유는 한 나라를 매우 부유하게 만들어 줄 수 있다.

He _____ to be friendly with me.
그는 나와 친한 척했다.

It isn't _____ to study late every night.
매일 밤 늦게 공부하는 것은 합리적이지 않다.

We are not in a _____ situation.
우리는 편안한 상황이 아니다.

We took a _____ from the storm in a barn.
우리는 헛간에서 폭풍으로부터의 피난처를 찾았다.

Don't _____ the water on me.
나에게 물을 튀기지 마라.

A _____ judgment can sometimes lead to prejudice.
주관적인 판단은 때때로 편견을 낳을 수 있다.

The bad kid would _____ his friend all day.
그 나쁜 아이는 친구를 온종일 괴롭히곤 했다.

My hands were _____ in fear.
두려움에 내 손이 떨리고 있었다.

The prices _____ greatly from store to store.
가격이 가게마다 크게 다르다.

They are _____ to come.
그들은 기꺼이 오려고 한다.

We were surprised by the news that our team _____ a victory.
우리는 우리 팀이 경기에서 이겼다는 소식을 듣고서 놀랐다.

Ice Age is one of my favorite _____.
〈아이스 에이지〉는 제가 좋아하는 만화영화들 중 하나입니다.

Most of the _____ enjoyed the ceremony.
대부분의 참석자들이 그 의식을 즐겼다.

A 우리말과 같은 뜻이 되도록 빈칸에 들어갈 알맞은 단어를 적으시오.

① _____ pollution （널리 퍼진 오염）

② give _____ to （～을 위로하다）

③ a _____ price （합당한 가격）

④ make an _____ （예외로 하다）

⑤ _____ data （자료를 분석하다）

⑥ _____ on （～에 대해 논평하다）

⑦ an _____ campaign （선거 운동）

⑧ be _____ to + 동(명사) （～에 익숙하다）

⑨ _____ a telephone （전화기를 설치하다）

⑩ be _____ to + 동사원형 （기꺼이 ～하다）

B 다음 괄호 안의 지시대로 주어진 단어를 변형시키고 그 뜻을 적으시오.

	변형	뜻
① comfort （형용사형으로） →	_____	_____
② curriculum （형용사형으로） →	_____	_____
③ educational （명사형으로） →	_____	_____
④ optimism （형용사형으로） →	_____	_____
⑤ sharp （부사형으로） →	_____	_____
⑥ convenience （형용사형으로） →	_____	_____
⑦ election （형용사형으로） →	_____	_____
⑧ analyze （명사형으로） →	_____	_____
⑨ spiritual （부사형으로） →	_____	_____
⑩ contribution （동사형으로） →	_____	_____

C 다음 영영풀이에 해당하는 단어를 보기에서 골라 적으시오.

보기	treatment	pretend	causal	restful	lawn
	stuff	responsibility	murder	option	gauze

① the state or fact of being responsible ➡ _____

② the material of which anything is made ➡ _____

③ action or behavior toward a person, animal, etc. ➡ _____

④ of, constituting, or implying a cause ➡ _____

⑤ any thin and often transparent fabric; loosely woven cotton that is used as a bandage
➡ _____

⑥ a stretch of open, grass-covered land, esp. one closely mowed, as near a house, on an estate, or in a park ➡ _____

⑦ the power or right of choosing ➡ _____

⑧ to appear falsely, as to deceive; feign ➡ _____

⑨ being at rest; quiet; tranquil; peaceful ➡ _____

⑩ the unlawful killing of another human being ➡ _____

D 우리말과 같은 뜻이 되도록 주어진 문장의 빈칸을 완성하시오.

① 한국에서 제작된 로켓이 어제 발사되었다.
➡ The rocket, which was made in Korea, _____ off yesterday.

② 유유상종 (같은 무리끼리 서로 사귀다.)
➡ Birds of a _____ flock together.

③ 정비사는 기계를 수리하느라 바쁘다.
➡ The _____ is busy repairing the machine.

④ 엄청난 양의 석유는 한 나라를 매우 부유하게 만들어 줄 수 있다.
➡ A huge amount of _____ can make a country very rich.

⑤ 나에게 물을 튀기지 마라.

→ Don't _____ the water on me.

⑥ 두려움에 내 손이 떨리고 있었다.

→ My hands were _____ in fear.

⑦ 가격이 가게마다 크게 다르다.

→ The prices _____ greatly from store to store.

⑧ 그들은 기꺼이 오려고 한다.

→ They are _____ to come.

⑨ 〈아이스 에이지〉는 제가 가장 좋아하는 만화영화들 중 하나입니다.

→ *Ice Age* is one of my favorite _____.

⑩ 오늘 기부를 하면, 당신은 더욱 부자가 될 것입니다.

→ If you make a _____ today, you will be much richer.

E 문장의 밑줄 친 부분에 해당하는 유의어 혹은 반의어를 보기에서 골라 적으시오.

보기	kindergarten	cows	fearless	unwilling	example
	optimistic	respond	adapted	blunt	elegant

❶ He has 50 <u>cattle</u> on his farm. 유의어 = _____

❷ It was a <u>fearful</u> and horrible sight. 반의어 ↔ _____

❸ I try not to be a <u>pessimistic</u> person. 반의어 ↔ _____

❹ My cousin still goes to <u>preschool</u>. 유의어 = _____

❺ My brother <u>reacted</u> abnormally. 유의어 = _____

❻ I want to lead a <u>tasteful</u> life. 유의어 = _____

❼ They are <u>willing</u> to come. 반의어 ↔ _____

❽ She isn't <u>accustomed</u> to getting up early. 유의어 = _____

❾ Put this <u>sharp</u> knife away. 반의어 ↔ _____

❿ For <u>instance</u>, we have to finish our homework by this Friday.

유의어 = _____

F 영어발음을 듣고 영어단어를 적은 후, 우리말 뜻을 적으시오.

영어	우리말		영어	우리말
❶ _____ _____		❽ _____ _____
❷ _____ _____		❾ _____ _____
❸ _____ _____		❿ _____ _____
❹ _____ _____		⓫ _____ _____
❺ _____ _____		⓬ _____ _____
❻ _____ _____		⓭ _____ _____
❼ _____ _____		⓮ _____ _____

G 영어문장을 듣고 빈칸에 들어갈 단어를 채워 문장을 완성하시오.

영어문장
듣고 쓰기

❶ The priest grabbed some water from the _____.

❷ In the _____, I'll send an email to him.

❸ He _____ people too much.

❹ Water consists of _____ and oxygen.

❺ It isn't _____ to study late every night.

❻ We took a _____ from the storm in a barn.

❼ A _____ judgment can sometimes lead to prejudice.

❽ The bad kid would _____ his friend all day.

❾ We were surprised by the news that our team _____ a victory.

❿ Most of the _____ enjoyed the ceremony.

⓫ Mrs. Johns visited the family to offer _____.

⓬ The school _____ was set according to the regulations.

⓭ _____ can change a person's future.

⓮ I will send you a fax for your _____.

⓯ He worried about the _____ of the environment.

⓰ Koreans _____ more than others in diligence.

DAY 15

| 421 | **bleach** [blíːtʃ] | 동 표백하다 명 표백제   유 whiten |
| | | be bleached by ~에 의해 표백되다 |

| 422 | **celebration** [sèləbréiʃən] | 명 축하   동 celebrate 축하하다 |
| | | hold a celebration 축하 행사를 열다 |

| 423 | **commercial** [kəmə́ːrʃəl] | 형 상업상의, 상업적인   명 commerce 상업 |
| | | a commercial school 상업 학교 |

| 424 | **conventional** [kənvénʃənəl] | 형 전통적인, 관습적인   명 convention 전통, 집회 유 traditional |
| | | a conventional wedding 전통 혼례 |

| 425 | **damage** [dǽmidʒ] | 명 피해 동 피해를 입히다   참 damager 피해를 주는 사람 유 harm |
| | | critical damage 치명적인 피해 |

| 426 | **determination** [ditə̀ːrmənéiʃən] | 명 결심   동 determine 결심하다 유 resolution |
| | | make a determination 결심하다 |

| 427 | **disturb** [distə́ːrb] | 동 방해하다   명 disturbance 방해 유 interrupt |

| 428 | **elective** [iléktiv] | 형 선택할 수 있는   명 election 선거 유 selective |
| | | an elective course 선택 과목 |

| 429 | **exclaim** [ikskléim] | 동 외치다, 고함을 지르다   명 exclamation 외침 유 shout |
| | | exclaim at the result 결과를 듣고 고함을 지르다 |

| 430 | **fee** [fiː] | 명 보수, 요금   유 charge |
| | | a school fee 수업료 |

| 431 | **gene** [dʒiːn] | 명 유전자 |
| | | a dominant gene 우성 유전자 |

| 432 | **identify** [aidéntəfài] | 동 확인하다, 식별하다   명 identification 신원 확인 |
| | | identify one's face 얼굴을 알아보다 |

| 433 | **instinct** [ínstiŋkt] | 명 본능   형 instinctive 본능적인 |
| | | a homing instinct 귀소 본능 |

| 434 | **lay** [lei] | 동 놓다, 눕히다 |
| | | lay A on B A를 B에 올려 놓다   *lay-laid-laid* |

| 435 | **mediate** [míːdièit] | 동 중재하다   명 mediator 중재자 |
| | | mediate between A and B A와 B 사이를 중재하다 |

✦ 주어진 우리말 문장에 맞도록 알맞은 단어를 넣어 문장을 완성하시오. 정답 p.200

She _____ her red dress white.
그녀는 그녀의 빨간색 드레스를 흰색으로 표백했다.

We held a _____ for his promotion.
우리는 그의 승진을 축하하기 위해 축하 행사를 열었다.

My sister went to a _____ school.
우리 언니는 상업 학교를 다녔다.

"Good morning" is a _____ greeting.
"굿모닝"은 전통적인 인사이다.

The storm caused lots of _____ to the city.
폭풍은 도시에 많은 피해를 입혔다.

She made a _____ to study hard.
그녀는 공부를 열심히 하기로 결심했다.

You shouldn't _____ people in the library.
너는 도서관에 있는 사람들을 방해하면 안 된다.

Science is one of the _____ courses.
과학은 선택 과목들 중 하나다.

I _____ at the strange result.
나는 그 이상한 결과를 듣고 고함을 질렀다.

What's the parking _____?
주차요금이 얼마인가요?

A _____ is a short segment of DNA.
유전자는 짤막한 DNA 조각이다.

The police were unable to _____ the criminal's face.
경찰은 범인의 얼굴을 알아볼 수가 없었다.

Many animals rely on _____ to find food and avoid predators.
많은 동물들이 음식을 찾고 포식자를 피하기 위해 본능에 의존한다.

She carefully _____ the sleeping baby down on the bed.
그녀는 자고 있는 아기를 침대에 조심스럽게 눕혔다.

The UN _____ the two countries.
유엔이 두 나라를 중재했다.

DAY 15

436	**muse** [mjuːz]	동 생각하다 muse over 곰곰이 생각하다	유 think over

| 437 | **oral** [ɔ́ːrəl] | 형 구두의, 구술의 <br> an oral exam 구술 시험 | 반 written 쓰여진 |

| 438 | **phase** [feiz] | 명 양상, 단계 | 형 phasic 양상의 |

| 439 | **preview** [príːvjùː] | 명 예고편, 미리 보기 <br> a movie preview 영화의 예고편 | 반 review 복습, 다시 보기 |

| 440 | **recess** [ríːses] | 명 쉼, 휴식 동 휴회하다, 휴정하다 <br> in recess 휴식 시간에 | 유 break, rest |

| 441 | **retirement** [ritáiərmənt] | 명 은퇴 <br> retirement age 정년 | 동 retire 은퇴하다 |

| 442 | **shorten** [ʃɔ́ːrtn] | 동 짧게 하다 <br> shorten one's arm 팔을 거두어 들이다 | |

| 443 | **split** [split] | 동 나누다, 쪼개다 명 쪼개짐 <br> split A into B A를 B로 나누다 | 유 divide |

| 444 | **submit** [səbmít] | 동 제출하다 <br> submit the papers 과제를 제출하다 | 유 hand in, present |

| 445 | **telegram** [téligræm] | 명 전보 <br> by telegram 전보로 | |

| 446 | **trend** [trend] | 명 유행 <br> set a trend 유행을 창출하다 | |

| 447 | **vast** [væst] | 형 거대한 <br> vast resources 거대 자원 | 명 vastness 거대함 유 huge |

| 448 | **wistful** [wístfəl] | 형 생각에 잠긴, 그리워하는 <br> a wistful smile 아련한 미소 | 유 pensive |

| 449 | **acoustic** [əkúːstik] | 형 (악기 등에) 전기 증폭이 되지 않은, 청각의 <br> an acoustic guitar 통기타 | |

| 450 | **annual** [ǽnjuəl] | 형 1년의 <br> an annual plan 연간 계획 | 부 annually 해마다, 연간 |

정답 p.200

◆ 주어진 우리말 문장에 맞도록 알맞은 단어를 넣어 문장을 완성하시오.

The investigator ░░░░░░░░ over the case again.
조사관은 그 사건에 대해서 다시 곰곰이 생각했다.

We will have an ░░░░░░░░ exam soon.
우리는 곧 구술 시험을 볼 거예요.

This is a ░░░░░░░░ all girls go through.
이것은 모든 소녀들이 으레 거치는 단계이다.

He went to see a ░░░░░░░░ of the movie.
그는 영화의 예고편을 보러 갔다.

Let's meet while we're in ░░░░░░░░.
휴식 시간에 보자.

Generally speaking, 60 is the ░░░░░░░░ age.
일반적으로 말하면, 60살이 정년이다.

She ░░░░░░░░ the sleeves.
그녀는 소매를 짧게 걷었다.

Let's ░░░░░░░░ the pizza into 8 pieces.
이 피자를 8조각으로 나누자.

We have to ░░░░░░░░ our term papers by next Thursday.
우리는 다음주 목요일까지 기말 리포트를 제출해야 한다.

They communicate with each other by ░░░░░░░░.
그들은 전보로 서로 의사소통한다.

She always cares so much about the latest ░░░░░░░░.
그녀는 언제나 최신 유행들에 매우 신경 쓴다.

Oceans are ░░░░░░░░ resources for mankind.
바다는 인류를 위한 거대한 자원이다.

At the end, the girl's eyes became ░░░░░░░░.
마지막에 소녀의 눈빛은 아련해졌다.

I like the sound of the ░░░░░░░░ guitar.
나는 통기타 소리를 좋아한다.

You can see our ░░░░░░░░ plan on the board.
게시판에서 우리의 연간 계획을 보실 수 있습니다.

DAY 16

DAY 16
표제어 듣기

| 451 | **attention**
[əténʃən] | 명 주의, 주목
pay attention to+(동)명사 ~에 주의하다 | 동 attend 주의하다　반 inattention 부주의, 태만 |

| 452 | **bleed**
[bli:d] | 동 출혈하다, 피를 흘리다
bleed from the nose 코피가 나다　*bleed-bled-bled* | 명 blood 피, bleeding 출혈　유 lose blood |

| 453 | **ceramic**
[sərǽmik] | 형 도자기의　명 도자기
ceramic products 도자기 제품 | |

| 454 | **communicate**
[kəmjú:nəkèit] | 동 연락하다, 의사소통하다
communicate with ~와 의사소통하다 | 명 communication 의사소통
유 contact, keep in touch |

| 455 | **convince**
[kənvíns] | 동 확신시키다
be convinced of ~라고 확신하다 | 명 convincement 확신　유 assure |

| 456 | **daydream**
[déidrì:m] | 명 백일몽, 몽상, 공상　동 몽상에 잠기다
have a daydream 공상에 잠기다 | |

| 457 | **development**
[divéləpmənt] | 명 발전, 발달, 개발
linguistic development 언어 발달 | 동 develop 발달시키다　유 growth, evolution |

| 458 | **diverse**
[divə́:rs | dai-] | 형 다양한
diverse aspects 다양한 양상 | 명 diversity 다양성　유 various, different |

| 459 | **electrical**
[iléktrìkəl] | 형 전기의
electrical power 전력 | 부 electrically 전기로 |

| 460 | **exclusive**
[iksklúsiv] | 형 배제적인
exclusive of ~을 제외한 | 동 exclude 제외하다　반 inclusive 포함한 |

| 461 | **fellow**
[félou] | 형 동료의　명 친구, 동료
a fellow student 학우, 동창생 | 유 colleague |

| 462 | **genetics**
[dʒənétiks] | 명 유전학, 유전적 특성
genetics research 유전학 연구 | 형 genetic 유전학의, 유전의 |

| 463 | **ignore**
[ignɔ́:r] | 동 무시하다
ignore completely 완전히 무시하다 | 명 ignorance 무시　유 neglect |

| 464 | **institute**
[ínstətjù:t] | 동 설립하다　명 협회, 기관
an art institute 미술협회 | 명 institution 학회, 설립　유 establish |

| 465 | **leap**
[li:p] | 동 도약하다 | 유 jump |

✦ 주어진 우리말 문장에 맞도록 알맞은 단어를 넣어 문장을 완성하시오. 정답 p.200

I need to pay   to his words.
나는 그의 말에 주의할 필요가 있다.

While I was studying last night, I   from my nose.
어젯밤에 공부를 하다가 코피를 흘렸다.

---

      products are expensive.
도자기 제품들은 비싸다.

We have to   with each other by e-mails.
우리는 이메일로 서로 연락해야 한다.

He   me with the evidence.
그는 증거를 들어 나를 확신시켰다.

I was   at that time.
나는 그 당시 몽상에 잠겨 있었다.

Even we are surprised at the speed of Korea's   .
심지어 우리도 한국의 발전 속도에 놀라고 있다.

He touched on some   aspects of human life.
그는 인생의 다양한 양상을 다루었다.

We need   power to operate this machine.
이 기계를 작동하려면 전력이 필요하다.

The price is   of taxes.
그 가격은 세금이 제외된 금액이다.

The   travelers were a mix of various people.
여행의 일행들은 각계각층의 사람들이 섞여 있었다.

Recently, many people have become interested in   research.
최근 많은 사람들이 유전학 연구에 관심을 가지게 되었다.

They   my advice not to go there.
그들은 그곳에 가지 말라는 나의 충고를 무시했다.

I studied mechanical engineering at the   .
나는 그 기관에서 기계공학을 공부했다.

Look before you   .
《속담》 돌다리도 두드려보고 건너라.

DAY 16

466	**memorial** [mémɔ́:riəl]	명 기념비 형 기념의 a war memorial 전쟁기념비	동 memorize 기억하다 윤 monument
467	**mustache** [mʌ́stæʃ]	명 콧수염 have a mustache 콧수염을 기르다	참 beard 턱수염, whiskers 구레나룻
468	**organization** [ɔ̀:rgənizéiʃən]	명 조직, 단체 a charity organization 자선 단체	형 organizational 조직의 윤 association
469	**philosophy** [filásəfi]	명 철학 Kantian philosophy 칸트 철학	
470	**prior** [práiər]	형 전의, 우선하는 prior to ~하기 전에, 우선하여	명 priority 우선
471	**recite** [risáit]	동 암송하다, 낭송하다 recite a poem 시를 암송하다	명 recital 암송, 독주회
472	**reunify** [ri:jú:nəfài]	동 재통합시키다 reunify the two Koreas 남북한을 다시 통일시키다	명 reunification 재통합
473	**sponsor** [spánsər]	동 후원하다 명 후원자 sponsor a special program 특별 프로그램을 후원하다	명 sponsorship 후원 윤 supporter 후원자
474	**substance** [sʌ́bstəns]	명 재료, 물질 substance needed 필요한 재료	윤 material
475	**teller** [télər]	명 (은행) 금전출납계원 automatic teller machine (ATM) 현금자동입출금기	
476	**tribal** [tráibəl]	형 부족의 tribal fighting 부족 간 전투	명 tribe 부족
477	**veil** [veil]	명 베일, 면사포 동 베일을 쓰다 a bridal veil 신부의 면사포	
478	**withdraw** [wiðdrɔ́:]	동 철수하다 withdraw an army 철군하다	명 withdrawal 철수 반 dispatch 급파하다
479	**acquire** [əkwáiər]	동 얻다 acquire a bad habit 나쁜 버릇이 들다	형 acquired 획득한 윤 get
480	**Antarctic** [æntá:rktik]	형 남극의 Antarctic Ocean 남극해	명 Antarctica 남극 대륙 반 Arctic 북극의

✦ 주어진 우리말 문장에 맞도록 알맞은 단어를 넣어 문장을 완성하시오. 정답 p.200

The trip includes a visit to the war _____.
그 여행은 전쟁기념비 방문을 포함하고 있다.

The man with the _____ is my brother.
콧수염을 기른 저 사람이 우리 형이야.

The G-7 _____ represents the world's seven leading industrialized nations.
G-7 단체란 세계의 7대 선진 산업국을 의미한다.

He majored in _____ in college.
그는 대학에서 철학을 전공했다.

Nothing can be done _____ to our project.
우리의 프로젝트보다 더 우선할 수 있는 것은 없다.

He will _____ a poem in front of the entire class.
그는 모든 급우들 앞에서 시를 암송할 것이다.

The emperor _____ the two countries.
그 황제는 두 나라를 재통합시켰다.

He used to _____ a special program for children.
그는 한때 아이들을 위한 특별 프로그램을 후원했다.

There are many _____ needed to make the filter.
그 필터를 만들려면 필요한 재료가 많다.

There are a lot of automatic _____ machines in the bank.
그 은행에는 현금자동입출금기가 많다.

Her father recently died in a _____ war.
그녀의 아버지는 최근에 부족간의 전쟁에서 돌아가셨다.

I saw the crying face of the bride under the _____.
나는 면사포 아래에서 울고 있는 신부의 얼굴을 보았다.

The allied forces began to _____ their soldiers.
동맹군은 군인들을 철수하기 시작했다.

The museum _____ a famous painting by Pablo Picasso.
그 박물관은 파블로 피카소의 유명한 그림을 확보했다.

Penguins live in the _____ Ocean.
펭귄들은 남극해에서 산다.

A 우리말과 같은 뜻이 되도록 빈칸에 들어갈 알맞은 단어를 적으시오.

① _____ power (전력)

② _____ of (~을 제외한)

③ _____ aspects (다양한 측면)

④ an _____ plan (연간 계획)

⑤ have a _____ (공상에 잠기다)

⑥ a bridal _____ (신부의 면사포)

⑦ _____ the papers (과제를 제출하다)

⑧ _____ a poem (시를 암송하다)

⑨ _____ to (~하기 전에, 우선하여)

⑩ _____ between A and B (A와 B 사이를 중재하다)

B 다음 괄호 안의 지시대로 주어진 단어를 변형시키고 그 뜻을 적으시오.

	변형	뜻
❶ commercial (명사형으로)	→ _____	_____
❷ conventional (명사형으로)	→ _____	_____
❸ instinct (형용사형으로)	→ _____	_____
❹ mediate (명사형으로)	→ _____	_____
❺ vast (명사형으로)	→ _____	_____
❻ communicate (명사형으로)	→ _____	_____
❼ exclusive (동사형으로)	→ _____	_____
❽ reunify (명사형으로)	→ _____	_____
❾ acquire (형용사형으로)	→ _____	_____
❿ Antarctic (명사형으로)	→ _____	_____

C 다음 영영풀이에 해당하는 단어를 보기에서 골라 적으시오.

보기	preview	gene	fellow	telegram	split
	bleed	identify	development	phase	convince

❶ the basic physical unit of heredity ➡ _____

❷ to recognize as being a particular person or thing; verify the identity of

➡ _____

❸ a stage in a process of change or development ➡ _____

❹ an advance showing of a movie, play, etc., before its public opening

➡ _____

❺ a message or communication sent by telegraph; a telegraphic dispatch

➡ _____

❻ to persuade; to make someone believe ➡ _____

❼ the act or process of developing; growth; progress ➡ _____

❽ belonging to the same class or group ➡ _____

❾ to divide or separate from end to end or into layers ➡ _____

❿ to exude blood ➡ _____

D 우리말과 같은 뜻이 되도록 주어진 문장의 빈칸을 완성하시오.

❶ 주차요금이 얼마인가요?

➡ What's the parking _____?

❷ 그녀는 잠자고 있는 아기를 침대에 조심스럽게 눕혔다.

➡ She carefully _____ the sleeping baby down on the bed.

❸ 조사관은 그 사건에 대해서 다시 곰곰이 생각했다.

➡ The investigator _____ over the case again.

❹ 그녀는 소매를 짧게 걷었다.

➡ She _____ the sleeves.

⑤ 그녀는 언제나 최신 유행들에 매우 신경 쓴다.

→ She always cares so much about the latest _____.

⑥ 마지막에 소녀의 눈빛은 아련해졌다.

→ At the end, the girl's eyes became _____.

⑦ 나는 통기타 소리를 좋아한다.

→ I like the sound of the _____ guitar.

⑧ 도자기 제품들은 비싸다.

→ _____ products are expensive.

⑨ 그는 인생의 다양한 양상을 다루었다.

→ He touched on some _____ aspects of human life.

⑩ 휴식 시간에 보자.

→ Let's meet while we're in _____.

E 문장의 밑줄 친 부분에 해당하는 유의어 혹은 반의어를 보기에서 골라 적으시오.

보기	inattention	rest	resolution	interrupt	hand in
	neglect	review	written	divide	selective

① She made a determination to study hard. 유의어 = _____

② You shouldn't disturb people in the library. 유의어 = _____

③ Science is one of the elective courses. 유의어 = _____

④ We have to submit our term papers by next Thursday. 유의어 = _____

⑤ I need to pay attention to his words. 반의어 ↔ _____

⑥ They ignored my advice not to go there. 유의어 = _____

⑦ He went to see a preview of the movie. 반의어 ↔ _____

⑧ Let's split the pizza into 8 pieces. 유의어 = _____

⑨ We will have an oral exam soon. 반의어 ↔ _____

⑩ Let's meet while we're in recess. 유의어 = _____

F 영어발음을 듣고 영어단어를 적은 후, 우리말 뜻을 적으시오.

영어단어
듣고 쓰기

	영어	우리말		영어	우리말
❶			❽		
❷			❾		
❸			❿		
❹			⓫		
❺			⓬		
❻			⓭		
❼			⓮		

G 영어문장을 듣고 빈칸에 들어갈 단어를 채워 문장을 완성하시오.

영어문장
듣고 쓰기

❶ I was _____ at that time.

❷ Recently, many people have become interested in _____ research.

❸ I studied mechanical engineering at the _____.

❹ Look before you _____.

❺ The man with the _____ is my brother.

❻ He majored in _____ in college.

❼ Nothing can be done _____ to our project.

❽ There are a lot of automatic _____ machines in the bank.

❾ I saw the crying face of the bride under the _____.

❿ The allied forces began to _____ their soldiers.

⓫ My sister went to a _____ school.

⓬ "Good morning" is a _____ greeting.

⓭ The UN _____ the two countries.

⓮ Oceans are _____ resources for mankind.

⓯ We have to _____ with each other by e-mails.

⓰ The price is _____ of taxes.

| 481 | **boast** [boust] | 통 자랑하다 | 형 boastful 자랑이 심한 유 show off |
| | | boast about ~에 대해 자랑하다 | |

| 482 | **certificate** [sərtífikət] | 명 증명서, 수료증 | 통 certify 증명하다 |
| | | a health certificate 건강 진단서 | |

| 483 | **commute** [kəmjúːt] | 통 통근하다 | 명 commuter 통근자 |
| | | too far to commute 통근하기에는 너무 먼 | |

| 484 | **cooperate** [kouápərèit] | 통 협력하다 | 명 cooperation 협력 유 collaborate |
| | | cooperate with ~와 협력하다 | |

| 485 | **dear** [diər] | 형 친애하는 명 친애하는 사람, 귀여운 사람 | |
| | | My dear friend 나의 소중한 친구 | |

| 486 | **device** [diváis] | 명 기구 | |
| | | a safety device 안전 기구 | |

| 487 | **division** [divíʒən] | 명 부(서) | 통 divide 분류하다 |
| | | a marketing division 마케팅 부서 | |

| 488 | **electron** [iléktrɑn] | 명 전자 | |
| | | electron theory 전자설 | |

| 489 | **exhaust** [igzɔ́ːst] | 통 다 써버리다 | 형 exhaustive 소모적인, 철저한 exhausted 매우 지친 |
| | | exhaust oneself 지치다 | 유 use up |

| 490 | **fiction** [fíkʃən] | 명 소설 | 형 fictional 꾸며낸, 소설의 유 novels |
| | | science fiction 공상과학 소설 | |

| 491 | **geologist** [dʒiálədʒist] | 명 지질학자 | |
| | | a famous geologist 유명한 지질학자 | |

| 492 | **illustrate** [íləstrèit] | 통 설명하다, 삽화를 넣다 | 명 illustration 예증, 삽화 유 demonstrate, show |

| 493 | **instruct** [instrʌ́kt] | 통 가르치다 | 유 teach |

| 494 | **leather** [léðər] | 명 가죽, 가죽제품 형 가죽의 | |
| | | a leather bag 가죽 가방 | |

| 495 | **memorize** [méməràiz] | 통 기억하다, 암기하다 | 명 memorization 암기 유 remember |
| | | memorize a poem 시를 암송하다 | |

✦ 주어진 우리말 문장에 맞도록 알맞은 단어를 넣어 문장을 완성하시오. 정답 p.201

Minsoo _____ about his new computer every day.

민수는 새 컴퓨터에 대해 매일 자랑한다.

You should have a _____ to be a teacher.

선생님이 되려면 자격증이 있어야 한다.

It is a little too far, but I can _____ in my car.

그 곳은 좀 멀지만 차로 통근이 가능하다.

You should _____ with everybody for yourself.

네 스스로 모든 사람들과 협력해야 한다.

People often start letters with the word "_____."

사람들은 대개 "친애하는"이란 단어로 편지를 시작한다.

Turn off all electronic _____.

모든 전기 장비를 꺼 주세요.

He works in the service _____.

그는 서비스 부서에서 일한다.

All atoms have _____.

모든 원자는 전자를 가지고 있다.

If we _____ the energy in our bodies, we feel like eating something.

우리는 몸 속에 있는 에너지를 소모하고 나면, 무언가가 먹고 싶어진다.

Science _____ is one of my favorites.

공상과학 소설은 내가 가장 좋아하는 것들 중 하나다.

_____ work in the field most of the time.

지질학자들은 대부분의 시간을 현장에서 작업한다.

My professor used to _____ definitions with some sentences.

교수님은 몇몇 예문을 통해서 정의를 설명해 주시곤 하셨다.

He _____ the students in first aid.

그는 학생들에게 응급처치 요령을 가르쳤다.

I am looking for a square _____ bag.

저는 네모난 가죽 가방을 찾고 있어요.

_____ lots of English words is so hard.

수많은 영단어를 외우는 것은 너무 어렵다.

DAY 17

496	**namely** [néimli]	뷔 즉, 다시 말해서	윤 that is

497 orient [ɔ́:riənt]
동 지향하게 하다 명 (the O-) 동양　　　윤 the East

498 phonetics [fənétiks]
명 음성학　　　형 phonetic 음성학의　　참 phonology 음운론
experimental phonetics 실험 음성학

499 privilege [prívəlidʒ]
명 특권 동 ~에게 특권을 주다　　　윤 advantage
abuse a privilege 특권을 남용하다

500 recognition [rèkəgníʃən]
명 알아봄, 인정, 승인　　　동 recognize 인지하다 윤 admission
in recognition of ~을 인정하여, ~의 답례로

501 reverse [rivə́:rs]
형 거꾸로의, 상반되는 동 거꾸로 하다, 반대로 하다　　　윤 opposite
in reverse order 역순으로

502 sightseeing [sáitsì:iŋ]
명 관광　　　동 sightsee 관광하다
go sightseeing 관광하러 가다

503 sprout [spraut]
동 움트다 명 눈, 싹
bean sprouts 콩나물

504 substitute [sʌ́bstətjù:t]
동 대신하다 명 대리인　　　명 substitution 대체 윤 replace
substitute nylon for silk 나일론으로 실크를 대신하다

505 trim [trim]
동 정돈하다, 끝을 다듬다
trim a tree 나무를 가지치기 하다

506 vein [vein]
명 정맥, 혈관　　　윤 blood vessel 혈관
an artery and vein 동맥과 정맥

507 wither [wíðər]
동 시들다
wither up 시들다

508 actual [ǽktʃuəl]
형 실제의　　　뷔 actually 실제로 윤 real
an actual condition 실제 상황　　　판 unreal, fictional 허구의

509 apology [əpɑ́lədʒi]
명 사과　　　동 apologize 사과하다 윤 excuse
make an apology 사과를 하다

510 attractive [ətrǽktiv]
형 매력적인　　　명 attraction 매력 판 unattractive 매력 없는
an attractive woman 매력적인 여성

✦ 주어진 우리말 문장에 맞도록 알맞은 단어를 넣어 문장을 완성하시오. 정답 p.201

I stayed in bed all day.   , I was sick all day.
나는 종일 침대에 있었다. 즉 종일 아팠다.

A long time ago, Europe did not know about the   .
오래 전에 유럽은 동양에 대해서 알지 못했다.

I majored in English   .
저는 영어 음성학을 전공했습니다.

     should not be given to only special people.
특권이 특별한 사람들에게만 주어져서는 안 된다.

My   of the face was immediate.
나는 그 얼굴을 바로 알아봤다.

The boys sang the songs in   order.
소년들은 그 노래들을 역순으로 불렀다.

We went   downtown.
우리는 시내로 관광하러 갔다.

Is a new bamboo shoot   up?
새 대나무 순 하나가 나오고 있니?

You can   margarine for butter.
버터 대신 마가린을 사용할 수 있습니다.

She got her bangs   .
그녀는 앞머리를 손질했다.

The   carries the blood back to the heart.
혈관은 피를 다시 심장으로 보낸다.

The tree   in the hot sun.
그 나무는 뜨거운 햇볕에 시들었다.

The   number of people at the meeting was bigger.
회의에 참석했던 실제 인원 수는 더 많았다.

I would like to make an   .
나는 사과를 하고 싶다.

Her smile was very   .
그녀의 미소는 매우 매력적이었다.

DAY 18

DAY 18 표제어 듣기

511 bolt [boult]	명 볼트, 번개 a bolt from the blue 청천벽력	
512 challenging [tʃǽlindʒiŋ]	형 도전적인 a challenging job 도전적인 직업	통 challenge 도전하다
513 compete [kəmpíːt]	통 경쟁하다 compete with a person for ~ 때문에 남과 경쟁하다	명 competition 경쟁 유 contend
514 coral [kɔ́ːrəl]	명 산호 형 산호로 만든 a coral necklace 산호 목걸이	
515 debt [det]	명 빚 go into debt 빚을 지다	유 liabilities
516 devotion [divóuʃən]	명 헌신 blind devotion 맹목적 헌신	통 devote 헌신하다 유 dedication
517 divorce [divɔ́ːrs]	통 ~와 이혼하다 명 이혼	반 marry ~와 결혼하다
518 elegance [éligəns]	명 우아함	형 elegant 우아한 유 grace
519 exhibition [èksəbíʃən]	명 전시회 a sculpture exhibition 조각 전시회	통 exhibit 전시하다 유 show, display
520 geology [dʒiálədʒi]	명 지질(학) the geology of Mars 화성의 지질	형 geological 지질학적인
521 imaginary [imǽdʒənèri]	형 상상의 an imaginary enemy 가상의 적	통 imagine 상상하다 유 fictional 반 real 실제의
522 insurance [inʃúərəns]	명 보험 life insurance 생명보험	통 insure 보증하다 유 assurance
523 lecture [léktʃər]	명 강의 a boring lecture 지루한 강의	유 lesson
524 mercy [mə́ːrsi]	명 자비, 인정 without mercy 가차없이	형 merciful 자비로운 유 pity 반 cruelty 무자비함
525 native [néitiv]	형 출생지의, 본래의, 타고난 a native speaker 원어민 화자	명 nativity 출생, 탄생

✦ 주어진 우리말 문장에 맞도록 알맞은 단어를 넣어 문장을 완성하시오. 정답 p.201

He fastened the _____.
그는 볼트를 죄었다.

Teenagers prefer more _____ jobs.
십대들은 보다 도전적인 직업을 선호한다.

We can _____ with the best team.
우리는 최고의 팀과 경쟁할 수 있다.

My father bought a _____ necklace for my mom.
아빠는 엄마에게 산호 목걸이를 사 주셨다.

She paid her _____.
그녀는 빚을 갚았다.

His _____ to science is well known.
그의 과학에의 헌신은 잘 알려져 있다.

She _____ her husband.
그녀는 남편과 이혼했다.

She decorated the house with _____ and grace.
그녀는 우아하고 고상하게 그 집을 장식했다.

The _____ will run until next week.
전시회는 다음 주까지 계속될 것이다.

He is a professor of _____ at the university.
그는 대학의 지질학 교수이다.

He told a story about an _____ land.
그는 상상의 나라에 대한 이야기를 해주었다.

Almost everybody has life _____ these days.
요즘에는 거의 모든 사람들이 생명보험을 가지고 있다.

The _____ lasted for one and a half hours.
강의는 1시간 30분 동안 지속되었다.

He begged the judge to show _____.
그는 판사에게 자비를 베풀어 달라고 청원했다.

It's easy to meet _____ speakers of English these days.
요즘에는 영어 원어민 화자를 만나기가 쉽다.

DAY 18

526	**origin** [ɔ́ːrədʒin]	명 기원, 출처, 유래 the origin of life 생명의 기원	동 originate 시작되다 유 beginning
527	**photograph** [fóutəgræf]	명 사진 take a photograph 사진을 찍다	참 photographer 사진가
528	**probability** [prὰbəbíləti]	명 있을 법함, 가망 the probability is that+절 아마 ~일 것이다	반 improbability 일어날 것 같지 않음 부 probably 아마도
529	**reconnect** [rikənékt]	동 다시 연결하다 reconnect the call 전화를 다시 연결하다	명 reconnection 재연결
530	**revolution** [rèvəlúːʃən]	명 혁명 the French Revolution 프랑스 혁명	참 evolution 진화
531	**significant** [signífikənt]	형 중요한 a significant match 중요한 경기	명 significance 중요성 유 important 반 insignificant 중요하지 않은
532	**stable** [stéibl]	형 안정된 명 마구간	명 stability 안정 반 unstable 불안정한
533	**subtitle** [sʌ́btàitl]	명 (영화의) 자막, 부제	
534	**tense** [tens]	형 팽팽한, 긴장한 명 시제 a tense moment 긴장의 순간	명 tension 긴장 유 strained
535	**triple** [trípl]	동 3배로 되다	
536	**venture** [véntʃər]	동 위험을 무릅쓰고 ~하다, 감행하다 venture oneself 위험을 무릅쓰다	유 dare
537	**witty** [wíti]	형 재치 있는 a witty writer 재치 있는 작가	명 wit 재치, 재기 유 humorous
538	**adapt** [ədǽpt]	동 적응시키다 adapt oneself to ~에 적응하다	명 adaptation 적응 유 adjust
539	**appearance** [əpíərəns]	명 외관, 모양 an outward appearance 겉모습	동 appear 나타나다 유 look
540	**audition** [ɔːdíʃən]	명 오디션 give an audition to ~에 대해 오디션을 하다	

◆ 주어진 우리말 문장에 맞도록 알맞은 단어를 넣어 문장을 완성하시오. 정답 p.201

Nobody knows the _____ of this animal.
아무도 이 동물의 기원을 모른다.

His hobby is taking _____.
그의 취미는 사진을 찍는 것이다.

The _____ is that our team will win this match.
이번 경기에서 우리 팀이 이길 가능성이 있다.

He tried to _____ the broken wire.
그는 끊어진 줄을 다시 이으려고 애썼다.

The French _____ changed French society a lot.
프랑스 혁명은 프랑스 사회를 많이 바꾸어 놓았다.

We all know that today's match is _____.
우리 모두는 오늘 경기가 중요한 경기라는 것을 잘 알고 있다.

He is a man of _____ character.
그는 안정된 성품을 지닌 사람이다.

The man in front of me is so tall that I can't read the _____.
내 앞에 앉은 남자의 키가 너무 커서 자막이 안 보인다.

The ropes are _____.
줄이 팽팽하다.

The number of cars in the city will _____ in 10 years.
그 도시의 자동차 수는 10년 내에 3배가 될 것이다.

He _____ a flight in a storm.
그는 폭풍우 속에서 위험을 무릅쓰고 비행했다.

The professor is known as a _____ writer.
그 교수님은 재치 있는 작가로 알려져 있다.

We need to _____ ourselves to the new circumstances.
우리는 새로운 환경에 적응할 필요가 있다.

People are concerned about their _____.
사람들은 자신의 겉모습에 신경을 쓴다.

She became so nervous before the _____.
그녀는 오디션 전에 너무 긴장했다.

A 우리말과 같은 뜻이 되도록 빈칸에 들어갈 알맞은 단어를 적으시오.

① bean _____ (콩나물)

② a sculpture _____ (조각 전시회)

③ abuse a _____ (특권을 남용하다)

④ blind _____ (맹목적 헌신)

⑤ the _____ of life (생명의 기원)

⑥ a _____ moment (긴장의 순간)

⑦ too far to _____ (통근하기에는 너무 먼)

⑧ an _____ enemy (가상의 적)

⑨ an outward _____ (겉모습)

⑩ _____ up (시들다)

B 다음 괄호 안의 지시대로 주어진 단어를 변형시키고 그 뜻을 적으시오.

	변형	뜻
① boast (형용사형으로) →	_____	_____
② illustrate (명사형으로) →	_____	_____
③ actual (부사형으로) →	_____	_____
④ phonetics (형용사형으로) →	_____	_____
⑤ sightseeing (동사형으로) →	_____	_____
⑥ apology (동사형으로) →	_____	_____
⑦ attractive (명사형으로) →	_____	_____
⑧ exhibition (동사형으로) →	_____	_____
⑨ tense (명사형으로) →	_____	_____
⑩ mercy (형용사형으로) →	_____	_____

C 다음 영영풀이에 해당하는 단어를 보기에서 골라 적으시오.

보기	geology	dear	certificate	geologist	vein
	substitute	recognition	cooperate	compete	instruct

① a document serving as evidence or as written testimony, as of status, qualifications, privileges, or the truth of something ➡ _____

② beloved or loved ➡ _____

③ a person who specializes in geologic research and study ➡ _____

④ to furnish with knowledge; teach ➡ _____

⑤ to take the place of; replace ➡ _____

⑥ to strive to outdo another for acknowledgment, a prize, profit, etc.

➡ _____

⑦ the science that deals with the dynamics and physical history of the Earth

➡ _____

⑧ to work or act together or jointly for a common purpose or benefit

➡ _____

⑨ an act of recognizing or the state of being recognized ➡ _____

⑩ one of the system of branching vessels or tubes conveying blood from various parts of the body to the heart ➡ _____

D 우리말과 같은 뜻이 되도록 주어진 문장의 빈칸을 완성하시오.

① 모든 전기 장비를 꺼 주세요. ➡ Turn off all electronic _____.

② 모든 원자는 전자를 가지고 있다. ➡ All atoms have _____.

③ 소년들은 그 노래들을 역순으로 불렀다.

➡ The boys sang the songs in _____ order.

④ 그녀는 앞머리를 손질했다. ➡ She got her bangs _____.

⑤ 우리는 최고의 팀과 경쟁할 수 있다.

→ We can _____ with the best team.

⑥ 아빠는 엄마에게 산호 목걸이를 사 주셨다.

→ My father bought a _____ necklace for my mom.

⑦ 그녀는 빚을 갚았다.

→ She paid her _____.

⑧ 이번 경기에서 우리 팀이 이길 가능성이 있다.

→ The _____ is that our team will win this match.

⑨ 그 도시의 자동차 수는 10년 내에 3배가 될 것이다.

→ The number of cars in the city will _____ in 10 years.

⑩ 나는 종일 침대에 있었다, 즉 종일 아팠다.

→ I stayed in bed all day. _____, I was sick all day.

E 문장의 밑줄 친 부분에 해당하는 유의어 혹은 반의어를 보기에서 골라 적으시오.

보기				
unattractive	grace	unreal	novel	remember
advantage	collaborate	insignificant	improbability	humorous

❶ The actual number of people at the meeting was bigger. 반의어 ↔ _____

❷ Science fiction is one of my favorites. 유의어 = _____

❸ Memorizing lots of English words is so hard. 유의어 = _____

❹ Privileges should not be given to special people. 유의어 = _____

❺ She decorated the house with elegance. 유의어 = _____

❻ The professor is known as a witty writer. 유의어 = _____

❼ You should cooperate with everybody for yourself. 유의어 = _____

❽ We all know that today's match is significant. 반의어 ↔ _____

❾ Her smile was very attractive. 반의어 ↔ _____

❿ The probability is that our team will win this match. 반의어 ↔ _____

F 영어발음을 듣고 영어단어를 적은 후, 우리말 뜻을 적으시오.

영어단어
듣고 쓰기

영어	우리말		영어	우리말
❶		❽		
❷		❾		
❸		❿		
❹		⓫		
❺		⓬		
❻		⓭		
❼		⓮		

G 영어문장을 듣고 빈칸에 들어갈 단어를 채워 문장을 완성하시오.

영어문장
듣고 쓰기

❶ Minsoo _____ about his new computer every day.

❷ Is it a new bamboo shoot _____ up?

❸ The tree _____ in the hot sun.

❹ He fastened the _____.

❺ His _____ to science is well known.

❻ He told a story about an _____ land.

❼ He tried to _____ the broken wire.

❽ We all know that today's match is _____.

❾ He is a man of _____ character.

❿ People are concerned about their _____.

⓫ She became so nervous before the _____.

⓬ My professor used to _____ definitions with some sentences.

⓭ A long time ago, Europe did not know about the _____.

⓮ I majored in English _____.

⓯ I would like to make an _____.

⓰ The _____ will run until next week.

541 boom
[bu:m]
통 급속히 발전하다 명 급속한 발전 윤 thrive
a booming business 호황 사업

542 championship
[tʃǽmpiənʃip]
명 선수권 (대회)
the championship series 선수권 쟁탈전

543 competitive
[kəmpétətiv]
형 경쟁적인, 경쟁하는 부 competitively 경쟁적으로
competitive games 경기 종목

544 cosmopolitan
[kàzməpálətn]
형 전 세계적인, 세계주의의 윤 international
a cosmopolitan city 국제 도시

545 decade
[dékeid]
명 10년
for decades 수십 년간

546 dialect
[dáiəlèkt]
명 방언, 사투리
the Jeju dialect 제주도 방언

547 document
[dákjumənt]
명 문서 형 documentary 문서의 윤 papers
an official document 공문서

548 embarrass
[imbǽrəs]
통 당황스럽게 하다 명 embarrassment 당황 윤 bewilder

549 existence
[igzístəns]
명 존재 통 exist 존재하다 윤 being
bring into existence 존재하게 하다

550 fierce
[fiərs]
형 사나운 부 fiercely 무섭게
fierce looks 사나운 표정

551 germ
[dʒə:rm]
명 세균 윤 bacteria

552 immature
[ìmətʃúər]
형 성숙하지 못한 반 mature 성숙한
have immature ideas 생각이 어리다

553 interactive
[ìntərǽktiv]
형 서로 작용하는 명 interaction 상호작용

554 lessen
[lésn]
통 줄이다 윤 reduce
lessen the length of ~의 길이를 줄이다

555 merely
[míərli]
부 단지 형 mere 단순한, 순전한 윤 only
not merely A but (also) B A뿐만 아니라 B도 또한

표제어 → 어구 → 예문

✦ 주어진 우리말 문장에 맞도록 알맞은 단어를 넣어 문장을 완성하시오. 정답 p.202

The computer industry is still _____.
컴퓨터 산업이 여전히 호황이다.

She won the _____ last year.
그녀는 작년 선수권 대회에서 우승했다.

The students are very _____ about entering good universities.
학생들은 좋은 대학교에 들어가기 위해 매우 경쟁한다.

Seoul is one of the largest _____ cities.
서울은 가장 큰 국제 도시 중 하나이다.

Computers have developed remarkably over the past _____.
지난 십 년간 컴퓨터가 대단히 발전했다.

The Jeju _____ is very unique.
제주도 방언은 매우 독특하다.

She carefully filed all the _____.
그녀는 조심스럽게 모든 문서를 철하였다.

His large family _____ him.
그의 대가족이 그를 당황스럽게 했다.

We do not believe in the _____ of ghosts.
우리는 유령의 존재를 믿지 않는다.

A _____ dog is approaching me.
사나운 개 한 마리가 나에게 다가오고 있다.

Wash your hands to get rid of the _____.
세균을 없애려면 손을 씻어라.

I cannot take his _____ behavior anymore.
나는 그의 성숙하지 못한 행동을 더 이상 견딜 수 없다.

Many teachers have accepted _____ teaching methods.
많은 선생님들이 상호작용적인 교수법을 받아들여 왔다.

The talk _____ the tension.
담화가 긴장을 줄였다.

Not _____ James but also Matt knows me.
제임스뿐만 아니라 매트도 나를 안다.

DAY 19

556 **nectar** [néktər]	명 화밀, 과즙 suck nectar from a flower 꿀을 빨다	
557 **original** [ərídʒənl]	형 원래의　명 origin 기원　유 first an original plan 원래 계획	
558 **physics** [fíziks]	명 물리학　형 physical 육체의, 물질의 quantum physics 양자 물리학	
559 **proceed** [prəsí:d]	동 진행하다　명 process 과정　유 continue proceed with 계속해서 ~하다, ~을 진행하다	
560 **recover** [rikʌ́vər]	동 회복하다　명 recovery 회복　유 restore recover from an illness 병에서 회복하다	
561 **riddle** [rídl]	명 수수께끼	
562 **silent** [sáilənt]	형 조용한　부 silently 조용하게 a silent picture 무성영화	
563 **stadium** [stéidiəm]	명 경기장　유 arena a World Cup stadium 월드컵 경기장	
564 **subtract** [səbtrǽkt]	동 빼다　명 subtraction 빼냄 subtract A from B B에서 A를 빼다	
565 **terrify** [térəfài]	동 겁나게 하다　형 terrifying 무서운　유 frighten be too terrified to do 너무 무서워서 ~할 수 없다	
566 **verbal** [vɔ́:rbəl]	형 말의　동 verbalize 말로 나타내다 a verbal ability 언어 능력	
567 **worship** [wɔ́:rʃip]	동 예배 드리다, 숭배하다　명 예배, 숭배 attend worship 예배에 참석하다	
568 **addict** [ǽdikt]	동 중독되게 하다　명 addiction 중독 be addicted to ~에 중독되다	
569 **appetite** [ǽpətàit]	명 식욕, 욕구　형 appetitive 식욕을 돋우는　반 distaste 싫증, 혐오 have a good appetite 식욕이 좋다	
570 **authority** [əθɔ́:rəti]	명 권위, 권한　동 authorize ~에게 권한을 주다　유 power by the authority of ~의 권한으로	

✦ 주어진 우리말 문장에 맞도록 알맞은 단어를 넣어 문장을 완성하시오. 정답 p.202

Bees spend the summer collecting   and turning it into honey.
벌들은 여름 내내 화밀을 모아 꿀로 만든다.

You should stick to your   plan.
너는 네 원래 계획을 고수해야 한다.

According to our present ideas of   , nothing can travel faster than light.
현재 물리학의 개념에 따르면 어떤 것도 빛보다 빠르게 이동할 수 없다.

He is   with his work.
그는 그의 일을 진행하고 있다.

She   her health.
그녀는 건강을 회복했다.

Can you guess the answer to this   ?
이 수수께끼의 답을 알겠니?

He is always being too   .
그는 늘 너무 조용히 있다.

This   has a seating capacity of 50,000.
이 경기장은 5만 명이 앉을 수 있다.

Can you   3 from 10?
10에서 3을 뺄 수 있니?

She was too   to go ahead.
그녀는 너무 무서워서 앞으로 나갈 수가 없었다.

Generally, women have better   abilities than men do.
일반적으로 여성들이 남성들보다 언어 능력이 더 뛰어나다.

Many people go to temples to   on this special day.
이런 특별한 날에는 많은 사람들이 절에 불공을 드리러 간다.

He is   to alcohol.
그는 알코올 중독이다.

A good   is a good sauce.
《속담》 시장이 반찬이다.

The judge had no   to order a second trial.
그 재판관은 재심을 명령할 권한이 없었다.

571 boost [buːst]	통 밀어올리다, 후원하다　명 밀어올림, 후원	명 booster 후원자
	boost the economy 경기를 활성화하다	
572 chaos [kéiɑs]	명 혼돈	형 chaotic 무질서한　유 disorder
	social chaos 사회적 무질서	
573 complaint [kəmpléint]	명 불평	통 complain 불평하다　반 satisfaction 만족
	(I have) no complaints. 불만이 없다.	
574 cosmos [kázməs]	명 우주	유 universe
	the shape of the cosmos 우주의 모양	
575 decode [diːkóud]	통 (암호를) 해독하다	명 decoder 해독기
576 domain [douméin]	명 영토, 영역	유 territory
	a public domain 공유지, 공공 영역	
577 embrace [imbréis]	통 껴안다, 둘러싸다　명 포옹	유 hug
	embrace a baby 아기를 껴안다	
578 existing [igzístiŋ]	형 현존하는, 현재의　통 exist 존재하다　유 present	
	under the existing circumstances 현재의 상황하에	
579 finance [finǽns]	명 재정, 자금　통 자금을 조달하다	형 financial 재정상의, 재무의
	a finance company 금융 회사	
580 globe [gloub]	명 지구, 세계	형 global 세계의　유 world
581 imply [implái]	통 포함하다, 암시하다	명 implication 함축
582 interfere [ìntərfíər]	통 방해하다, 간섭하다　명 interference 간섭, 방해　유 meddle, intervene	
	interfere with ~를 방해하다, 간섭하다	
583 level [lévəl]	명 수준	
	the level of living 생활 수준	
584 metropolis [mitrápəlis]	명 대도시	형 metropolitan 대도시의
	the center of metropolis 도심	
585 neglect [niglékt]	통 게을리하다, 무시하다　명 태만, 무시	
	neglect one's duty 직무를 게을리 하다	

✦ 주어진 우리말 문장에 맞도록 알맞은 단어를 넣어 문장을 완성하시오. 정답 p.202

The government needs to take action to _____ the economy.
정부는 경기 활성화를 위한 조치를 취해야 한다.

Without rules, people would live in a state of _____.
규칙이 없다면 사람들은 혼란 상태에서 살 것이다.

She has no _____.
그녀는 불만사항이 없다.

We don't know how the _____ was created.
우리는 우주가 어떻게 만들어졌는지 모른다.

The enemy _____ the signal.
적군이 신호를 해독했다.

Dokdo is in the Korean _____.
독도는 한국 영토 내에 있다.

The mother _____ her baby with love.
그 어머니는 사랑으로 아기를 껴안았다.

Who is an _____ descendant of the Chosun Dynasty?
조선왕조의 현존하는 후손이 누구인가요?

He has worked for a _____ company since 2000.
그는 2000년 이후로 금융 회사에서 일하고 있다.

There are various cultures throughout the _____.
세계에는 다양한 문화가 있다.

Silence sometimes _____ consent.
침묵은 때때로 동의를 암시한다.

We don't have to _____ with other people's business.
우리는 다른 사람들의 일에 간섭할 필요가 없다.

Her _____ of English is high.
그녀의 영어 수준은 높다.

New York is a _____ in North America.
뉴욕은 북미의 대도시이다.

He was fired because he _____ his duty.
그는 직무 태만으로 해고되었다.

DAY 20

586	**ornament** [ɔ́:rnəmənt]	명 꾸밈, 장식 동 장식하다 personal ornaments 장신구	형 ornamental 장식의 유 decoration
587	**pitch** [pitʃ]	동 던지다 명 던지기 유 throw pitch A to B A를 B에게 던지다	
588	**process** [práses]	명 과정 유 procedure a learning process 배움의 과정	
589	**recreational** [rèkriéiʃənl]	형 오락의 명 recreation 오락 recreational facilities 오락시설	
590	**ridiculous** [ridíkjuləs]	형 우스운, 어리석은 동 ridicule 비웃다, 조롱하다 유 silly a ridiculous act 우스운 행동	
591	**similarity** [sìməlǽrəti]	명 유사 형 similar 유사한 유 resemblance have some similarities 다소 닮은 데가 있다	
592	**staff** [stæf]	명 직원 유 personnel	
593	**suburb** [sʌ́bə:rb]	명 근교, 교외 형 suburban 근교의 a suburb of London 런던 교외	
594	**territory** [térətɔ̀:ri]	명 영토 형 territorial 영토의 invade (a) territory 영토를 침범하다	
595	**tropical** [trápikəl]	형 열대의 명 the tropics 열대지방 유 hot, sultry a tropical region 열대 지방	
596	**vessel** [vésəl]	명 배, 선박 유 boat a steam vessel 증기선	
597	**worthwhile** [wə́:rθhwáil]	형 보람이 있는, 가치 있는 유 valuable	
598	**additional** [ədíʃnl]	형 부가적인, 추가의 명 addition 부가, 추가 an additional tax 부가세	
599	**applaud** [əplɔ́:d]	동 환호하다 유 clap 반 boo 야유하다 be applauded 칭찬을 듣다	
600	**avenue** [ǽvənjù:]	명 대로, 한길 Fifth Avenue in New York 뉴욕 5번가	

◆ 주어진 우리말 문장에 맞도록 알맞은 단어를 넣어 문장을 완성하시오. 정답 p.202

Girls tend to spend money on personal _____.
여성들은 장신구에 돈을 쓰는 경향이 있다.

He _____ the ball to the batter.
그는 타자에게 공을 던졌다.

I learned the _____ of digestion in my biology class.
나는 생물시간에 소화과정을 배웠다.

This place has many _____ facilities.
이곳은 많은 오락시설들을 갖추고 있다.

His answer was very _____.
그의 대답은 매우 우스웠다.

The _____ between the two reports suggests that one person wrote both.
두 개의 리포트가 비슷하다는 건 한 사람이 둘 다 썼음을 암시한다.

The _____ had a meeting this morning.
오늘 아침에 직원들이 회의를 가졌다.

More and more people are living in the _____.
점점 더 많은 사람들이 교외에서 생활한다.

Invading _____ can cause serious problems between countries.
영토를 침범하는 것은 나라간에 심각한 문제를 야기할 수 있다.

It's strange to say, but _____ climates are my favorite.
이상하게 들릴지 모르지만, 열대성 기후는 내가 좋아하는 기후이다.

People ride a _____ to go to China.
사람들은 중국에 가기 위해 배를 탄다.

Nursing is a very _____ career.
간호직은 매우 보람 있는 직업이다.

My mom gave me an _____ 10 dollars.
엄마는 나에게 10달러를 더 주셨다.

People frantically _____ his performance.
사람들은 그의 공연에 열광적으로 환호했다.

The best hotel in our country is on Fifth _____.
5번가에 우리나라 최고의 호텔이 있다.

A　우리말과 같은 뜻이 되도록 빈칸에 들어갈 알맞은 단어를 적으시오.

① an _____ plan （원래 계획）

② a learning _____ （배움의 과정）

③ a _____ city （국제 도시）

④ the _____ of living （생활 수준）

⑤ _____ from an illness （병에서 회복하다）

⑥ be _____ to （~에 중독되다）

⑦ _____ the economy （경기를 활성화하다）

⑧ a World Cup _____ （월드컵 경기장）

⑨ have some _____ （다소 닮은 데가 있다）

⑩ under the _____ circumstances （현재의 상황에서）

B　다음 괄호 안의 지시대로 주어진 단어를 변형시키고 그 뜻을 적으시오.

	변형	뜻
① merely （형용사형으로） →	_____	_____
② subtract （명사형으로） →	_____	_____
③ addict （명사형으로） →	_____	_____
④ chaos （형용사형으로） →	_____	_____
⑤ existing （동사형으로） →	_____	_____
⑥ finance （형용사형으로） →	_____	_____
⑦ interfere （명사형으로） →	_____	_____
⑧ ridiculous （동사형으로） →	_____	_____
⑨ similarity （형용사형으로） →	_____	_____
⑩ recover （명사형으로） →	_____	_____

C 다음 영영풀이에 해당하는 단어를 보기에서 골라 적으시오.

> 보기 neglect   boom   vessel   germ   authority
> document   imply   proceed   competitive   decode

❶ to progress, grow, or flourish vigorously ➡ _____

❷ of, pertaining to, involving, or decided by competition ➡ _____

❸ an official paper that gives information about something ➡ _____

❹ a microorganism, esp. when disease-producing; microbe ➡ _____

❺ to move or go forward or onward, esp. after stopping ➡ _____

❻ the power to determine or settle issues or disputes ➡ _____

❼ to translate a message from a code into the original language ➡ _____

❽ to indicate or suggest without being explicitly stated ➡ _____

❾ to pay no attention or too little attention to; disregard or slight ➡ _____

❿ a craft for traveling on water, now usually one larger than an ordinary rowboat

➡ _____

D 우리말과 같은 뜻이 되도록 주어진 문장의 빈칸을 완성하시오.

❶ 사나운 개 한 마리가 나에게 다가오고 있다.

➡ A _____ dog is approaching me.

❷ 많은 선생님들이 상호작용적인 교수법을 받아들여 왔다.

➡ Many teachers have accepted _____ teaching methods.

❸ 이 수수께끼의 답을 알겠니?

➡ Can you guess the answer to this _____?

❹ 독도는 한국 영토 내에 있다.

➡ Dokdo is in the Korean _____.

⑤ 여성들은 장신구에 돈을 쓰는 경향이 있다.

→ Girls tend to spend money on personal _____.

⑥ 나는 생물시간에 소화과정을 배웠다.

→ I learned the _____ of digestion in my biology class.

⑦ 이곳은 많은 오락시설들을 갖추고 있다.

→ This place has many _____ facilities.

⑧ 오늘 아침에 직원들이 회의를 가졌다.

→ The _____ had a meeting this morning.

⑨ 영토를 침범하는 것은 나라간에 심각한 문제를 야기할 수 있다.

→ Invading _____ can cause serious problems between countries.

⑩ 사람들은 그의 공연에 열광적으로 환호했다.

→ People frantically _____ his performance.

E 문장의 밑줄 친 부분에 해당하는 유의어 혹은 반의어를 보기에서 골라 적으시오.

보기	frightened	universe	bewilder	valuable	satisfaction
	mature	reduce	distaste	world	hug

❶ His large family embarrassed him. 유의어 = _____

❷ I cannot take his immature behavior anymore. 반의어 ↔ _____

❸ The talk lessened the tension. 유의어 = _____

❹ She was too terrified to go ahead. 유의어 = _____

❺ A good appetite is a good sauce. 반의어 ↔ _____

❻ She has no complaints. 반의어 ↔ _____

❼ We don't know how the cosmos was created. 유의어 = _____

❽ The mother embraced her baby with love. 유의어 = _____

❾ There are various cultures throughout the globe. 유의어 = _____

❿ Nursing is a very worthwhile career. 유의어 = _____

F 영어발음을 듣고 영어단어를 적은 후, 우리말 뜻을 적으시오.

	영어	우리말		영어	우리말
❶	_____	_____	❽	_____	_____
❷	_____	_____	❾	_____	_____
❸	_____	_____	❿	_____	_____
❹	_____	_____	⓫	_____	_____
❺	_____	_____	⓬	_____	_____
❻	_____	_____	⓭	_____	_____
❼	_____	_____	⓮	_____	_____

G 영어문장을 듣고 빈칸에 들어갈 단어를 채워 문장을 완성하시오.

❶ She won the _____ last year.

❷ Seoul is one of the largest _____ cities.

❸ Bees spend the summer collecting _____ and turning it into honey.

❹ According to our present ideas of _____, nothing can travel faster than light.

❺ This _____ has a seating capacity of 50,000.

❻ Many people go to temples to _____ on this special day.

❼ Her _____ of English is high.

❽ New York is a _____ in North America.

❾ He _____ the ball to the batter.

❿ The best hotel in our country is on Fifth _____.

⓫ Not _____ James but also Matt knows me.

⓬ Without rules, people would live in a state of _____.

⓭ Who is an _____ descendant of the Chosun Dynasty?

⓮ He has worked for a _____ company since 2000.

⓯ We don't have to _____ with other people's business.

⓰ The _____ between the two reports suggests that one person wrote both.

DAY 21
표제어 듣기

601 **booth** [buːθ]	명 칸막이 좌석, 부스석 a public phone booth 공중전화 박스	유 cubicle
602 **characteristic** [kæ̀riktərístik]	명 특색, 특성　형 특색을 이루는, 독자적인 a characteristic taste of honey 꿀 특유의 맛	유 typical
603 **complicated** [kámpləkèitid]	형 복잡한 a complicated system 복잡한 시스템	부 complicatedly 복잡하게 유 complex
604 **costume** [kástʃuːm]	명 복장 a street costume 외출복	
605 **deed** [diːd]	명 행위 a good deed 선행	동 do 행하다 유 act
606 **dictate** [díkteit]	동 받아쓰게 하다 dictate a letter 편지를 받아쓰게 하다	명 dictation 받아쓰기
607 **emotional** [imóuʃənəl]	형 감정적인	명 emotion 감정 유 sentimental
608 **exotic** [igzátik]	형 이국적인 exotic scenery 이국적인 풍경	부 exotically 이국적으로
609 **financial** [fənǽnʃəl | fainǽnʃəl]	형 재정의, 금융의 a financial crisis 금융 위기	명 finance 금융
610 **gloomy** [glúːmi]	형 우울한 a gloomy face 우울한 얼굴	명 gloominess 우울함 유 sad
611 **import** 동 [impɔ́ːrt]　명 [ímpɔːrt]	동 수입하다　명 수입 imported goods 수입품	반 export 수출하다; 수출
612 **internal** [intə́ːrnl]	형 내부의 an internal organ 내장기관	유 inner
613 **librarian** [laibrɛ́əriən]	명 사서	참 library 도서관
614 **microscope** [máikrəskòup]	명 현미경 put a microscope under ～을 세밀히 살피다	형 microscopic 현미경의, 미시적인
615 **neighbor** [néibər]	명 이웃　형 이웃의	

◆ 주어진 우리말 문장에 맞도록 알맞은 단어를 넣어 문장을 완성하시오. 정답 p.203

Would you like to sit in a _____ or at a table?

부스석에 앉으시겠습니까, 아니면 테이블석에 앉으시겠습니까?

He has a very unique _____.

그는 매우 독특한 특성을 가지고 있다.

His explanation sounds very _____.

그의 설명은 아주 복잡하게 들린다.

He changed his _____ for the party.

그는 파티를 위한 복장으로 갈아입었다.

Doing a good _____ every day is hard.

매일 선행을 하는 것은 어렵다.

The president _____ a letter to the secretary.

사장은 비서에게 편지를 받아쓰게 했다.

My brother is an _____ person.

우리 형은 감정적인 사람이다.

We were all fascinated by the _____ scenery.

우리는 모두 이국적인 풍경에 매료되었다.

Mr. Kim's company is suffering from _____ difficulties.

김씨의 회사는 재정난으로 고통 받고 있다.

I feel _____ for no reason.

나는 아무 이유 없이 우울하다.

Korea _____ many raw materials.

한국은 많은 원자재를 수입한다.

The police suspected that there was an _____ spy.

경찰은 내부 스파이가 있다고 추정했다.

My daughter became a _____.

우리 딸은 사서가 되었다.

You can see even very tiny things with a _____.

현미경을 통해서 심지어 아주 작은 것도 볼 수 있다.

She doesn't know her _____ very well.

그녀는 이웃에 대해서 그다지 잘 알지 못한다.

DAY 21

616	**outcast** [áutkæst]	형 쫓겨난 명 추방된 사람 a social outcast 사회적으로 소외된 사람	

| 617 | **pity**
[píti] | 명 동정, 애석한 일   형 pitiful 유감스러운   유 compassion
it's a pity to do ~하다니 애석하다 | |

| 618 | **production**
[prədʌ́kʃən] | 명 생산, 제품   동 produce 생산하다   유 making
mass production 대량 생산 | |

| 619 | **reduction**
[ridʌ́kʃən] | 명 축소, 삭감   동 reduce 삭감하다, 축소하다
a reduction in armaments 군비 축소 | |

| 620 | **rip**
[rip] | 동 찢다   유 tear
rip off 찢어내다 | |

| 621 | **sincerely**
[sinsíərli] | 부 진정으로   형 sincere 진실한   유 truly
sincerely yours (편지의 끝맺음말) 진정으로 당신의 친구가 | |

| 622 | **stain**
[stein] | 명 얼룩 동 얼룩지게 하다   유 spot
a blood stain 핏자국 | |

| 623 | **successive**
[səksésiv] | 형 연속적인   명 succession 연속   유 consecutive
three successive days 연속 3일 | |

| 624 | **theory**
[θíːəri] | 명 이론   형 theoretical 이론적인
theory and practice 이론과 실제 | |

| 625 | **troublemaker**
[trʌ́blmèikər] | 명 문제아, 말썽꾸러기   참 trouble 문제
a troublemaker in class 교실의 문제아 | |

| 626 | **vice**
[vais] | 명 악덕, 부도덕   형 vicious 사악한   반 virtue
have a vice of doing ~하는 나쁜 버릇이 있다 | |

| 627 | **worthy**
[wə́ːrði] | 형 훌륭한, 가치 있는   부 worthily 훌륭하게
a worthy motive 훌륭한 동기 | |

| 628 | **adhere**
[ædhíər] | 동 들러붙다, 고수하다   형 adhesive 잘 들러붙는, 점착성의   유 stick
adhere to+명사 ~에 들러붙다, 고수하다 | |

| 629 | **apply**
[əplái] | 동 적용하다, 신청하다   명 application 적용, 신청   유 request
apply for ~을 신청하다 | |

| 630 | **await**
[əwéit] | 동 기다리다 | |

✦ 주어진 우리말 문장에 맞도록 알맞은 단어를 넣어 문장을 완성하시오. 정답 p.203

His _____ son left for America.

그의 쫓겨난 아들은 미국으로 떠났다.

It's a _____ to miss the match.

그 경기를 놓치다니 애석하다.

The factory was built for the _____ of cars.

그 공장은 자동차 생산을 위해 지어졌다.

In five years, we will have to make a _____ in armaments.

우리는 5년 이내에 군비 축소를 해야만 할 것이다.

_____ off that cloth.

저 천을 찢어라.

He _____ congratulated her.

그는 진정으로 그녀를 축하해 주었다.

It's impossible to get the _____ out of the carpet.

카펫에서 얼룩을 빼는 것은 불가능하다.

She has been absent from school for three _____ days.

그녀는 3일 연속으로 학교에 결석했다.

His _____ gives us hope to have a better future.

그의 이론은 우리들에게 더 나은 미래를 갖게 될 것이라는 희망을 준다.

He used to be a _____ in our class.

그는 우리 반에서 말썽꾸러기였어요.

Virtue leads to happiness, and _____ leads to misery.

미덕은 행복에 이르는 길이요, 악덕은 불행에 이르는 길이다.

She wants to have a _____ goal in her life.

그녀는 인생의 훌륭한 목표를 가지기를 원한다.

The wax _____ to my thumb.

밀랍이 내 엄지손가락에 붙었다.

I _____ for a loan.

나는 대출을 신청했다.

He has _____ her letter for a week.

그는 그녀의 편지를 1주일 동안 기다렸다.

DAY 22

DAY 22
표제어 듣기

---

631 bosom
[búz(ː)əm]

명 가슴, 품 　유 chest

in one's bosom 포옹하여

---

632 charming
[tʃáːrmiŋ]

형 매력 있는 　명 charm 매력 　유 attractive

a charming man 매력 있는 남자

---

633 comprehension
[kàmprihénʃən]

명 이해 　동 comprehend 이해하다 　유 understanding

reading comprehension 독해

---

634 council
[káunsəl]

명 지방 의회, 회의 　유 assembly

a family council 친족 회의

---

635 dictator
[díkteitər]

명 독재자 　형 dictatorial 독재자의

---

636 drag
[dræg]

동 끌다, 끌어당기다 　유 pull

drag in 억지로 끌어들이다

---

637 emphasize
[émfəsàiz]

동 강조하다 　명 emphasis 강조 　유 stress

---

638 expand
[ikspǽnd]

동 확장하다 　명 expansion 확장 　반 shrink 줄다

expand rapidly 빠르게 확장하다

---

639 fishery
[fíʃəri]

명 어업

fishery products 수산물

---

640 glory
[glɔ́ːri]

명 영광 　형 glorious 영광스러운 　유 honor 　반 shame 수치

glory days 전성기, 절정기

---

641 impression
[impréʃən]

명 인상 　동 impress 깊은 인상을 주다

make a good impression 좋은 인상을 주다

---

642 interrupt
[ìntərʌ́pt]

동 가로막다 　명 interruption 중단, 방해 　유 disturb

interrupt the view 시야를 막다

---

643 license
[láisəns]

명 면허(증) 동 면허를 주다 　유 permission

grant a license 면허를 주다

---

644 millionaire
[mìljənέər]

명 백만장자 　참 million 백만

become a millionaire 백만장자가 되다

---

645 nervous
[nə́ːrvəs]

형 초조한 　명 nervousness 초조 　반 confident 자신 있는

feel nervous about ~에 대하여 초조해 하다

◆ 주어진 우리말 문장에 맞도록 알맞은 단어를 넣어 문장을 완성하시오. 정답 p.203

The little girl held the doll in her   .
그 작은 소녀는 그 인형을 품에 안고 있었다.

My boss is a   man.
우리 사장님은 매력 있는 분이다.

To be honest, this is beyond my   .
솔직히 말하면 저로서는 이해하기 힘듭니다.

The city   voted to build a new city hall.
시의회는 새 시청을 짓는 데 투표했다.

The   was assassinated by the rebels yesterday.
그 독재자는 어제 반군에 의해 암살당했다.

He   the chair to the table.
그는 의자를 탁자로 끌어당겼다.

His speech   the importance of English.
그의 연설은 영어의 중요성을 강조했다.

The girl's English vocabulary is   greatly.
그 소녀의 영어 어휘가 크게 늘고 있다.

The country's   industry was decreasing.
그 나라의 수산업은 쇠퇴하고 있었다.

Every man has his   days.
모든 사람에게는 자신의 전성기가 있다.

The candidate made a good   on the voters.
그 후보는 투표자들에게 좋은 인상을 주었다.

Traffic in the city was   by a snowstorm.
시내 교통이 눈보라로 정체되었다.

You should have a driver's   to drive a car.
운전을 하려면 운전 면허증이 있어야 한다.

My dream is to become a   in the future.
나의 꿈은 미래에 백만장자가 되는 것이다.

Most of the students are   about their future.
대부분의 학생들은 자신의 미래에 대해 초조해 한다.

DAY 22

646 outcome
[áutkʌm]
명 결과, 성과　　유 result
this year's outcome 올해의 성과

647 playful
[pléifəl]
형 놀기 좋아하는　　부 playfully 농담으로
a playful puppy 놀기 좋아하는 강아지

648 productive
[prədʌ́ktiv]
형 생산적인, 다산의　　반 unproductive 비생산적인, 불모의

649 reflection
[riflékʃən]
명 반영　　동 reflect 반영하다
a reflection on the water 물 위에 비친 그림자

650 ripe
[raip]
형 익은　　동 ripen 익다
a ripe grape 익은 포도

651 stairway
[stɛ́ərwèi]
명 계단　　유 step
go up or down the stairway 계단을 오르락내리락하다

652 sue
[suː]
동 고소하다　　유 prosecute
sue for divorce 이혼을 위해 고소하다

653 thirst
[θəːrst]
명 갈증, 목마름　　형 thirsty 목마른, 갈증을 느끼는
have a terrible thirst 엄청난 갈증을 느끼다　　유 thirstiness, drought

654 tumble
[tʌ́mbl]
동 넘어지다, 굴리다　　유 fall
tumble down the stairs 계단에서 굴러 떨어지다

655 victim
[víktim]
명 피해자　　유 casualty, sufferer
a victim of war 전쟁의 희생자

656 wound
[wuːnd]
명 상처　　유 injury
heal a wound 상처를 치료하다

657 adjust
[ədʒʌ́st]
동 조절하다, 조정하다　　명 adjustment 조절, 조정　유 adapt

658 approach
[əpróutʃ]
동 접근하다 명 접근　　유 advance
easy to approach 접근하기 쉬운

659 awake
[əwéik]
형 깨어 있는 동 깨우다　　동 awaken 깨우다, 깨다　반 asleep 잠들어 있는
keep awake 자지 않고 깨어 있다

660 bother
[bάðər]
동 괴롭히다 명 걱정, 말썽　　유 disturb
bother one's head about ~에 대하여 골치를 앓다

◆ 주어진 우리말 문장에 맞도록 알맞은 단어를 넣어 문장을 완성하시오. 정답 p.203

Our boss is looking forward to this year's _____.
우리 사장님은 올해의 성과를 기대하고 있다.

He is just a _____ young boy.
그는 단지 놀기 좋아하는 어린 소년이에요.

The land has very _____ soil.
그 땅은 매우 기름진 토양을 가지고 있다.

He fainted after he saw his _____ in the mirror.
그는 그 거울에 비친 자신의 모습을 보고 기절했다.

Soon _____, soon rotten.
《속담》 빨리 익으면 빨리 썩는다.

When it snows, the _____ is very slippery.
눈이 오면 길이 매우 미끄럽다.

She said she would _____ us.
그녀는 우리를 고소할 거라고 말했다.

Today's weather has made me have a terrible _____.
오늘 날씨 때문에 나는 엄청난 갈증을 느낀다.

He _____ over the cat.
그는 고양이에 발이 걸려 넘어졌다.

They are the _____ of this war.
그들은 이 전쟁의 피해자입니다.

The fatal _____ made him die.
그 치명상은 그를 죽게 만들었다.

We need to _____ our total income.
우리는 총 수입을 조정해야 한다.

The police officer _____ the car.
경찰관이 차로 다가왔다.

She couldn't discern whether he was _____ or asleep.
그녀는 그가 깨어 있는지 자고 있는지를 구분할 수 없었다.

The students _____ their teachers with lots of questions.
학생들은 많은 질문으로 선생님을 번거롭게 했다.

A 우리말과 같은 뜻이 되도록 빈칸에 들어갈 알맞은 단어를 적으시오.

① _____ goods (수입물)

② a _____ grape (익은 포도)

③ _____ for (~을 신청하다)

④ _____ and practice (이론과 실제)

⑤ _____ rapidly (빠르게 확장하다)

⑥ a _____ crisis (금융 위기)

⑦ _____ products (수산물)

⑧ a _____ face (우울한 얼굴)

⑨ grant a _____ (면허를 주다)

⑩ make a good _____ (좋은 인상을 주다)

B 다음 괄호 안의 지시대로 주어진 단어를 변형시키고 그 뜻을 적으시오.

	변형	뜻
① dictator (형용사형으로) →		
② emotional (명사형으로) →		
③ microscope (형용사형으로) →		
④ production (동사형으로) →		
⑤ reduction (동사형으로) →		
⑥ theory (형용사형으로) →		
⑦ apply (명사형으로) →		
⑧ comprehension (동사형으로) →		
⑨ reflection (동사형으로) →		
⑩ adjust (명사형으로) →		

C 다음 영영풀이에 해당하는 단어를 보기에서 골라 적으시오.

| 보기 | sue | costume | dictate | outcome | neighbor |
| | worthy | troublemaker | impression | outcast | drag |

❶ a style of dress, including accessories and hairdos, esp. that peculiar to a nation, region, group, or historical period ➡ _____

❷ to say words for someone else to write down ➡ _____

❸ a person who lives near another person ➡ _____

❹ a person who is rejected or cast out, as from home or society ➡ _____

❺ a person who causes difficulties, distress, worry, etc., for others, esp. one who does so habitually as a matter of malice ➡ _____

❻ having adequate or great merit, character, or value ➡ _____

❼ to draw with force, effort, or difficulty ➡ _____

❽ a strong effect on the intellect, feeling, or senses ➡ _____

❾ a final product or end result; consequence ➡ _____

❿ to institute a process in law against; bring a civil action against ➡ _____

D 우리말과 같은 뜻이 되도록 주어진 문장의 빈칸을 완성하시오.

❶ 그는 매우 독특한 특성을 가지고 있다.
➡ He has a very unique _____.

❷ 그의 설명은 아주 복잡하게 들린다.
➡ His explanation sounds very _____.

❸ 매일 선행을 하는 것은 어렵다.
➡ Doing a good _____ every day is hard.

❹ 우리는 모두 이국적인 풍경에 매료되었다.
➡ We were all fascinated by the _____ scenery.

⑤ 나는 아무 이유 없이 우울하다.

➡ I feel _____ for no reason.

⑥ 그는 진정으로 그녀를 축하해 주었다.

➡ He _____ congratulated her.

⑦ 밀랍이 내 엄지손가락에 붙었다.

➡ The wax _____ to my thumb.

⑧ 우리 사장님은 매력 있는 분이다.

➡ My boss is a _____ man.

⑨ 모든 사람에게는 자신의 전성기가 있다.

➡ Every man has his _____ days.

⑩ 경찰관이 차로 다가왔다.

➡ The police officer _____ the car.

E 문장의 밑줄 친 부분에 해당하는 유의어 혹은 반의어를 보기에서 골라 적으시오.

보기	virtue	stress	injury	compassion	asleep
	spot	disturb	export	unproductive	shrink

❶ Korea <u>imports</u> many raw materials. 반의어 ↔ _____

❷ It's a <u>pity</u> to miss the match. 유의어 = _____

❸ It's impossible to get the <u>stain</u> out of the carpet. 유의어 = _____

❹ His speech <u>emphasized</u> the importance of English. 유의어 = _____

❺ The girl's English vocabulary <u>is expanding</u> greatly. 반의어 ↔ _____

❻ The land has very <u>productive</u> soil. 반의어 ↔ _____

❼ The fatal <u>wound</u> made him die. 유의어 = _____

❽ She couldn't discern whether he was <u>awake</u>. 반의어 ↔ _____

❾ The students <u>bothered</u> their teachers with lots of questions.

유의어 = _____

❿ Virtue leads to happiness, and <u>vice</u> leads to misery. 반의어 ↔ _____

F 영어발음을 듣고 영어단어를 적은 후, 우리말 뜻을 적으시오.

	영어	우리말		영어	우리말
❶	_____	_____	❽	_____	_____
❷	_____	_____	❾	_____	_____
❸	_____	_____	❿	_____	_____
❹	_____	_____	⓫	_____	_____
❺	_____	_____	⓬	_____	_____
❻	_____	_____	⓭	_____	_____
❼	_____	_____	⓮	_____	_____

G 영어문장을 듣고 빈칸에 들어갈 단어를 채워 문장을 완성하시오.

❶ My daughter became a _____.

❷ He has _____ her letter for a week.

❸ The little girl held the doll in her _____.

❹ The city _____ voted to build a new city hall.

❺ The _____ was assassinated by the rebels yesterday.

❻ You should have a driver's _____ to drive a car.

❼ Most of the students are _____ about their future.

❽ When it snows, the _____ is very slippery.

❾ He _____ over the cat.

❿ They are the _____ of this war.

⓫ My brother is an _____ person.

⓬ You can see even very tiny things with a _____.

⓭ The factory was built for the _____ of cars.

⓮ His _____ gives us hope to have a better future.

⓯ To be honest, this is beyond my _____.

⓰ We need to _____ our total income.

661	**chemical** [kémikəl]	형 화학적인 명 화학제품, 약물	명 chemistry 화학

a chemical reaction 화학 반응

662	**compress** [kəmprés]	동 누르다, 압축하다	명 compression 압박

a compressed gas 압축된 가스

663	**counselor** [káunsələr]	명 상담원, 카운슬러	동 counsel 권고하다 유 consultant

664	**defeat** [difíːt]	동 물리치다, 패배시키다	유 beat 반 surrender 항복하다

defeat one's opponent 적을 무찌르다

665	**differ** [dífər]	동 다르다	명 difference 다름 유 vary

differ from ~와 다르다

666	**dramatic** [drəmǽtik]	형 극적인	명 drama 희곡

a dramatic ending 극적인 결말

667	**employee** [implɔ́ii]	명 종업원, 고용인	동 employ 고용하다 반 employer 고용주

an employee union 고용인 조합

668	**expectation** [èkspektéiʃən]	명 기대	동 expect 기대하다

beyond one's expectations 예상 밖으로

669	**fist** [fist]	명 주먹	

a strong fist 강력한 주먹

670	**grace** [greis]	명 우아함	부 gracefully 우아하게 유 elegance

with grace 우아하게

671	**impressive** [imprésiv]	형 감동적인, 인상적인	동 impress 감동을 주다 유 moving

an impressive scene 감동적인 장면

672	**intersection** [ìntərsékʃən]	명 교차로	유 junction

a busy highway intersection 혼잡한 고속도로 교차로

673	**lie** [lai]	동 놓여 있다, 눕다	*lie-lay-lain*

674	**minimum** [mínəməm]	명 최소한도 형 최소의	동 minimize 최소화하다 반 maximum 최대한도; 최대의

a minimum price 최저 가격

675	**nevertheless** [nèvərðəlés]	부 그럼에도 불구하고	유 nonetheless

do it nevertheless 그럼에도 불구하고 그것을 하다

✦ 주어진 우리말 문장에 맞도록 알맞은 단어를 넣어 문장을 완성하시오. 정답 p.204

Many people were surprised by the _____ reaction.

많은 사람들이 그 화학 반응에 놀랐다.

Air is _____ in the bottle.

공기가 병 안에 압축되어 있다.

My mother is a famous _____.

우리 엄마는 유명한 상담원이다.

We will _____ our opponents this time.

이번에는 우리의 적들을 물리칠 것이다.

Korean culture _____ from Chinese culture.

한국 문화는 중국 문화와 다르다.

The movie had a _____ ending.

그 영화는 극적인 결말을 보여주었다.

Most of the _____ are not satisfied with their salaries.

대부분의 종업원들은 자신들의 봉급에 만족하지 못한다.

He made a goal beyond all _____.

그가 예상 밖으로 골을 넣었다.

My father has a strong _____.

우리 아버지는 강력한 주먹을 가지고 계신다.

Even though he had no partner, he danced with _____.

파트너가 없는데도 그는 우아하게 춤을 췄다.

The movie was so _____ that I cried.

영화가 너무나 인상적이어서 나는 울어버렸다.

An _____ is where roads meet.

교차로는 길이 만나는 곳이다.

Let sleeping dogs _____.

《속담》 자는 개를 건드리지 마라. (긁어 부스럼 만들지 마라.)

They offered a _____ price to us.

그들은 우리에게 최저가를 제안했다.

_____, his grandfather's condition got worse.

그럼에도 불구하고 그의 할아버지의 건강 상태는 더 나빠졌다.

676	**outgrow** [àutgróu]	통 ~보다 커지다, 몸이 커져서 입지 못하게 되다 outgrow one's clothes 자라서 옷이 작아지다 *outgrow-outgrew-outgrown*
677	**politics** [pálitiks]	명 정치학　　　　　　　형 political 정치의 major in politics 정치학을 전공하다
678	**profession** [prəféʃən]	명 직업　　　　　형 professional 직업의　유 occupation choose one's profession 직업을 선택하다
679	**refuge** [réfju:dʒ]	명 피난, 피난처　　　　　유 shelter a house of refuge 보호 시설
680	**risk** [risk]	명 위험, 모험　　　형 risky 위험한　유 danger　반 safety at risk of ~할 위험을 무릅쓰고
681	**slap** [slæp]	통 찰싹 치다 명 찰싹 치기 slap one's face ~의 얼굴을 때리다
682	**stall** [stɔ:l]	명 마구간, 매점 통 꼼짝 못하다　　　　유 stand
683	**suggestion** [səgdʒéstʃən]	명 암시, 제안　　　통 suggest 암시하다 유 proposal make a suggestion 제안하다
684	**through** [θru:]	전 ~을 통하여　　　　유 via fly through the air 공중을 날아가다
685	**twilight** [twáilàit]	명 황혼　　　　　유 dusk the twilight of life 인생의 황혼
686	**vineyard** [vínjərd]	명 포도밭 a treasure buried in the vineyard 포도밭에 감춰진 보물
687	**wrap** [ræp]	통 싸다, 포장하다 명 덮개
688	**admiral** [ǽdmərəl]	명 해군 대장　　　　유 general a rear admiral 해군 소장
689	**appropriate** [əpróuprièit]	형 적절한　　　　유 suitable　반 unsuitable 적절치 못한 whenever appropriate 적절할 때마다
690	**aware** [əwɛ́ər]	형 알고 있는　　　　명 awareness 알아차림, 인식 be aware of ~을 알고 있다

✦ 주어진 우리말 문장에 맞도록 알맞은 단어를 넣어 문장을 완성하시오. 정답 p.204

She has ▢▢▢▢▢▢▢ her clothes.
그녀는 많이 자라서 옷이 작아졌다.

He majored in ▢▢▢▢▢ in college.
그는 대학에서 정치학을 전공했다.

You will have to choose your ▢▢▢▢▢ in the future.
미래에 직업을 선택해야 할 것이다.

During the storm, we took ▢▢▢▢▢ under a big tree.
폭풍우가 치는 동안 우리는 큰 나무 밑에서 피난처를 찾았다.

Smoking can increase the ▢▢▢▢▢ of developing diseases.
흡연은 질병을 발생시키는 위험성을 증가시킬 수 있다.

▢▢▢▢▢ his face was a terrible mistake by me.
그의 얼굴을 때린 것은 나의 끔찍한 실수였다.

Nobody is opening street ▢▢▢▢▢.
아무도 노점을 열지 않고 있다.

I ordered a steak at his ▢▢▢▢▢.
나는 그가 추천하는 대로 스테이크를 주문했다.

I can see them ▢▢▢▢▢ this magic window.
나는 이 마술 창문을 통해서 그들을 볼 수 있다.

When she awoke, it was already ▢▢▢▢▢ outside.
그녀가 깨어났을 때 밖은 이미 황혼이었다.

He worked in his ▢▢▢▢▢ all his life.
그는 평생을 자신의 포도밭에서 일했다.

I ▢▢▢▢▢ myself up in a blanket.
나는 담요로 몸을 감쌌다.

▢▢▢▢▢ Yi Sun-sin ordered all the warships to fire.
이순신 장군은 모든 함선에 발포를 명령했다.

I am not sure whether it is ▢▢▢▢▢ or not.
나는 그것이 적절한지 아닌지 확신이 없다.

Is he ▢▢▢▢▢ of your financial situation?
그가 너의 재정 상태를 알고 있니?

DAY 24

691	**chemist** [kémist]	뗑 화학자	찹 scientist 과학자
692	**comprise** [kəmpráiz]	됨 포함하다, 구성하다, 차지하다 be comprised of ~로 구성되다	
693	**countless** [káuntlis]	뗑 셀 수 없는, 무수한 countless times 여러 번	빤 few 거의 없는
694	**defective** [diféktiv]	뗑 결점이 있는 a defective product 불량품	뗑 defection 결점 윤 fault
695	**difficulty** [dífikʌ̀lti]	뗑 어려움, 장애 have difficulty doing ~하는 데 어려움을 겪다	뗑 difficult 어려운 윤 problem, hardship
696	**dread** [dred]	됨 두려워하다 뗑 공포 dread going 가는 것을 겁내다	윤 fear
697	**employer** [emplɔ́iər]	뗑 고용주 a former employer 이전 고용주	됨 employ 고용하다 빤 employee 고용인
698	**expedition** [èkspədíʃən]	뗑 원정, 원정대 go on an expedition 원정길에 오르다	윤 quest
699	**flesh** [fleʃ]	뗑 살 raw flesh 생살	
700	**graceful** [gréisfəl]	뗑 우아한 a graceful person 우아한 사람	뗑 grace 우아함 윤 elegant
701	**improvement** [imprú:vmənt]	뗑 향상, 개선 make an improvement 향상하다, 개선하다	됨 improve 향상시키다, 개선시키다 윤 advancement
702	**introduction** [ìntrədʌ́kʃən]	뗑 도입, 소개 make an introduction 소개하다	됨 introduce 소개하다
703	**liquid** [líkwid]	뗑 액체 a liquid state 액체 상태	찹 solid 고체, gas 기체
704	**minority** [minɔ́:rəti]	뗑 소수 a small minority of students 극소수의 학생들	뗑 minor 보다 적은 빤 majority 다수
705	**newcomer** [njú:kʌ̀mər]	뗑 풋내기, 새로 온 사람 a newcomer to Boston 보스턴에 새로 온 사람	

✦ 주어진 우리말 문장에 맞도록 알맞은 단어를 넣어 문장을 완성하시오. 정답 p.204

My dream is to be a ▨▨▨▨▨▨ who will win a Nobel Prize.
나의 꿈은 화학자가 되어 노벨상을 받는 것이다.

Advertising promotions ▨▨▨▨▨▨ one third of the marketing budget.
광고 홍보는 마케팅 예산의 3분의 1을 차지한다.

The teacher has warned the boy to be quiet ▨▨▨▨▨▨ times.
선생님은 그 소년에게 조용히 하라고 여러 번 경고했다.

I was given a refund because of the ▨▨▨▨▨▨ product.
나는 불량품 때문에 환불을 받았다.

His friends are having ▨▨▨▨▨▨ solving the problems.
그의 친구들은 그 문제들을 해결하는 데 어려움을 겪고 있다.

Children ▨▨▨▨▨▨ going to the dentist.
아이들은 치과에 가는 것을 두려워한다.

Many ▨▨▨▨▨▨ tend to hire people with experience.
많은 고용주들이 경력자를 고용하는 경향이 있다.

Some people volunteered for the ▨▨▨▨▨▨ .
몇몇 사람들은 원정대에 자원했다.

The ▨▨▨▨▨▨ of fish is very soft to eat.
생선 살은 먹기에 아주 부드럽다.

Her behavior is ▨▨▨▨▨▨ .
그녀의 행동은 우아하다.

Does your record need any ▨▨▨▨▨▨ ?
당신의 기록은 향상이 필요한가요?

The ▨▨▨▨▨▨ of this book is quite boring.
이 책의 도입부는 꽤 지루하다.

When it freezes, water passes from a ▨▨▨▨▨▨ to a solid state.
물은 얼면 액체에서 고체 상태로 변한다.

He knew a small ▨▨▨▨▨▨ of students.
그는 극소수의 학생들을 알고 있었다.

I'm a ▨▨▨▨▨▨ to teaching.
나는 가르치는 일을 처음 시작하는 사람이다.

DAY 24

706	**outlet** [áutlet]	명 할인점, 판매점 a premium outlet 명품 할인 판매점	윤 a discount house
707	**pollutant** [pəlú:tənt]	명 오염 물질 a harmful pollutant 해로운 오염 물질	명 pollution 오염
708	**profit** [práfit]	명 이득 통 이익을 얻다, ~의 득이 되다 a profit-making corporation 영리 단체	형 profitable 유익한 윤 benefit 반 loss 손실
709	**regard** [rigá:rd]	통 간주하다, 여기다 regard A as B A를 B라고 생각하다	윤 consider
710	**rival** [ráivəl]	명 라이벌, 경쟁자 통 경쟁하다 rival lovers 연적	명 rivalry 경쟁 윤 opponent
711	**sled** [sled]	명 썰매 drive a sled 썰매를 끌다	윤 sledge, sleigh
712	**suitable** [sú:təbl]	형 적당한, 알맞은 suitable to the occasion 상황에 맞는	명 suitability 적합, 어울림 윤 fit
713	**threat** [θret]	명 위협, 협박 make a threat 협박하다	통 threaten 위협하다
714	**tyranny** [tírəni]	명 폭정	형 tyrannical 압제적인
715	**violence** [váiələns]	명 폭력, 격렬 a crime of violence 폭력죄	형 violent 폭력적인
716	**wrinkle** [ríŋkl]	통 주름살이 지다, 주름을 잡다 명 주름(살) 	반 unwrinkle 주름을 펴다
717	**admission** [ædmíʃən]	명 입장, 입학, 허가 free admission 무료 입장	통 admit 허용하다
718	**approve** [əprú:v]	통 승인하다 approve a law 법안을 승인하다	명 approval 승인 반 disapprove 승인하지 않다
719	**axis** [ǽksis]	명 축, 굴대 the Earth's axis 지축	윤 pivot
720	**bride** [braid]	명 신부 the bride and groom 신부와 신랑	형 bridal 신부의

◆ 주어진 우리말 문장에 맞도록 알맞은 단어를 넣어 문장을 완성하시오. 정답 p.204

Have you ever been to an _____?
할인 판매점에 가본 적이 있니?

Pesticide is a harmful _____ to the environment.
살충제는 환경에 해로운 오염 물질이다.

Telling lies won't _____ you.
거짓말을 하는 것은 너에게 득이 되지 않을 것이다.

He _____ her as a sister.
그는 그녀를 누나[여동생]처럼 여겼다.

They are _____ for the same office.
그들은 같은 사무실에서 라이벌이다.

It was not easy for me to drive a _____.
썰매를 끄는 것이 쉽지 않았다.

The course was _____ for beginners.
그 과정은 초심자에게 알맞았다.

The _____ of war has depressed business activity.
전쟁의 위협이 경제 활동을 저하시켰다.

The rebels resisted _____.
그 반군은 폭정에 저항했다.

The movie contains too much _____.
그 영화에는 폭력이 너무 많다.

I saw my parents' faces _____ with age this morning.
나는 오늘 아침에 나이가 드셔 주름살이 잡힌 부모님의 얼굴을 보았다.

How much is the _____ fee?
입장료가 얼마지요?

The congress _____ the law.
의회가 법안을 승인했다.

The Earth spins on its _____.
지구는 지축을 중심으로 돈다.

You are the most beautiful _____ I've ever seen.
당신은 제가 본 가장 아름다운 신부예요.

A 우리말과 같은 뜻이 되도록 빈칸에 들어갈 알맞은 단어를 적으시오.

❶ _____ from (~와 다르다)

❷ free _____ (무료 입장)

❸ make a _____ (협박하다)

❹ be _____ of (~로 구성되다)

❺ a _____ product (불량품)

❻ whenever _____ (적절할 때마다)

❼ a _____ reaction (화학 반응)

❽ the _____ of life (인생의 황혼)

❾ _____ one's opponent (적을 무찌르다)

❿ the _____ and groom (신부와 신랑)

B 다음 괄호 안의 지시대로 주어진 단어를 변형시키고 그 뜻을 적으시오.

	변형	뜻
❶ expectation (동사형으로) →	_____	_____
❷ politics (형용사형으로) →	_____	_____
❸ risk (형용사형으로) →	_____	_____
❹ employer (동사형으로) →	_____	_____
❺ improvement (동사형으로) →	_____	_____
❻ pollutant (명사형으로) →	_____	_____
❼ profit (형용사형으로) →	_____	_____
❽ threat (동사형으로) →	_____	_____
❾ violence (형용사형으로) →	_____	_____
❿ admission (동사형으로) →	_____	_____

C 다음 영영풀이에 해당하는 단어를 보기에서 골라 적으시오.

> 보기   wrinkle   compress   intersection   chemist   flesh
>   regard   suitable   comprise   slap   dread

❶ to press together; force into less space ➡ _____

❷ a place where two or more roads meet; junction ➡ _____

❸ to strike sharply, esp. with the open hand or with something flat ➡ _____

❹ a specialist in chemistry ➡ _____

❺ to consist of; be composed of ➡ _____

❻ to fear greatly; be in extreme apprehension of ➡ _____

❼ the soft substance of a human or other animal body, consisting of muscle and fat

➡ _____

❽ to look upon or think of with a particular feeling ➡ _____

❾ appropriate; fitting; becoming ➡ _____

❿ to become wrinkled ➡ _____

D 우리말과 같은 뜻이 되도록 주어진 문장의 빈칸을 완성하시오.

❶ 그 반군은 폭정에 저항했다.

➡ The rebels resisted _____.

❷ 우리 엄마는 유명한 상담원이다.

➡ My mother is a famous _____.

❸ 영화가 너무나 인상적이어서 나는 울어버렸다.

➡ The movie was so _____ that I cried.

❹ 폭풍우가 치는 동안 우리는 큰 나무 밑에서 피난처를 찾았다.

➡ During the storm, we took _____ under a big tree.

⑤ 나는 이 마술 창문을 통해서 그들을 볼 수 있다.

  ➔ I can see them ＿＿＿＿＿＿＿＿ this magic window.

⑥ 나는 담요로 몸을 감쌌다.

  ➔ I ＿＿＿＿＿＿＿＿ myself up in a blanket.

⑦ 그가 너의 재정 상태를 알고 있니?

  ➔ Is he ＿＿＿＿＿＿＿＿ of your financial situation?

⑧ 그의 친구들은 그 문제들을 해결하는 데 어려움을 겪고 있다.

  ➔ His friends are having ＿＿＿＿＿＿＿＿ solving the problems.

⑨ 이 책의 도입부는 꽤 지루하다.

  ➔ The ＿＿＿＿＿＿＿＿ of this book is quite boring.

⑩ 지구는 지축을 중심으로 돈다.

  ➔ The Earth spins on its ＿＿＿＿＿＿＿＿.

E 문장의 밑줄 친 부분에 해당하는 유의어 혹은 반의어를 보기에서 골라 적으시오.

보기	few	quest	unsuitable	vary	disapprove
	employer	maximum	elegant	majority	occupation

❶ Korean culture <u>differs</u> from Chinese culture. 유의어 ＝ ＿＿＿＿＿＿＿＿

❷ They offered a <u>minimum</u> price to us. 반의어 ↔ ＿＿＿＿＿＿＿＿

❸ You will have to choose your <u>profession</u> in the future. 유의어 ＝ ＿＿＿＿＿＿＿＿

❹ I am not sure whether it is <u>appropriate</u> or not. 반의어 ↔ ＿＿＿＿＿＿＿＿

❺ The teacher has warned the boy to be quiet <u>countless</u> times.

  반의어 ↔ ＿＿＿＿＿＿＿＿

❻ Some people volunteered for the <u>expedition</u>. 유의어 ＝ ＿＿＿＿＿＿＿＿

❼ Her behavior is <u>graceful</u>. 유의어 ＝ ＿＿＿＿＿＿＿＿

❽ He knew a small <u>minority</u> of the students. 반의어 ↔ ＿＿＿＿＿＿＿＿

❾ The congress <u>approved</u> the law. 반의어 ↔ ＿＿＿＿＿＿＿＿

❿ Most of the <u>employees</u> are not satisfied with their salaries. 반의어 ↔ ＿＿＿＿＿＿＿＿

F 영어발음을 듣고 영어단어를 적은 후, 우리말 뜻을 적으시오.

	영어	우리말		영어	우리말
❶	_____	_____	❽	_____	_____
❷	_____	_____	❾	_____	_____
❸	_____	_____	❿	_____	_____
❹	_____	_____	⓫	_____	_____
❺	_____	_____	⓬	_____	_____
❻	_____	_____	⓭	_____	_____
❼	_____	_____	⓮	_____	_____

G 영어문장을 듣고 빈칸에 들어갈 단어를 채워 문장을 완성하시오.

❶ Let sleeping dogs _____.

❷ Nobody is opening street _____.

❸ He worked in his _____ all his life.

❹ _____Yi Sun-sin ordered all the warships to fire.

❺ I'm a _____ to teaching.

❻ Have you ever been to an _____?

❼ They are _____ for the same office.

❽ It was not easy for me to drive a _____.

❾ You are the most beautiful _____ I've ever seen.

❿ He made a goal beyond all _____.

⓫ He majored in _____ in college.

⓬ Many _____ tend to hire people with experience.

⓭ Pesticide is a harmful _____ to the environment.

⓮ Telling lies won't _____ you.

⓯ The _____ of war has depressed business activity.

⓰ The movie contains too much _____.

| 721 | **childlike** [tʃáildlàik] | 형 순진한, 아이 같은 | 명 child 어린이 윤 innocent |
| | | childlike innocence 아이 같은 순진함 | |

| 722 | **compute** [kəmpjúːt] | 동 계산하다 | 명 computation 계산 윤 calculate |
| | | compute the average of ~의 평균을 계산하다 | |

| 723 | **court** [kɔːrt] | 명 법정, 안뜰, 궁정 | |
| | | the Supreme Court 대법원 | |

| 724 | **defend** [difénd] | 동 보호하다, 지키다 | 형 defendable 보호할 수 있는 윤 protect |
| | | defend oneself 자기를 변호하다 | |

| 725 | **digital** [dídʒətl] | 형 디지털 방식의 | 반 analog 아날로그 방식의 |
| | | a digital watch 디지털 시계 | |

| 726 | **drift** [drift] | 동 표류하다, 떠내려가다 명 표류 | 윤 float |

| 727 | **enable** [inéibl] | 동 가능하게 하다 | 반 forbid 금지하다 |
| | | enable A to B A가 B하는 것을 가능하게 하다 | |

| 728 | **experimental** [ikspèrəméntl] | 형 실험의 | 명 experiment 실험 |
| | | an experimental flight 실험 비행 | |

| 729 | **flu** [fluː] | 명 유행성 감기, 독감 | 윤 influenza |
| | | get (the) flu 유행성 감기에 걸리다 | |

| 730 | **gracious** [gréiʃəs] | 형 친절한, 자비로운 | 부 graciously 자비롭게 윤 hospitable |
| | | a gracious lady 친절한 부인 | |

| 731 | **incident** [ínsədənt] | 명 사건 | 참 accident 사고 |
| | | a series of incidents 사건의 연속 | |

| 732 | **intuition** [ìntʲuíʃən] | 명 직감, 직관 | 형 intuitive 직관적인 윤 instinct |
| | | know A by intuition A를 직감으로 알다 | |

| 733 | **literature** [lítərətʃər] | 명 문학, 문헌 | 형 literary 문학의 |
| | | English literature 영문학 | |

| 734 | **miracle** [mírəkl] | 명 기적 | 형 miraculous 기적 같은 윤 wonder |
| | | work miracles 기적을 행하다 | |

| 735 | **niece** [niːs] | 명 여자 조카 | 참 nephew 남자 조카 |

✦ 주어진 우리말 문장에 맞도록 알맞은 단어를 넣어 문장을 완성하시오. 정답 p.205

She looked at me with her big   eyes.
그녀는 크고 순수한 눈으로 나를 바라보았다.

It is impossible to   the interest without a calculator.
계산기 없이 이자를 계산하기는 불가능하다.

The Supreme   is located in Seoul.
대법원은 서울에 위치해 있다.

We must fight to   our rights.
우리는 우리의 권리를 지키기 위해 싸워야 한다.

I bought a   camera last week.
나는 지난주에 디지털 카메라를 샀다.

I saw my paper ship   farther away.
나는 내 종이배가 멀리 떠내려가는 것을 보았다.

The new program   students to study after school.
새 프로그램은 학생들이 방과 후에 공부할 수 있도록 해준다.

He is famous for being the composer of some   music.
그는 몇몇 실험음악의 작곡가로 유명하다.

Her daughter has come down with the   .
그녀의 딸은 독감에 걸렸다.

She is a lovely and   woman.
그녀는 사랑스럽고 친절한 여인이다.

She hasn't forgotten about the   .
그녀는 그 사건에 대해서 잊지 못하고 있다.

Her   tells her that he is telling a lie.
그녀의 직감상 그는 거짓말을 하고 있다.

He majors in Russian   .
그는 러시아 문학을 전공한다.

Jesus Christ worked so many   .
예수 그리스도는 너무도 많은 기적을 행하였다.

My   visits me every month.
내 조카는 매달 나를 방문한다.

DAY 25

736	**overestimate** [òuvəréstəmèit]	통 과대평가하다 be overestimated 과대평가되다	명 overestimation 과대평가
737	**ponder** [pándər]	통 숙고하다 ponder on ~에 대해서 깊이 생각하다	형 ponderous 숙고하는 반 underestimate 과소평가하다
738	**progress** [prágres]	명 발달, 진보 통 발달하다 the progress of civilization 문명의 진보	유 advance
739	**relate** [riléit]	통 관련시키다	명 relation 관계 유 connect
740	**romantic** [rouméntik]	형 낭만적인 a romantic poet 낭만주의 시인	명 romance 연애 부 romantically 낭만적으로
741	**sleeve** [sli:v]	명 소매 short sleeves 반소매, long-sleeved 긴소매의	참 sleeveless 민소매
742	**stare** [stɛər]	통 응시하다 stare at ~를 응시하다	명 starer 빤히 쳐다보는 사람 유 gaze
743	**summarize** [sʌ́məràiz]	통 요약하다	명 summary 요약 유 sum up
744	**thrift** [θrift]	명 검약, 검소 a thrift shop 중고품 판매점	형 thrifty 절약하는
745	**uncertain** [ʌnsə́:rtn]	형 불확실한, 확신이 없는 uncertain reasons 불확실한 이유	명 uncertainty 불확실 반 certain 확실한
746	**virtual** [və́:rtʃuəl]	형 실제의 a virtual ruler 사실상의 지배자	부 virtually 실제로 유 practical
747	**wrist** [rist]	명 손목 take A by the wrist A의 손목을 잡다	참 ankle 발목
748	**admit** [ædmít]	통 인정하다	반 deny 부정하다
749	**aptitude** [ǽptətjùːd]	명 적성 an aptitude test 적성 검사	형 apt 적합한 유 fitness
750	**bacteria** [bæktíəriə]	명 박테리아 harmful bacteria 유해한 박테리아	형 bacterial 박테리아의 단 bacterium

✦ 주어진 우리말 문장에 맞도록 알맞은 단어를 넣어 문장을 완성하시오. 정답 p.205

People _____ his ability to play soccer.
사람들은 그의 축구 실력을 과대평가한다.

The teacher _____ on what to do next class.
선생님은 다음 수업시간에 무얼 할지를 고민했다.

Children make rapid _____ in using words.
아이들은 단어 사용에 있어 빠르게 발달한다.

This is not _____ to his ideas.
이것은 그의 생각과 관련이 없다.

The girl likes to dream about _____ love stories.
그 소녀는 낭만적인 사랑 이야기를 꿈꾸길 좋아한다.

My brother is the one wearing the long-_____ T-shirt.
내 남동생은 긴 소매 티셔츠를 입고 있는 애야.

You should not _____ at people like that.
그런 식으로 사람들을 빤히 쳐다보면 안 된다.

The presenter _____ the contents.
발표자가 내용을 요약했다.

She puts great value on _____.
그녀는 검약을 매우 중요하게 여긴다.

I am _____ of the test results.
나는 시험 결과에 확신이 없다.

His son has _____ power to control his company.
그의 아들이 그의 회사를 통제하는 실질적인 권력을 가지고 있다.

He took me by the _____ yesterday.
그가 어제 내 손목을 잡았다.

We should _____ that they are one step ahead of us.
우리는 그들이 우리보다 한발짝 앞서 있다는 것을 인정해야만 한다.

His _____ is taking care of children.
그의 적성은 아이들을 돌보는 것이다.

Most _____ are harmful.
대부분의 박테리아는 유해하다.

DAY 26

DAY 26 표제어 듣기

---

751 bridegroom
[bráidgrùːm]
圀 신랑 　　　 ㈜ groom 　 ㊀ bride 신부

---

752 choke
[tʃouk]
동 질식시키다
be choked by smoke 연기로 숨이 막히다

---

753 concern
[kənsə́ːrn]
명 관심, 염려 동 관심을 갖다, 염려하다 　　 ㈜ care
feel concern(ed) about ~에 대해 염려하다

---

754 courtesy
[kɔ́ːrtəsi]
명 예의 　　　 형 courteous 예의바른 ㈜ politeness
by courtesy 관례상

---

755 definitely
[défənitli]
부 명확히, 물론 　　 형 definite 명확한 ㈜ certainly
say definitely 똑똑히 말하다

---

756 dimensional
[diménʃənl]
형 차원의 　　　 명 dimension 치수, 차원
four-dimensional space 4차원 공간

---

757 drought
[draut]
명 가뭄 　　　 참 flood 홍수

---

758 encounter
[inkáuntər]
동 우연히 만나다 ㈜ come across
encounter an old friend 옛 친구를 우연히 만나다

---

759 explanation
[èksplənéiʃən]
명 설명 　　 형 explainable 설명할 수 있는 ㈜ account
give an explanation to ~에게 설명하다

---

760 fluent
[flúːənt]
형 유창한 　　 명 fluency 유창함
fluent speech 달변

---

761 graphic
[grǽfik]
형 그래프의

---

762 income
[ínkʌm]
명 수입, 소득 　　　 ㊀ outgo 지출
earned income 근로 소득

---

763 intuitive
[intʃúːətiv]
형 직관에 의한, 직관적인 　　 명 intuition 직관
an intuitive idea 직관적 사고

---

764 litter
[lítər]
명 쓰레기 동 어지르다 　　　 ㈜ trash
No littering. 쓰레기를 버리지 마시오.

---

765 miraculous
[mirǽkjuləs]
형 기적적인 　　　 명 miracle 기적
a miraculous event 경이로운 사건

✦ 주어진 우리말 문장에 맞도록 알맞은 단어를 넣어 문장을 완성하시오. 정답 p.205

The bride is beside the   .
신부가 신랑 옆에 있다.

They were   by the smoke.
그들은 연기로 인해 질식했다.

What is your   ?
당신의 관심사는 무엇입니까?

Even close friends should have   .
친한 친구들 사이에서도 예의가 있어야 한다.

She will   come.
그녀는 분명히 올 것이다.

A square is two-   .
정사각형은 2차원이다.

The   resulted in the drying up of the reservoir.
가뭄은 저수지를 마르게 했다.

The first person she   was her lover.
그녀가 처음 맞닥뜨린 사람은 그녀의 애인이었다.

The teacher gave an   to the students.
선생님은 학생들에게 설명을 해주었다.

One of my strengths is that I can speak   English.
나의 장점 중 하나는 유창한 영어를 구사하는 것이다.

My dream is to be a   designer.
나의 꿈은 그래픽 디자이너가 되는 것이다.

He makes a decent   .
그는 수입이 꽤 괜찮다.

His professor likes his   idea about the theory.
그의 교수는 그 이론에 대한 그의 직관적 사고를 좋아한다.

If you see some   in the corridor, pick it up.
복도에서 쓰레기를 보면 주우세요.

It was a   thing that happened to us.
기적 같은 일이 우리에게 일어났다.

DAY 26

766	**nightfall** [náitfɔ̀ːl]	명 황혼 at nightfall 해질녘에	유 twilight
767	**overhear** [òuvərhíər]	동 우연히 듣다, 엿듣다	유 eavesdrop
768	**popularize** [pápjuləràiz]	동 대중화하다 popularize knowledge 지식을 대중화하다	형 popular 인기 있는, 대중의
769	**pronounce** [prənáuns]	동 발음하다 pronounce a word 단어를 발음하다	명 pronunciation 발음
770	**relationship** [riléiʃənʃìp]	명 관계	동 relate 관련시키다
771	**rotation** [routéiʃən]	명 회전 the rotation of the body 몸의 회전	동 rotate 회전하다
772	**slight** [slait]	형 근소한, 가벼운 명 경멸 a slight wound 가벼운 상처	부 slightly 약간 유 small
773	**starvation** [staːrvéiʃən]	명 기아, 굶주림 die of starvation 기아로 죽다	동 starve 굶주리다 유 famine
774	**superstition** [sùːpərstíʃən]	명 미신 be free from superstitions 미신을 믿지 않는다	형 superstitional 미신의 유 myth
775	**throat** [θrout]	명 목구멍 a sore throat (감기 등으로 인한) 목의 통증, 인후염	형 throaty 목구멍 소리의, 쉰 목소리의
776	**unconquerable** [ʌnkáŋkərəbl]	형 정복하기 어려운 an unconquerable rival 정복하기 힘든 적수	유 invincible
777	**visible** [vízəbl]	형 눈에 보이는 visible rays 가시선	명 visibility 가시성
778	**year-round** [jíərràund]	형 연중 계속되는 a year-round vacation spot 연중 무휴의 휴양지	
779	**arbor** [áːrbər]	명 나무 (그늘), 수목 Arbor Day 식목일	
780	**bait** [beit]	명 미끼 동 미끼를 달다	

✦ 주어진 우리말 문장에 맞도록 알맞은 단어를 넣어 문장을 완성하시오. 정답 p.205

We will start our journey at _____.
우리는 해질녘에 여행을 시작할 것이다.

I didn't intend to eavesdrop, but I _____ what you said.
당신의 말을 들으려 해서 들은 것이 아니라 우연히 듣게 되었어요.

_____ science is not an easy job.
과학을 대중화하는 것은 쉬운 일이 아니다.

My son can't _____ this word yet.
내 아들은 아직 이 단어를 발음하지 못한다.

We studied the _____ between Earth's gravity and the Moon's gravity.
우리는 지구의 중력과 달의 중력의 관계에 대해서 연구했다.

The _____ of the Earth around the Sun was unknown at that time.
태양 주변을 도는 지구의 공전은 그 당시에는 알려지지 않았다.

She had a _____ fever.
그녀는 약간의 열이 있었다.

Millions of people are dying of _____.
수백만 명의 사람들이 기아로 죽어가고 있다.

One _____ says that breaking a mirror brings bad luck.
어떤 미신은 거울을 깨면 불운이 온다고 말한다.

I have a sore _____.
목이 아프다.

The team seemed to be an _____ rival last year.
그 팀은 작년에는 정복할 수 없는 상대처럼 보였다.

Some gases are not _____.
어떤 가스는 눈에 보이지 않는다.

It's green all _____.
그것은 사시사철 푸르다.

We're planning to plant many trees on _____ Day.
우리는 식목일에 많은 나무를 심을 계획이다.

A huge fish took the _____, so I caught it.
큰 물고기 한 마리가 미끼를 물어서, 난 그것을 잡았다.

A 우리말과 같은 뜻이 되도록 빈칸에 들어갈 알맞은 단어를 적으시오.

① at _____ (해질녘에)

② be _____ (과대평가되다)

③ _____ reasons (불확실한 이유)

④ get the _____ (유행성 감기에 걸리다)

⑤ know A by _____ (A를 직감으로 알다)

⑥ feel _____ about (~에 대해 염려하다)

⑦ _____ A to B (A가 B하는 것을 가능하게 하다)

⑧ the _____ of the body (몸의 회전)

⑨ die of _____ (기아로 죽다)

⑩ by _____ (관례상)

B 다음 괄호 안의 지시대로 주어진 단어를 변형시키고 그 뜻을 적으시오.

	변형	뜻
① experimental (명사형으로) →	_____	_____
② relationship (동사형으로) →	_____	_____
③ thrift (형용사형으로) →	_____	_____
④ aptitude (형용사형으로) →	_____	_____
⑤ explanation (형용사형으로) →	_____	_____
⑥ intuitive (명사형으로) →	_____	_____
⑦ miraculous (명사형으로) →	_____	_____
⑧ popularize (형용사형으로) →	_____	_____
⑨ compute (명사형으로) →	_____	_____
⑩ literature (형용사형으로) →	_____	_____

정답 p.205

C 다음 영영풀이에 해당하는 단어를 보기에서 골라 적으시오.

보기	dimensional	drought	bait	visible	wrist
	summarize	slight	litter	court	superstition

❶ to make a summary of; state or express in a concise form ➔ _____

❷ the joint or articulation between the forearm and the hand ➔ _____

❸ having a property of space or extension in a specific direction ➔ _____

❹ a period of dry weather, esp. a long one that is injurious to crops ➔ _____

❺ objects strewn; scattered rubbish ➔ _____

❻ small in amount, degree, etc. ➔ _____

❼ a belief or notion, not based on reason or knowledge, in or of the ominous significance of a particular thing, etc. ➔ _____

❽ capable of being seen; perceptible to the eye ➔ _____

❾ a place where justice is administered ➔ _____

❿ food or some substitute used as a lure in fishing, trapping, etc. ➔ _____

D 우리말과 같은 뜻이 되도록 주어진 문장의 빈칸을 완성하시오.

❶ 우리는 우리의 권리를 지키기 위해 싸워야 한다.
➔ We must fight to _____ our rights.

❷ 나는 내 종이배가 멀리 떠내려가는 것을 보았다.
➔ I saw my paper ship _____ farther away.

❸ 그녀는 사랑스럽고 친절한 여인이다.
➔ She is a lovely and _____ woman.

❹ 그녀의 직관상 그는 거짓말을 하고 있다.
➔ Her _____ tells her that he is telling a lie.

⑤ 예수 그리스도는 너무도 많은 기적을 행하였다.

➡ Jesus Christ worked so many _____.

⑥ 선생님은 다음 수업시간에 무얼 할지를 고민했다.

➡ The teacher _____ on what to do next class.

⑦ 그런 식으로 사람들을 빤히 쳐다보면 안 된다.

➡ You should not _____ at people like that.

⑧ 그녀는 분명히 올 것이다.

➡ She will _____ come.

⑨ 나의 장점 중 하나는 유창한 영어를 구사하는 것이다.

➡ One of my strengths is that I can speak _____ English.

⑩ 당신의 말을 들으려 해서 들은 것이 아니라 우연히 듣게 되었어요.

➡ I didn't intend to eavesdrop, but I _____ what you said.

E 문장의 밑줄 친 부분에 해당하는 유의어 혹은 반의어를 보기에서 골라 적으시오.

보기	invincible	forbid	underestimate	instinct	bride
	practical	famine	advance	care	deny

① The new program enables students to study after school. 반의어 ↔ _____

② Her intuition tells her that he is telling a lie. 유의어 = _____

③ People overestimate his ability to play soccer. 반의어 ↔ _____

④ Children make rapid progress in using words. 유의어 = _____

⑤ His son has virtual power to control his company. 유의어 = _____

⑥ We should admit that they are one step ahead of us. 반의어 ↔ _____

⑦ The bride is beside the bridegroom. 반의어 ↔ _____

⑧ What is your concern? 유의어 = _____

⑨ Millions of people are dying of starvation. 유의어 = _____

⑩ The team seemed to be an unconquerable rival last year. 유의어 = _____

F 영어발음을 듣고 영어단어를 적은 후, 우리말 뜻을 적으시오.   영어단어 듣고 쓰기

영어	우리말		영어	우리말
❶ _____	_____	❽ _____	_____
❷ _____	_____	❾ _____	_____
❸ _____	_____	❿ _____	_____
❹ _____	_____	⓫ _____	_____
❺ _____	_____	⓬ _____	_____
❻ _____	_____	⓭ _____	_____
❼ _____	_____	⓮ _____	_____

G 영어문장을 듣고 빈칸에 들어갈 단어를 채워 문장을 완성하시오.   영어문장 듣고 쓰기

❶ She looked at me with her big _____ eyes.

❷ It is impossible to _____ the interest without a calculator.

❸ I bought a _____ camera last week.

❹ Her daughter has come down with the _____.

❺ The girl likes to dream about _____ love stories.

❻ I am _____ of the test results.

❼ Most _____ are harmful.

❽ My dream is to be a _____ designer.

❾ We will start our journey at _____.

❿ The _____ of the Earth around the Sun was unknown at that time.

⓫ We're planning to plant many trees on _____ Day.

⓬ He is famous for being the composer of some _____ music.

⓭ She puts great value on _____.

⓮ The teacher gave an _____ to the students.

⓯ His professor likes his _____ idea about the theory.

⓰ It was a _____ thing that happened to us.

781	**brighten** [bráitn]	동 빛내다 brighten a room 방을 밝게 하다	

782 cholesterol [kəléstəròul]
명 콜레스테롤

783 conclude [kənklúːd]
동 결론을 내리다, 마치다 　명 conclusion 결말 　유 close
conclude an argument 논쟁을 마무리하다

784 courtroom [kɔ́ːrtrù(ː)m]
명 법정
the grand courtroom 대법정

785 delete [dilíːt]
동 삭제하다 　유 erase
delete files 파일을 삭제하다

786 disabled [diséibld]
형 장애가 있는 　동 disable 장애를 입히다
the disabled 장애인

787 drown [draun]
동 익사하다 　형 drowned 익사한
drown oneself in drink 술에 빠지다

788 encouragement [inkə́ːridʒmənt]
명 격려 　동 encourage 격려하다 　반 discouragement 낙심

789 explosion [iksplóuʒən]
명 폭발 　동 explode 폭발하다
a dangerous explosion 위험한 폭발

790 folk [fouk]
명 사람들, 가족 형 민속의 　유 people, family
old folks 노인들

791 graze [greiz]
동 풀을 뜯어먹다
graze in the pasture 목장에서 방목하다

792 incorrect [ìnkərékt]
형 부정확한 　반 correct 정확한
an incorrect account 부정확한 설명

793 invest [invést]
동 투자하다 　명 investment 투자
invest money 돈을 투자하다

794 livestock [láivstàk]
명 가축
livestock farming 목축

795 miserable [mízərəbl]
형 비참한 　명 misery 비참함 　반 happy 행복한
a miserable ending 비참한 결말

✦ 주어진 우리말 문장에 맞도록 알맞은 단어를 넣어 문장을 완성하시오. 정답 p.206

The flowers _____ the room.
그 꽃이 방을 밝혀 주었다.

Too much _____ is bad for your health.
너무 많은 콜레스테롤은 건강에 나쁘다.

They _____ the argument.
그들은 논쟁을 마무리했다.

The prisoner was brought into the _____ under armed guard.
죄수가 무장 경비의 보호 아래 법정으로 이송되었다.

_____ the unnecessary files.
필요 없는 파일은 삭제하세요.

This parking lot is only for the _____.
이 주차장은 장애인 전용이다.

A _____ man will clutch at a straw.
《속담》 물에 빠진 사람은 지푸라기라도 붙잡는다.

What he needed were a few words of _____.
그가 필요했던 것은 몇 마디 격려의 말이었다.

Lots of _____ occurred near the volcano.
화산 근처에서 많은 폭발이 일어났다.

I write regularly to my _____.
나는 가족들에게 정기적으로 편지를 쓴다.

Cattle were _____ in the meadow.
소들이 초원에서 풀을 뜯어먹고 있었다.

The newspaper gave an _____ account of the accident.
신문에서는 그 사건에 대해 부정확한 설명을 했다.

The company _____ lots of money in the project.
그 회사는 그 프로젝트에 많은 돈을 투자했다.

My uncle raises _____ on his farm.
우리 삼촌은 농장에서 가축을 기르신다.

The ending of the movie was _____.
그 영화의 결말은 비참했다.

796	**nightmare** [náitmὲər]	명 악몽, 끔찍한 일 have a nightmare 악몽을 꾸다	
797	**overlook** [òuvərlúk]	동 못 보고 지나가다, 보고도 못 본 체하다	
798	**portable** [pɔ́ːrtəbl]	형 휴대용의 a portable bed 이동식 침대	명 portability 휴대할 수 있음 유 mobile
799	**proof** [pruːf]	명 증거 contrary proof 반대의 증거	동 prove 증명하다 유 evidence
800	**relative** [rélətiv]	명 친척 형 상대적인 a close relative 가까운 친척	
801	**rotten** [rátn]	형 썩은, 부패한 a rotten egg 썩은 달걀	동 rot 썩다 유 spoiled
802	**sneeze** [sniːz]	명 재채기 동 재채기하다 coughs and sneezes 기침과 재채기	형 sneezy 재채기 나는
803	**statement** [stéitmənt]	명 성명, 진술 make a statement 성명을 발표하다	동 state 진술하다 유 announcement
804	**suppose** [səpóuz]	동 상상하다, 가정하다 let's suppose that+절 ~라고 가정해 보자	명 supposition 가정, 상상 유 imagine
805	**throne** [θroun]	명 왕좌 come to the throne 즉위하다	
806	**unconscious** [ʌnkánʃəs]	형 의식이 없는 fall unconscious 의식을 잃다	부 unconsciously 무의식적으로 반 conscious 의식이 있는
807	**visual** [víʒuəl]	형 시각의, 눈에 보이는 visual aids 시각 보조 자료	부 visually 시각적으로 유 visible
808	**zip** [zip]	동 지퍼로 잠그다 zip up one's bag 가방을 지퍼로 잠그다	명 zipper 지퍼 반 unzip 지퍼를 열다
809	**adopt** [ədápt]	동 입양하다, 양자로 삼다	명 adoption 입양
810	**archery** [áːrtʃəri]	명 양궁, 궁술 Korean Archery Association 대한양궁협회	

◆ 주어진 우리말 문장에 맞도록 알맞은 단어를 넣어 문장을 완성하시오. 정답 p.206

He woke up in the middle of the night because he had a _____.
그는 악몽 때문에 한밤중에 깨었다.

I cannot _____ his mistake anymore.
나는 더 이상 그의 잘못을 못 본 체할 수 없다.

I want to have a _____ computer.
나는 휴대용 컴퓨터를 갖고 싶다.

We need to see the _____ first.
우리는 먼저 증거를 봐야 한다.

My aunt invited all her _____ to her party.
우리 이모는 그녀의 파티에 친척들 모두를 초대했다.

Don't eat that _____ egg!
그 썩은 달걀을 먹지 마라!

I can't stop _____.
재채기를 멈출 수가 없어요.

The president is supposed to make a _____ on Monday.
대통령이 월요일에 성명을 발표하기로 되어 있다.

Let's _____ that you are my teacher.
네가 내 선생님이라고 가정해 보자.

He came to the _____ in 1890.
그는 1890년에 즉위했다.

He was found _____ on the floor.
그는 마루에서 의식이 없는 채로 발견되었다.

_____ aids can help children to learn new things quickly.
시청각 자료는 아이들이 새로운 것을 빨리 배우도록 도와준다.

She put everything into her bag and _____ it up.
그녀는 모든 것을 가방에 넣고 지퍼로 잠갔다.

Mr. Kim _____ the orphan as his son.
김씨는 고아를 양자로 삼았다.

Korea is the world's best country in _____.
한국은 양궁에 있어서 세계 최고 국가이다.

DAY 28

| 811 | **bald** [bɔːld] | 형 대머리의, 머리가 벗겨진 | 윤 hairless, bald-headed |
| | | go bald 대머리가 되다 | |

| 812 | **broad** [brɔːd] | 형 넓은, 광범위한 | 동 broaden 넓히다 윤 wide |
| | | a broad ocean 넓은 바다 | |

| 813 | **chop** [tʃɑp] | 동 자르다 | 명 chopper 헬리콥터 윤 cut |
| | | chop up 잘게 썰다 | |

| 814 | **conduct** 동 [kəndʌ́kt] 명 [kɑ́ndʌkt] | 동 행하다 명 행위 | 윤 act |
| | | conduct oneself 처신하다 | |

| 815 | **coward** [káuərd] | 명 비겁자 형 겁 많은, 소심한 | |
| | | play the coward 비겁한 짓을 하다 | |

| 816 | **delicate** [délikət] | 형 섬세한 | 명 delicacy 섬세함 |

| 817 | **disagreement** [dìsəgríːmənt] | 명 불일치 | 동 disagree 불일치하다 반 agreement 일치 |
| | | be in disagreement with ~와 의견이 맞지 않다 | |

| 818 | **dual** [djúːəl] | 형 둘의, 이중의 | 명 duality 이중성 윤 double |
| | | dual nationality 이중 국적 | |

| 819 | **endless** [éndlis] | 형 끝이 없는, 무한한 | 부 endlessly 영원히 윤 infinite |
| | | endless love 영원한 사랑 | |

| 820 | **export** 동 [ikspɔ́ːrt] 명 [ékspɔːrt] | 동 수출하다 명 수출 | 반 import 수입하다, 수입 |
| | | imports and exports 수출입 | |

| 821 | **following** [fɑ́louiŋ] | 형 그 다음의 | 반 preceding 선행하는 |
| | | on the following day 그 다음 날 | |

| 822 | **greedy** [gríːdi] | 형 탐욕스러운, 몹시 탐내는 | 명 greed 탐욕 반 generous 후한 |
| | | be greedy for money 돈을 몹시 탐내다 | |

| 823 | **indicate** [índəkèit] | 동 가리키다, 지적하다 | 명 indication 지시, 지적 윤 point |

| 824 | **investigative** [invéstigèitiv] | 형 조사의 | 명 investigation 조사 |
| | | investigative experience 조사 경험 | |

| 825 | **lunar** [lúːnər] | 형 달의 | 반 solar 태양의 |
| | | the lunar calendar 음력 | |

✦ 주어진 우리말 문장에 맞도록 알맞은 단어를 넣어 문장을 완성하시오. 정답 p.206

One of my friends is afraid about going   .
내 친구 중 하나는 대머리가 될까 봐 걱정한다.

Our future lies in the   ocean.
우리의 미래는 넓은 바다에 있다.

I can   up the lettuce quickly.
나는 상추를 빠른 속도로 잘게 썰 수 있다.

The scientist   an experiment on bird migration.
한 과학자가 조류 이동에 관한 실험을 했다.

She blamed him for being a   .
그녀는 그를 비겁자라고 비난했다.

His sculpture is   .
그의 조각은 섬세하다.

They are in   with each other.
그들은 서로 의견이 맞지 않는다.

The spy lived a double life with a   nationality.
그 스파이는 이중 국적을 가지고 이중 생활을 했다.

There is a famous song called   *Love*.
〈영원한 사랑〉이라는 유명한 노래가 있다.

Our country   cars to the global market.
우리나라는 자동차를 세계 시장에 수출한다.

He met the girl again on the   day.
그는 그 다음날 그 소녀를 다시 만났다.

Henry isn't as   as Scrooge.
헨리는 스크루지만큼 탐욕스럽지는 않다.

He   the board.
그는 칠판을 가리켰다.

He doesn't have any   experience.
그는 조사 경험이 전혀 없다.

It is hard to observe a   eclipse.
월식을 관찰하는 것은 어렵다.

DAY 28

826	**misery** [mízəri]	명 비참함	형 miserable 비참한 유 unhappiness
		live in misery 비참하게 살다	
827	**nitrogen** [náitrədʒən]	명 질소	
		nitrogen gas 질소 가스	
828	**overly** [óuvərli]	부 몹시, 지나치게	
		overly optimistic 지나치게 낙관적인	
829	**portrait** [pɔ́ːrtrit]	명 초상화	
		draw a portrait 초상화를 그리다	
830	**proposal** [prəpóuzəl]	명 제안, 청혼	동 propose 제안하다 유 suggestion
		accept a proposal 제안을 받아들이다	
831	**relay** [ríːlei]	명 교대, 교체	유 shift
		in relays 교대제로	
832	**rubble** [rʌ́bl]	명 잔해, 암석 조각	유 debris
		out of the rubble 잔해 밖으로	
833	**sob** [sɑb]	동 흐느껴 울다	유 cry
		sob one's heart out 가슴이 메이도록 흐느껴 울다	
834	**statesman** [stéitsmən]	명 정치가	
		a great statesman 위대한 정치가	
835	**supreme** [səpríːm]	형 최상의, 최우수의	유 paramount
		at the supreme moment 가장 중요한 순간에	
836	**tide** [taid]	명 조수, 조류	형 tidal 조수의 유 current, flow
		time and tide 세월	
837	**uncover** [ʌnkʌ́vər]	동 폭로하다	반 conceal 숨기다 유 reveal
		uncover oneself 모자를 벗다, 자신을 드러내다	
838	**vital** [váitl]	형 극히 중요한, 생명의	명 vitality 생명력, 활기 유 important, lively
		of vital importance 지극히 중요한	
839	**zoological** [zòuəládʒikəl]	형 동물학의	명 zoology 동물학
840	**advantage** [ædvǽntidʒ]	명 이점	형 advantageous 이로운 반 disadvantage 불이익
		the advantage of education 교육의 이점	

✦ 주어진 우리말 문장에 맞도록 알맞은 단어를 넣어 문장을 완성하시오. 정답 p.206

I realized the _____ of war from the documentary.
나는 다큐멘터리를 통해 전쟁의 비참함을 알게 되었다.

What percent of the air is _____?
공기 중에 질소는 몇 퍼센트인가요?

He is always _____ self-confident.
그는 항상 지나치게 자신만만하다.

It is not easy to draw a _____.
초상화를 그리는 것은 쉽지 않다.

The _____ was rejected.
그 제안이 거부되었다.

At the semiconductor factory, people work in _____.
반도체 공장에서는 교대제로 일한다.

People are taking the dead bodies out of the _____.
사람들이 잔해 밖으로 시체들을 꺼내고 있다.

She _____ her heart out.
그녀는 가슴이 메이도록 흐느껴 울었다.

He is famous for being a great _____.
그는 위대한 정치가로 유명하다.

He is the _____ representative.
그는 최고 대표위원이다.

Time and _____ wait for no man.
《속담》 세월은 사람을 기다리지 않는다.

The police have _____ a plot.
경찰이 음모를 폭로했다.

The results will be of _____ importance to society.
그 결과는 사회에 매우 중요하게 될 것이다.

Their opinion is different from a _____ point of view.
그들의 의견은 동물학적 관점과 차이가 있다.

There are many _____ to this project.
이 프로젝트에는 많은 이점들이 있다.

A 우리말과 같은 뜻이 되도록 빈칸에 들어갈 알맞은 단어를 적으시오.

① contrary _____ (반대의 증거)

② imports and _____ (수출입)

③ fall _____ (의식을 잃다)

④ the _____ of education (교육의 이점)

⑤ be in _____ with (~와 의견이 맞지 않다)

⑥ on the _____ day (그 다음날)

⑦ _____ an argument (논쟁을 마무리하다)

⑧ _____ files (파일을 삭제하다)

⑨ play the _____ (비겁한 짓을 하다)

⑩ _____ love (영원한 사랑)

B 다음 괄호 안의 지시대로 주어진 단어를 변형시키고 그 뜻을 적으시오.

	변형	뜻
① disabled (동사형으로) →	_____	_____
② invest (명사형으로) →	_____	_____
③ miserable (명사형으로) →	_____	_____
④ proof (동사형으로) →	_____	_____
⑤ statement (동사형으로) →	_____	_____
⑥ disagreement (동사형으로) →	_____	_____
⑦ greedy (명사형으로) →	_____	_____
⑧ proposal (동사형으로) →	_____	_____
⑨ vital (명사형으로) →	_____	_____
⑩ advantage (형용사형으로) →	_____	_____

C 다음 영영풀이에 해당하는 단어를 보기에서 골라 적으시오.

> 보기 portrait   nightmare   delete   sneeze   sob
>   indicate   supreme   bald   overly   conduct

❶ a terrifying dream in which the dreamer experiences feelings of helplessness, extreme anxiety, sorrow, etc. ➡ _____

❷ to emit air or breath suddenly and audibly through the nose and mouth by involuntary, spasmodic action ➡ _____

❸ having little or no hair on the scalp ➡ _____

❹ to direct in action or course; manage; carry on ➡ _____

❺ to point out or point to; direct attention to ➡ _____

❻ excessively; too ➡ _____

❼ a likeness of a person, esp. of the face, as a painting, drawing or photograph
➡ _____

❽ to weep with a convulsive catching of the breath ➡ _____

❾ highest in rank or authority; paramount; sovereign ➡ _____

❿ to strike out or remove something written or printed; cancel; erase
➡ _____

D 우리말과 같은 뜻이 되도록 주어진 문장의 빈칸을 완성하시오.

❶ 죄수가 무장 경비의 보호 아래 법정으로 이송되었다.
➡ The prisoner was brought into the _____ under armed guard.

❷ 물에 빠진 사람은 지푸라기라도 붙잡는다.
➡ A _____ man will clutch at a straw.

❸ 나는 가족들에게 정기적으로 편지를 쓴다.
➡ I write regularly to my _____.

❹ 우리 삼촌은 농장에서 가축을 기르신다.
➡ My uncle raises _____ on his farm.

⑤ 나는 더 이상 그의 잘못을 못 본 체할 수 없다.

→ I cannot _____ his mistake anymore.

⑥ 우리 이모는 그녀의 파티에 친척들 모두를 초대했다.

→ My aunt invited all her _____ to her party.

⑦ 네가 내 선생님이라고 가정해 보자.

→ Let's _____ that you are my teacher.

⑧ 시청각 자료는 아이들이 새로운 것을 빨리 배우도록 도와준다.

→ _____ aids can help children to learn new things quickly.

⑨ 김씨는 고아를 양자로 삼았다.

→ Mr. Kim _____ the orphan as his son.

⑩ 그녀는 그를 비겁자라고 비난했다.

→ She blamed him for being a _____.

E 문장의 밑줄 친 부분에 해당하는 유의어 혹은 반의어를 보기에서 골라 적으시오.

보기	conceal	debris	correct	import	wide
	erase	discouragement	conscious	solar	infinite

① What he needed were a few words of <u>encouragement</u>. 반의어 ↔ _____

② The newspaper gave an <u>incorrect</u> account of the accident. 반의어 ↔ _____

③ He was found <u>unconscious</u> on the floor. 반의어 ↔ _____

④ Our future lies in the <u>broad</u> ocean. 유의어 = _____

⑤ There is a famous song called *Endless Love*. 유의어 = _____

⑥ Our country <u>exports</u> cars to the global market. 반의어 ↔ _____

⑦ It is hard to observe a <u>lunar</u> eclipse. 반의어 ↔ _____

⑧ People are taking the dead bodies out of the <u>rubble</u>. 유의어 = _____

⑨ The police have <u>uncovered</u> a plot. 반의어 ↔ _____

⑩ <u>Delete</u> the unnecessary files. 유의어 = _____

F 영어발음을 듣고 영어단어를 적은 후, 우리말 뜻을 적으시오.

	영어	우리말		영어	우리말
❶	_____	_____	❽	_____	_____
❷	_____	_____	❾	_____	_____
❸	_____	_____	❿	_____	_____
❹	_____	_____	⓫	_____	_____
❺	_____	_____	⓬	_____	_____
❻	_____	_____	⓭	_____	_____
❼	_____	_____	⓮	_____	_____

G 영어문장을 듣고 빈칸에 들어갈 단어를 채워 문장을 완성하시오.

❶ Too much _____ is bad for your health.

❷ She put everything into her bag and _____ it up.

❸ Korea is the world's best country in _____.

❹ His sculpture is _____.

❺ He doesn't have any _____ experience.

❻ I realized the _____ of war from the documentary.

❼ What percent of the air is _____?

❽ At the semiconductor factory, people work in _____.

❾ He is famous for being a great _____.

❿ Time and _____ wait for no man.

⓫ Their opinion is different from a _____ point of view.

⓬ This parking lot is only for the _____.

⓭ The ending of the movie was _____.

⓮ We need to see the _____ first.

⓯ The president is supposed to make a _____ on Monday.

⓰ Henry isn't as _____ as Scrooge.

DAY 29

DAY 29
표제어 듣기

---

841 architecture
[áːrkətèktʃər]
몡 건축, 건축술, 건축 양식
참 architect 건축가
ancient architecture 고대 건축술

842 bargain
[báːrgən]
몡 싼 물건, 거래
at a bargain 싸게

843 brochure
[brouʃúər]
몡 브로셔, 책자
a travel brochure 여행 책자

844 circulation
[sə̀ːrkjuléiʃən]
몡 순환
통 circulate 순환하다
the circulation of the blood 혈액 순환

845 cone
[koun]
몡 원뿔
참 cylinder 원통
an ice cream cone 아이스크림 콘

846 crack
[kræk]
몡 갈라진 틈 통 갈라지다
유 gap
a crack in the door 문의 갈라진 틈

847 delightful
[diláitfəl]
혱 즐거운, 유쾌한
뿐 delightfully 기쁘게 유 pleasant
a delightful child 즐거운 아이

848 disastrous
[dizǽstrəs]
혱 비참한, 재해의
몡 disaster 재앙
a disastrous event 비참한 사건

849 due
[djuː]
혱 예정인, 만기가 된
in due time 때가 오면, 머지 않아

850 enrich
[inrítʃ]
통 풍요롭게 하다
몡 enrichment 풍부하게 함, 비옥화
enrich one's life 인생을 풍요롭게 하다

851 exposition
[èkspəzíʃən]
몡 박람회
유 expo (exposition의 줄임말), exhibition
a world exposition 세계 박람회

852 forbid
[fərbíd]
통 금지하다
유 prohibit

853 grocery
[gróusəri]
몡 식료품점 pl 식료품류
a grocery list 식료품 목록

854 indirect
[ìndərékt]
혱 간접적인
indirection 간접적인 행동 반 direct 직접적인
indirect object 간접목적어

855 invisible
[invízəbl]
혱 눈에 보이지 않는
반 visible 눈에 보이는
invisible differences 분간하기 힘든 차이

◆ 주어진 우리말 문장에 맞도록 알맞은 단어를 넣어 문장을 완성하시오. 정답 p.207

We can learn a lot from Greek _____.
우리는 그리스 건축 양식으로부터 많은 것을 배울 수 있다.

These toys are a real _____.
이 장난감들은 정말 싸게 샀다.

You should buy a travel _____ before you make a trip.
너는 여행 전에 여행 책자를 사야 한다.

The Internet increases the _____ of information.
인터넷은 정보 순환을 증가시킨다.

An ice cream _____ is a great dessert.
아이스크림 콘은 훌륭한 디저트이다.

I found some _____ in the wall.
벽에서 갈라진 틈을 조금 발견했다.

I saw a _____ child laughing loudly.
나는 즐거운 아이가 크게 웃고 있는 것을 보았다.

The damage from the flood was _____.
홍수로 인한 피해는 비참했다.

The train is _____ at two.
기차는 두 시에 도착할 예정이다.

Books can _____ our lives.
책은 우리의 인생을 풍요롭게 해준다.

Yeosu is supposed to host a world _____ in 2012.
여수는 2012년에 세계 박람회를 개최하기로 되어 있다.

The owner _____ men to enter his house.
그 주인은 남자들이 집에 들어오는 것을 금하고 있다.

I have shopped at that _____ for years.
나는 수년간 그 식료품점에서 물건을 샀다.

I learned about _____ objects in today's grammar class.
오늘 문법시간에 간접목적어에 대해서 배웠다.

Germs are _____ to the naked eye.
세균은 육안으로는 볼 수 없다.

DAY 29

856	**luxury** [lʌ́kʃəri]	명 사치, 호사 형 사치(품)의 luxury goods 사치품, 명품	유 luxurious 사치스러운
857	**mission** [míʃən]	명 사명, 임무 carry out one's mission 임무를 수행하다	유 task
858	**nomination** [nàmənéiʃən]	명 지명 a nomination for ~에 대한 지명	동 nominate 지명하다 유 appointment
859	**overseas** [òuvərsíːz]	형 해외의 부 해외로 overseas trade 해외 무역	
860	**portray** [pɔːrtréi]	동 묘사하다, 초상을 그리다 portray life 삶을 묘사하다	명 portrait 초상화 유 depict
861	**propose** [prəpóuz]	동 제안하다 propose marriage 청혼하다	명 proposal 제안 유 suggest
862	**relieve** [rilíːv]	동 경감시키다, 완화시키다 relieve pain 고통을 완화시키다	형 relieved 안심된 유 ease
863	**rural** [rúərəl]	형 시골의, 전원의 rural life 시골 생활	반 urban 도시의
864	**sociable** [sóuʃəbl]	형 사교적인 a sociable child 붙임성 있는 아이	부 sociably 사교적으로 반 unsociable 비사교적인
865	**statistics** [stətístiks]	명 통계학 mathematical statistics 수리 통계학	형 statistical 통계학상의
866	**surgery** [sə́ːrdʒəri]	명 수술 plastic surgery 성형수술	형 surgical 외과의, 수술의
867	**tilt** [tilt]	동 기울이다 tilt a hat sideways 모자를 비스듬히 쓰다	유 slant
868	**undergo** [ʌ̀ndərgóu]	동 겪다, 경험하다 undergo surgery 수술을 받다 *undergo-underwent-undergone*	유 experience
869	**vocabulary** [voukǽbjulèri]	명 어휘 have a large vocabulary 단어를 많이 알고 있다	유 words
870	**adventurous** [ædvéntʃərəs]	형 모험심이 강한, 대담한 an adventurous spirit 모험 정신	명 adventure 모험 반 unadventurous 모험심이 없는

◆ 주어진 우리말 문장에 맞도록 알맞은 단어를 넣어 문장을 완성하시오. 정답 p.207

I want to buy a Swiss   watch.

스위스제 명품 시계를 사고 싶다.

His   was to destroy the bridge with the bomb.

그의 임무는 다리를 폭탄으로 파괴하는 것이었다.

He received a   for the position.

그는 그 직위에 지명을 받았다.

My brother lives   .

우리 형은 외국에 산다.

His book   his childhood in America.

그의 책은 미국에서 보낸 자신의 어린 시절을 묘사했다.

He   a poll on the issue.

그는 그 쟁점에 대한 투표를 제안했다.

Listening to music in the quiet place   my stress.

조용한 곳에서 음악을 듣는 것은 스트레스를 줄여준다.

Some people envy   life.

어떤 사람들은 시골 생활을 부러워하기도 한다.

My friend was   enough to talk to everyone.

내 친구는 모든 사람들에게 말을 걸 만큼 사교적이다.

He is a professor of   .

그는 통계학 교수이다.

Cancer usually requires   .

암은 보통 수술을 필요로 한다.

He is always   his hat sideways.

그는 항상 모자를 기울여 쓰고 있다.

Mr. Hopkins   a five-hour surgery.

홉킨스 씨는 5시간의 수술을 받았다.

This is the list of   you need to go over before the test.

이것이 시험 전에 다시 살펴봐야 할 단어 목록이다.

Columbus was an   explorer.

콜럼버스는 모험심이 강한 탐험가였다.

| 871 | **argument** | 명 논의, 말다툼 | 동 argue 논하다 | 유 debate |
| | [ɑ́:rɡjumənt] | without argument 이의 없이 | | |

| 872 | **barrel** | 명 통 | | |
| | [bǽrəl] | a barrel of 많은 | | |

| 873 | **bulletin** | 명 게시, 고시 | | |
| | [búlətən] | a bulletin board 게시판 | | |

| 874 | **circumstance** | 명 (특별한) 사정 pl 상황, 환경 | 형 circumstantial (그때의) 형편에 따른 | 유 situation |
| | [sə́:rkəmstæns] | under the circumstances 그런 상황 때문에 | | |

| 875 | **confident** | 형 자신 있는 | 유 self-assured |
| | [kánfidənt] | a confident decision 자신 있는 결정 | |

| 876 | **crash** | 동 충돌하다 명 충돌 | 유 smash |
| | [kræʃ] | a plane crash 비행기 충돌 | |

| 877 | **delivery** | 명 배달 | 동 deliver 배달하다 | 유 transfer |
| | [dilívəri] | a delivery charge 배송료 | | |

| 878 | **disbelief** | 명 불신 | 동 disbelieve 불신하다 | 반 belief 믿음 |
| | [dìsbilí:f] | in disbelief 불신하여 | | |

| 879 | **duke** | 명 공작 | 참 duchess 공작 부인 |
| | [dju:k] | a royal duke (왕실의) 공작 | |

| 880 | **enroll** | 동 등록하다 | 명 enrollment 등록 |
| | [inróul] | enroll in Professor Winston's class 윈스턴 교수의 수업을 등록하다 | |

| 881 | **expression** | 명 표현 | 동 express 표현하다 |
| | [ikspréʃən] | a poetic expression 시적인 표현 | |

| 882 | **force** | 동 강제로 시키다 명 힘 | 유 impel |
| | [fɔ:rs] | force A to B A에게 강제로 B하도록 시키다 | |

| 883 | **guardian** | 명 보호자 | 유 keeper |
| | [ɡá:rdiən] | a guardian angel 수호천사 | |

| 884 | **individual** | 형 개인의 명 개인 | |
| | [ìndəvídʒuəl] | individual tastes 개인적인 취향 | |

| 885 | **involve** | 동 연관시키다 | 명 involvement 관련, 연루 |
| | [inválv] | be involved in ~에 연루되다 | |

✦ 주어진 우리말 문장에 맞도록 알맞은 단어를 넣어 문장을 완성하시오. 정답 p.207

We had an _____ about politics.
우리는 정치에 대해 논의했다.

Oil is carried in a _____.
석유는 통에 담겨 운반된다.

The new schedule will be posted on the _____ board.
새로운 스케줄이 게시판에 붙을 거예요.

Under the _____, we couldn't buy the car.
그런 상황으로 인해서 우리는 그 차를 구입하지 못했다.

He is a very _____ kind of person.
그는 일종의 매우 자신 있는 사람이다.

A car _____ into a tree near my house.
자동차 한 대가 우리 집 근처 나무에 충돌했다.

There are many kinds of _____ services in Korea.
한국에는 많은 종류의 배달 서비스가 있다.

She looked at me in _____.
그녀는 믿을 수 없다는 듯이 나를 쳐다보았다.

His great-grandfather was a royal _____.
그의 증조 할아버지는 공작이었다.

Have you finished _____ for the first semester?
너는 1학기 등록을 마쳤니?

This is a pure poetic _____.
이것은 순수한 시적 표현이다.

My mother _____ me to learn English.
엄마는 내게 강제로 영어를 배우도록 하셨다 .

My aunt, who has lived here for 10 years, became my _____.
여기에 10년째 살고 있는 고모가 나의 보호자가 되어 주었다.

We should respect _____ opinions in this meeting.
우리는 이 회의에서 개인적인 의견들을 존중해야 한다.

He was _____ in the accident.
그는 그 사고에 연루되었다.

886	**machinery** [məʃíːnəri]	뗑 기계류, 장치 the machinery of a watch 시계의 기계 장치
887	**tailor** [téilə(r)]	뗑 재단사 동 맞추다 tailor the menu 메뉴를 맞춤 제작하다
888	**nonverbal** [nànvə́ːrbəl]	혱 비언어적인 빤 verbal 말의, 언어의 nonverbal communication 비언어적 의사소통
889	**overview** [óuvərvjùː]	뗑 개요, 개관 윤 summary an overview of ~에 대한 개요
890	**post** [poust]	뗑 우편 윤 mail by post 우편으로
891	**prosperity** [prɑspérəti]	뗑 번영 동 prosper 번영하다
892	**religion** [rilídʒən]	뗑 종교 혱 religious 종교의 윤 belief make a religion of doing ~하는 것을 매우 중요하게 여기다
893	**satisfaction** [sæ̀tisfǽkʃən]	뗑 만족 혱 satisfied 만족하는 동 satisfy 만족시키다 feel satisfaction 만족을 느끼다
894	**social** [sóuʃəl]	혱 사회적인, 사교적인 뗑 sociality 사회성 social welfare 사회 복지 빤 antisocial 반사회적인, 비사교적인
895	**steady** [stédi]	혱 안정된, 꾸준한 뷔 steadily 착실하게, 꾸준히 윤 stable a steady job 안정된 직업
896	**surround** [səráund]	동 둘러싸다 윤 encircle be surrounded by ~로 둘러싸이다
897	**timber** [tímbər]	뗑 목재 윤 lumber worm-eaten timber 벌레가 파먹은 목재
898	**underneath** [ʌ̀ndərníːθ]	젼 ~의 아래에 underneath the table 테이블 아래에
899	**voyage** [vɔ́iidʒ]	뗑 항해 윤 travel go on a voyage 항해하다
900	**warmth** [wɔ́ːrmθ]	뗑 따뜻함, 온기 혱 warm 따뜻한 vital warmth 체온

✦ 주어진 우리말 문장에 맞도록 알맞은 단어를 넣어 문장을 완성하시오. 정답 p.207

Many products are made from   rather than by hand.
많은 생산품들이 수작업보다는 기계로 제작된다.

The   's shop was filled with colorful threads.
그 재단사의 가게는 다채로운 실로 가득 차 있었다.

      communication consists of things like facial expressions and tones of voice. 비언어적 의사소통이란 얼굴 표정, 목소리 톤과 같은 것들로 이루어진다.

The manager will give us an   of this product.
매니저가 이 제품에 대한 개요를 설명해 줄 것이다.

The company will notify us of the news by   .
회사는 그 소식을 우편으로 통보할 것이다.

We need to look at the other side of   .
우리는 번영의 이면을 살펴볼 필요가 있다.

This war is related to   .
이 전쟁은 종교와 관련되어 있다.

Eating tasty food gives me great   .
맛있는 음식을 먹는 것은 큰 만족을 준다.

Sweden's   welfare system is known to everybody.
스웨덴의 사회 복지 시스템은 모든 사람들에게 알려져 있다.

Slow and   wins the race.
《속담》 느려도 착실하면 이긴다.

The woman was   by children.
그 여성은 아이들에게 둘러싸여 있었다.

The houses are built of   .
그 집들은 목재로 지어졌다.

I found your car key   the table.
나는 테이블 아래에서 네 자동차 열쇠를 찾았다.

The   from America to France used to take two months.
미국에서 프랑스까지의 항해는 2달이 걸리곤 했다.

Electricity provides us with   and light.
전기는 우리에게 따뜻함과 빛을 제공한다.

A 우리말과 같은 뜻이 되도록 빈칸에 들어갈 알맞은 단어를 적으시오.

① _____ trade （해외 무역）

② _____ goods （사치품, 명품）

③ the _____ of the blood （혈액 순환）

④ _____ pain （고통을 완화시키다）

⑤ a _____ charge （배송료）

⑥ a poetic _____ （시적인 표현）

⑦ go on a _____ （항해하다）

⑧ a travel _____ （여행 책자）

⑨ _____ welfare （사회 복지）

⑩ _____ surgery （수술을 받다）

B 다음 괄호 안의 지시대로 주어진 단어를 변형시키고 그 뜻을 적으시오.

	변형	뜻
① delivery （동사형으로） →	_____	_____
② circulation （동사형으로） →	_____	_____
③ disastrous （명사형으로） →	_____	_____
④ enrich （명사형으로） →	_____	_____
⑤ nomination （동사형으로） →	_____	_____
⑥ relieve （형용사형으로） →	_____	_____
⑦ adventurous （명사형으로） →	_____	_____
⑧ argument （동사형으로） →	_____	_____
⑨ religion （형용사형으로） →	_____	_____
⑩ satisfaction （동사형으로） →	_____	_____

C 다음 영영풀이에 해당하는 단어를 보기에서 골라 적으시오.

보기	crash	delightful	grocery	timber	tilt
	statistics	overview	mission	machinery	voyage

❶ giving great pleasure or delight; highly pleasing ➡ _____

❷ a store that sells food and other commodities ➡ _____

❸ a specific task with which a person or a group is charged ➡ _____

❹ the science that deals with the collection, classification, analysis, and interpretation of numerical facts or data ➡ _____

❺ to cause to make a loud, clattering noise, as of something dashed to pieces
➡ _____

❻ an assemblage of machines or mechanical apparatuses ➡ _____

❼ a general outline of a subject or situation ➡ _____

❽ the wood of growing trees suitable for structural uses ➡ _____

❾ a long journey by water to a distant place ➡ _____

❿ to cause to lean, incline, slope, or slant ➡ _____

D 우리말과 같은 뜻이 되도록 주어진 문장의 빈칸을 완성하시오.

❶ 이 장난감들은 정말 싸게 샀다.

➡ These toys are a real _____.

❷ 벽에서 갈라진 틈을 조금 발견했다.

➡ I found some _____ in the wall.

❸ 그 주인은 남자들이 집에 들어오는 것을 금하고 있다.

➡ The owner _____ men to enter his house.

❹ 그의 책은 미국에서 보낸 자신의 어린 시절을 묘사했다.

➡ His book _____ his childhood in America.

⑤ 그는 그 쟁점에 대한 투표를 제안했다.

→ He _____ a poll on the issue.

⑥ 내 친구는 모든 사람들에게 말을 걸 만큼 사교적이다.

→ My friend was _____ enough to talk to everyone.

⑦ 그는 일종의 매우 자신 있는 사람이다.

→ He is a very _____ kind of person.

⑧ 너는 1학기 등록을 마쳤니?

→ Have you finished _____ for the first semester?

⑨ 그는 그 사고에 연루되었다.

→ He was _____ in the accident.

⑩ 그 여성은 아이들에게 둘러싸여 있었다.

→ The woman was _____ by children.

E 문장의 밑줄 친 부분에 해당하는 유의어 혹은 반의어를 보기에서 골라 적으시오.

| 보기 | debate | direct | visible | stable | experience |
| | flourish | impel | situation | belief | verbal |

❶ I learned about underlined indirect objects in today's grammar class. 반의어 ↔ _____

❷ Germs are invisible to the naked eye. 반의어 ↔ _____

❸ Mr. Hopkins underwent a five-hour surgery. 유의어 = _____

❹ Under the circumstances, we couldn't buy the car. 유의어 = _____

❺ She looked at me in disbelief. 반의어 ↔ _____

❻ My mother forced me to learn English. 유의어 = _____

❼ Nonverbal communication consists of things like facial expressions and tones of voice. 반의어 ↔ _____

❽ We need to look at the other side of prosperity. 유의어 = _____

❾ Slow and steady wins the race. 유의어 = _____

❿ We had an argument about politics. 유의어 = _____

F 영어발음을 듣고 영어단어를 적은 후, 우리말 뜻을 적으시오.

영어	우리말		영어	우리말
❶ _____	_____	❽ _____	_____
❷ _____	_____	❾ _____	_____
❸ _____	_____	❿ _____	_____
❹ _____	_____	⓫ _____	_____
❺ _____	_____	⓬ _____	_____
❻ _____	_____	⓭ _____	_____
❼ _____	_____	⓮ _____	_____

G 영어문장을 듣고 빈칸에 들어갈 단어를 채워 문장을 완성하시오.

❶ This is the list of _____ you need to go over before the test.

❷ Oil is carried in a _____.

❸ There are many kinds of _____ services in Korea.

❹ His great-grandfather was a royal _____.

❺ _____ the feeling of love is not always easy.

❻ My aunt, who has lived here for 10 years, became my _____.

❼ The company will notify us of the news by _____.

❽ I found your car key _____ the table.

❾ Electricity provides us with _____ and light.

❿ The Internet increases the _____ of information.

⓫ The damage from the flood was _____.

⓬ He received a _____ for the position.

⓭ Listening to music in a quiet place _____ my stress.

⓮ Columbus was an _____ explorer.

⓯ This war is related to _____.

⓰ Eating tasty food gives me great _____.

ANSWER KEY

DAY 01 P. 11

001	abnormal	002	advised
003	arrival	004	beard
005	bunch	006	cited
007	confusing	008	credible
009	democratic	010	discount
011	dump	012	entertainment
013	extended	014	forth
015	hallway	016	inequality
017	ironical	018	magnet
019	misunderstood	020	normal
021	ozone	022	posture
023	protection	024	remarkable
025	sawed / sawn	026	Sociology
027	Steam	028	survival
029	timetables	030	undertook

DAY 02 P. 15

031	absorbs	032	affair
033	beasts	034	burden
035	civil	036	confusion
037	credit	038	demonstrate
039	discouraged	040	durable
041	enthusiastic	042	external
043	fortress	044	harbor
045	influence	046	irresponsible
047	magnitude	048	misuse
049	notice	050	Partial
051	potential	052	protested
053	remedy	054	scarcely
055	solar	056	stir
057	suspect	058	timid
059	unfaithful	060	warrior

REVIEW TEST 01 P. 18

A
❶ magnet ❷ timetable
❸ suspect ❹ absorbed
❺ posture ❻ enthusiastic
❼ fortress ❽ irresponsible

❾ warrior ❿ credit

B ❶ confuse 혼란시키다
❷ democracy 민주주의
❸ entertain 환대하다, 즐겁게 하다
❹ extension 확장
❺ misunderstanding 오해
❻ protect 보호하다
❼ remarkably 현저하게 ❽ survive 생존하다
❾ absorption 흡수 ❿ advice 충고, 조언

C ❶ beard ❷ normal
❸ saw ❹ sociology
❺ undertake ❻ burden
❼ civil ❽ durable
❾ influence ❿ magnitude

D ❶ Steam ❷ beasts
❸ confusion ❹ demonstrate
❺ fortress ❻ harbor
❼ misuse ❽ scarcely
❾ solar ❿ timid

E ❶ bundle ❷ quote
❸ bargain ❹ throw away
❺ attitude ❻ encourage
❼ whole ❽ cure
❾ fighter ❿ equality

F ❶ bunch 다발 ❷ cite 인용하다
❸ discount 할인; 할인하다
❹ dump 버리다 ❺ posture 자세
❻ discourage 낙담시키다
❼ partial 부분의, 불완전한
❽ remedy 치료; 치료하다 ❾ warrior 전사
❿ democratic 민주적인 ⓫ extend 뻗다, 넓히다
⓬ survival 생존
⓭ inequality 불평등, 같지 않음
⓮ ironical 반어적인, 역설적인

G ❶ credible ❷ hallway
❸ magnet ❹ timetables
❺ affair ❻ enthusiastic
❼ irresponsible ❽ protested

⑨ suspect   ⑩ unfaithful
⑪ confusing   ⑫ entertainment
⑬ misunderstood   ⑭ protection
⑮ remarkable   ⑯ absorbs

DAY 03   P. 23

061	absurd	062	affection
063	artificial	064	beg
065	calculate	066	clarity
067	Conquest	068	creeping
069	demonstration	070	discovery
071	dusk	072	equality
073	extinct	074	fortunate
075	heal	076	influential
077	isolated	078	mainly
079	mixture	080	Nuclear
081	participate	082	pottery
083	proverbs	084	removed
085	scenery	086	sold out
087	stock	088	suspended
089	unification	090	wasteful

DAY 04   P. 27

091	abundant	092	afterlife
093	artistic	094	behavior
095	campaign	096	classic
097	criticism	098	denied
099	discrimination	100	dynamic
101	equipment	102	extinguishers
103	foundation	104	healthful
105	informative	106	jail
107	maintain	108	mobile
109	obey	110	particular
111	pound	112	province
113	replacement	114	scholarships
115	solid	116	storage
117	suspicious	118	untidier
119	watchful	120	academy

REVIEW TEST 02   P. 30

A ① discovery   ② extinct
③ participate   ④ scenery
⑤ abundant   ⑥ artistic
⑦ storage   ⑧ maintain
⑨ untidy   ⑩ extinguisher

B ① calculation 계산   ② conquer 정복하다
③ demonstrate 논증하다
④ discover 발견하다   ⑤ equal 동등한, 평등한
⑥ extinction 멸종
⑦ fortunately 운 좋게도   ⑧ mix 섞다
⑨ removal 제거, 삭제   ⑩ wastefulness 낭비

C ① beg   ② creep
③ pottery   ④ proverb
⑤ behavior   ⑥ equipment
⑦ extinguisher   ⑧ foundation
⑨ pound   ⑩ suspicious

D ① clarity   ② sold out
③ suspended   ④ unification
⑤ afterlife   ⑥ informative
⑦ jail   ⑧ province
⑨ replacement   ⑩ scholarships

E ① static   ② sensible
③ dawn   ④ powerful
⑤ mostly   ⑥ landscape
⑦ unartistic   ⑧ modern
⑨ admit   ⑩ preserve

F ① dynamic 동적인
② absurd 불합리한, 어리석은, 터무니없는
③ dusk 황혼, 해 질 무렵   ④ influential 영향력 있는
⑤ mainly 주로   ⑥ scenery 풍경, 경치
⑦ artistic 예술적인   ⑧ classic 고대의, 고전의
⑨ deny 부인하다, 부정하다   ⑩ maintain 유지하다
⑪ mixture 혼합   ⑫ wasteful 낭비의
⑬ artificial 인공적인, 인위적인
⑭ nuclear 핵의

G ① participate   ② campaign
③ criticism   ④ mobile

⑤ particular ⑥ solid
⑦ untidier ⑧ watchful
⑨ calculate ⑩ Conquest
⑪ demonstration ⑫ discovery
⑬ equality ⑭ extinct
⑮ fortunate ⑯ removed

DAY 05 P. 35

121 agency	122 asleep
123 belief	124 capacity
125 classified	126 consent
127 crosswalk	128 depicted
129 disobeys	130 ease
131 errors	132 extreme
133 fountain	134 heartless
135 initial	136 jealous
137 majority	138 moderation
139 objection	140 passion
141 poverty	142 psychologists
143 representation	144 scold
145 solitary	146 strategy
147 sustain	148 tolerated
149 untied	150 weaken

DAY 06 P. 39

151 acceleration	152 agreement
153 aspects	154 belongs
155 consequences	156 deposited
157 disorder	158 easygoing
159 eruptions	160 factor
161 freeway	162 hidden
163 injured	164 journal
165 manage	166 modify
167 objective	168 pastime
169 praiseworthy	170 psychology
171 requires	172 scout
173 sophomore	174 stressful
175 swear	176 tongue
177 upbeat	178 wealthy
179 accidentally	180 alert

REVIEW TEST 03 P. 42

A ❶ deposit ❷ disorder
❸ untie ❹ strategy
❺ factor ❻ stressful
❼ classify ❽ initial
❾ consent ❿ representation

B ❶ believe 믿다 ❷ depiction 묘사
❸ extremely 극단적으로 ❹ initiate 시작하다
❺ major 대부분의 ❻ moderate 알맞은
❼ passionate 열정적인 ❽ poor 가난한
❾ psychological 심리학의
❿ solitude 고독

C ❶ crosswalk ❷ fountain
❸ objection ❹ representation
❺ tolerate ❻ agreement
❼ easygoing ❽ injure
❾ modify ❿ require

D ❶ jealous ❷ sustain
❸ belongs ❹ scold
❺ journal ❻ pastime
❼ praiseworthy ❽ scout
❾ stressful ❿ tongue

E ❶ ability ❷ dissent
❸ obey ❹ cold-hearted
❺ view ❻ explosion
❼ careful ❽ pledge
❾ minority ❿ by accident

F ❶ hidden 숨겨진 ❷ capacity 수용력, 역량
❸ consent 동의하다, 찬성하다
❹ disobey 거역하다
❺ heartless 무정한, 냉혹한
❻ jealous 질투가 많은
❼ sustain 떠받치다, 유지하다
❽ aspect 모양, 관점, 양상 ❾ belong 속하다
❿ eruption 폭발, 분출 ⓫ alert 경계하는, 조심하는
⓬ majority 대다수, 대부분
⓭ agency 대리점 ⓮ asleep 잠들어 있는

G ❶ acceleration ❷ consequences

③ disorder ④ freeway
⑤ manage ⑥ objective
⑦ psychology ⑧ sophomore
⑨ upbeat ⑩ belief
⑪ depicted ⑫ extreme
⑬ initial ⑭ moderation
⑮ passion ⑯ poverty

DAY 07 P. 47

181 assigned 182 beneath
183 capsule 184 clip
185 conserve 186 crust
187 depressing 188 disposable
189 economic 190 essential
191 faith 192 frightening
193 hinders 194 injury
195 judgment 196 manual
197 moisture 198 observed
199 pasture 200 precede
201 punished 202 residents
203 scrape 204 strict
205 syllables 206 Tourism
207 upward 208 wept
209 accompanied 210 algebra

DAY 08 P. 51

211 assistant 212 benefit
213 carbohydrates 214 Code
215 crystal 216 descriptions
217 disrupt 218 economical
219 ethical 220 fantasy
221 furry 222 historical
223 injustice 224 jury
225 manufactures 226 monitor
227 occupied 228 pause
229 precious 230 purchased
231 resists 232 seal
233 strode 234 symbolizes
235 tracks 236 vacuums
237 weigh 238 accords
239 alley 240 associate

REVIEW TEST 04 P. 54

A ① weep ② assistant
③ occupy ④ punish
⑤ conserve ⑥ stride
⑦ disposal ⑧ manual
⑨ weigh ⑩ description

B ① describe 묘사하다 ② depress 침울하게 하다
③ essentially 본질적으로 ④ faithful 충실한
⑤ frighten 깜짝 놀라게 하다, 겁을 주다
⑥ judge 판단하다 ⑦ observation 관찰
⑧ punishment 처벌 ⑨ upwardness 상승
⑩ assist 도와주다

C ① beneath ② clip
③ moisture ④ pasture
⑤ precede ⑥ scrape
⑦ benefit ⑧ accord
⑨ crystal ⑩ associate

D ① assigned ② algebra
③ disrupt ④ furry
⑤ manufactures ⑥ monitor
⑦ resists ⑧ vacuums
⑨ fantasy ⑩ economical

E ① pill ② skin
③ prevent ④ handbook
⑤ inhabitant ⑥ sign
⑦ justice ⑧ withdraw
⑨ valuable ⑩ inessential

F ① capsule 캡슐, 작은 용기 ② crust 껍질, 외피
③ hinder 방해하다 ④ manual 안내문, 소책자
⑤ resident 거주자 ⑥ code 암호; 암호로 하다
⑦ injustice 불공정
⑧ occupy 차지하다, 점령하다
⑨ precious 귀중한
⑩ essential 근본적인, 필수의
⑪ faith 신뢰 ⑫ punish 벌주다
⑬ assistant 조수; 부-, 조-
⑭ strict 엄격한

G ① Tourism ② descriptions

③ jury
⑤ purchased
⑦ symbolizes
⑨ weigh
⑪ alley
⑬ frightening
⑮ observed

④ pause
⑥ strode
⑧ tracks
⑩ accords
⑫ depressing
⑭ judgment
⑯ upward

DAY 09
P. 59

241 bent
243 collapsed
245 cue
247 dissolve
249 Ethnic
251 homesick
253 Justice
255 mop
257 pay
259 pursue
261 sought
263 stripping
265 Trade
267 welfare
269 assume

242 carpenter
244 consideration
246 desert
248 ecosystem
250 faraway
252 inserted
254 mass
256 occur
258 predictions
260 resistance
262 specialty
264 sympathy
266 valid
268 accordance
270 beverages

DAY 10
P. 63

271 carriage
273 consumer
275 desirable
277 edit
279 farewell
281 households
283 kindergarten
285 mostly
287 Perhaps
289 racial
291 Sensitive
293 stroll
295 transact
297 wetlands
299 astronomer

272 colleague
274 cunning
276 distance
278 evaporates
280 fused
282 insisted
284 mature
286 offspring
288 preferable
290 resolved
292 speculate
294 tablecloth
296 valuable
298 accountant
300 bind

REVIEW TEST 05
P. 66

A ❶ trade
❸ accordance
❺ insist
❼ valuable
❾ homesick

❷ valid
❹ racial
❻ speculate
❽ bind
❿ justice

B ❶ bend 구부러지다
❸ dissolution 용해
❺ massive 거대한, 대량의
❼ resist 저항하다
❾ distant 먼

❷ consider 고려하다
❹ insertion 삽입
❻ occurrence 발생
❽ consume 소비하다
❿ evaporation 증발

C ❶ beverage
❸ desert
❺ specialty
❼ carriage
❾ cue

❷ collapse
❹ faraway
❻ accordance
❽ farewell
❿ strip

D ❶ ecosystem
❸ sought
❺ insisted
❼ preferable
❾ stroll

❷ pursue
❹ sympathy
❻ mature
❽ Sensitive
❿ transact

E ❶ frank
❸ family
❺ decide
❼ woodworker
❾ signal

❷ preferable
❹ preschool
❻ consider
❽ injustice
❿ remove

F ❶ ecosystem 생태계
❸ seek 찾다
❺ insist 고집하다, 주장하다
❻ mature 성숙한; 성숙하게 하다
❼ preferable 더 나은, 바람직한
❽ sensitive 예민한, 민감한
❾ cunning 교활한, 영리한
❿ desirable 바람직한
⓫ household 가정
⓬ kindergarten 유치원
⓭ resolve 결심하다, 결정하다
⓮ speculate 사색하다, 깊이 생각하다

❷ pursue 추구하다
❹ sympathy 동정

G ❶ bent   ❷ mop
❸ welfare   ❹ colleague
❺ edit   ❻ fused
❼ mostly   ❽ offspring
❾ tablecloth   ❿ wetlands
⓫ accountant   ⓬ astronomer
⓭ consideration   ⓮ dissolve
⓯ inserted   ⓰ occur

DAY 11   P. 71

301 Cast   302 collision
303 consumption   304 Curiosity
305 desperate   306 distinguish
307 editorials   308 eventually
309 farming   310 Futurologists
311 humanity   312 insistent
313 knight   314 maximum
315 motto   316 operation
317 period   318 prejudice
319 ranch   320 respectful
321 Separation   322 sphere
323 struggled   324 taboos
325 translation   326 vapor
327 whiskers   328 amused
329 atmosphere   330 biography

DAY 12   P. 75

331 category   332 combine
333 contrary   334 current
335 despite   336 distribute
337 educated   338 examined
339 fascinated   340 galaxy
341 humankind   342 inspired
343 Lava   344 maze
345 muddy   346 opinion
347 permitted   348 preparation
349 rare   350 response
351 settle   352 spine
353 stubborn   354 talkative
355 transports   356 whispering
357 accurate   358 Analog
359 atom   360 Biology

REVIEW TEST 06   P. 78

A ❶ curiosity   ❷ separation
❸ period   ❹ rare
❺ educate   ❻ struggle
❼ desperate   ❽ galaxy
❾ atmosphere   ❿ examine

B ❶ consume 소비하다
❷ distinguishable 구분할 수 있는
❸ maximize 최대화하다   ❹ respect 존경하다
❺ struggling 분투하는
❻ categorize 범주를 나누다
❼ combination 결합   ❽ education 교육
❾ prepare 준비하다, 대비하다
❿ biological 생물학의

C ❶ futurologist   ❷ knight
❸ prejudice   ❹ translation
❺ biography   ❻ distribute
❼ inspire   ❽ lava
❾ stubborn   ❿ cast

D ❶ ranch   ❷ sphere
❸ opinion   ❹ permitted
❺ settle   ❻ spine
❼ transports   ❽ whispering
❾ Analog   ❿ atom

E ❶ humankind   ❷ maxim
❸ prohibition   ❹ shout
❺ disrespectful   ❻ opposite
❼ bored   ❽ labyrinth
❾ share   ❿ digital

F ❶ humanity 인류, 인류애   ❷ motto 좌우명, 표어, 모토
❸ taboo 금기, 터부   ❹ amuse 즐겁게 하다
❺ atmosphere 대기   ❻ contrary 반대의; 반대로
❼ fascinate 매혹하다   ❽ maze 미로, 미궁
❾ respectful 경의를 표하는
❿ category 범주   ⓫ preparation 준비, 대비
⓬ collision 충돌

⑬ editorial 사설, 논설; 편집의
⑭ insistent 고집하는, 주장하는

G ❶ operation
❸ whiskers
❺ examined
❼ rare
❾ talkative
⓫ consumption
⓭ eventually
⓯ struggled
❷ Separation
❹ current
❻ muddy
❽ response
❿ accurate
⓬ distinguish
⓮ maximum
⓰ combine

DAY 13 P. 83

361 cattle
363 contribution
365 destruction
367 educational
369 fearful
371 humor
373 laver
375 multiply
377 pessimistic
379 reacted
381 sharp
383 stuff
385 treatment
387 widespread
389 analyze
362 comfort
364 curriculum
366 district
368 excel
370 gap
372 install
374 meantime
376 Optimism
378 preschool
380 responsibility
382 spiritual
384 tasteful
386 Various
388 accustomed
390 attachment

DAY 14 P. 87

391 blasted
393 comment
395 details
397 election
399 feather
401 hydrogen
403 lawn
405 murder
407 petroleum
409 reasonable
411 shelter
392 causal
394 convenience
396 distrusts
398 exception
400 gauze
402 instance
404 mechanic
406 option
408 pretended
410 restful
412 splash

413 subjective
415 trembling
417 willing
419 animations
414 tease
416 vary
418 achieved
420 attendants

REVIEW TEST 07 P. 90

A ❶ widespread
❸ reasonable
❺ analyze
❼ election
❾ install
❷ comfort
❹ exception
❻ comment
❽ accustomed
❿ willing

B ❶ comfortable 편안한
❸ education 교육
❺ sharply 날카롭게
❼ elective 선거의
❾ spiritually 정신적으로
❷ curricular 교육 과정의
❹ optimistic 낙관적인
❻ convenient 편리한
❽ analysis 분석
❿ contribute 기부하다

C ❶ responsibility
❸ treatment
❺ gauze
❼ option
❾ restful
❷ stuff
❹ causal
❻ lawn
❽ pretend
❿ murder

D ❶ blasted
❸ mechanic
❺ splash
❼ vary
❾ animations
❷ feather
❹ petroleum
❻ trembling
❽ willing
❿ contribution

E ❶ cows
❸ optimistic
❺ respond
❼ unwilling
❾ blunt
❷ fearless
❹ kindergarten
❻ elegant
❽ adapted
❿ example

F ❶ cattle 소
❸ pessimistic 비관적인
❹ preschool 유치원; 취학 전의
❺ react 반응하다
❼ various 다양한
❾ comment 논평하다; 논평
❿ instance 보기, 사례
❷ fearful 두려운, 무서운

❻ tasteful 품위 있는, 세련된
❽ accustom 익숙하게 하다

⓫ educational 교육적인

⑫ **sharp** 날카로운   ⑬ **election** 선거
⑭ **district** 지역

G ❶ laver   ❷ meantime
❸ distrusts   ❹ hydrogen
❺ reasonable   ❻ shelter
❼ subjective   ❽ tease
❾ achieved   ❿ attendants
⓫ comfort   ⓬ curriculum
⓭ Optimism   ⓮ convenience
⓯ destruction   ⓰ excel

DAY 15   P. 95

421	bleached	422	celebration
423	commercial	424	conventional
425	damage	426	determination
427	disturb	428	elective
429	exclaimed	430	fee
431	gene	432	identify
433	instinct	434	laid
435	mediated	436	mused
437	oral	438	phase
439	preview	440	recess
441	retirement	442	shortened
443	split	444	submit
445	telegram	446	trends
447	vast	448	wistful
449	acoustic	450	annual

DAY 16   P. 99

451	attention	452	bled
453	Ceramic	454	communicate
455	convinced	456	daydreaming
457	development	458	diverse
459	electrical	460	exclusive
461	fellow	462	genetics
463	ignored	464	institute
465	leap	466	memorial
467	mustache	468	organization
469	philosophy	470	prior
471	recite	472	reunified

473	sponsor	474	substances
475	teller	476	tribal
477	veil	478	withdraw
479	acquired	480	Antarctic

REVIEW TEST 08   P. 102

A ❶ electrical   ❷ exclusive
❸ diverse   ❹ annual
❺ daydream   ❻ veil
❼ submit   ❽ recite
❾ prior   ❿ mediate

B ❶ commerce 상업   ❷ convention 전통, 집회
❸ instinctive 본능적인   ❹ mediator 중재자
❺ vastness 거대함
❻ communication 의사소통
❼ exclude 제외하다   ❽ reunification 재통합
❾ acquired 획득한   ❿ Antarctica 남극 대륙

C ❶ gene   ❷ identify
❸ phase   ❹ preview
❺ telegram   ❻ convince
❼ development   ❽ fellow
❾ split   ❿ bleed

D ❶ fee   ❷ laid
❸ mused   ❹ shortened
❺ trends   ❻ wistful
❼ acoustic   ❽ Ceramic
❾ diverse   ❿ recess

E ❶ resolution   ❷ interrupt
❸ selective   ❹ hand in
❺ inattention   ❻ neglect
❼ review   ❽ divide
❾ written   ❿ rest

F ❶ recite 낭송하다, 암송하다
❷ tribal 부족의   ❸ determination 결심
❹ disturb 방해하다   ❺ elective 선택할 수 있는
❻ submit 제출하다   ❼ attention 주의, 주목
❽ ignore 무시하다
❾ sponsor 후원자; 후원하다

⑩ instinct 본능　　　⑪ electrical 전기의

⑫ reunify 재통합시키다

⑬ exclaim 외치다, 고함을 지르다

⑭ oral 구두의, 구술의

G ❶ daydreaming　　❷ genetics
　　❸ institute　　　　❹ leap
　　❺ mustache　　　　❻ philosophy
　　❼ prior　　　　　　❽ teller
　　❾ veil　　　　　　 ❿ withdraw
　　⑪ commercial　　　⑫ conventional
　　⑬ mediated　　　　⑭ vast
　　⑮ communicate　　 ⑯ exclusive

DAY 17　　　　　　　　　　　P. 107

481 boasts　　　　　482 certificate
483 commute　　　　484 cooperate
485 dear　　　　　　486 devices
487 division　　　　 488 electrons
489 exhaust　　　　 490 fiction
491 Geologists　　　492 illustrate
493 instructed　　　494 leather
495 Memorizing　　　496 Namely
497 Orient　　　　　498 phonetics
499 Privilege　　　 500 recognition
501 reverse　　　　 502 sightseeing
503 sprouting　　　 504 substitute
505 trimmed　　　　506 vein
507 withered　　　　508 actual
509 apology　　　　 510 attractive

DAY 18　　　　　　　　　　　P. 111

511 bolt　　　　　　512 challenging
513 compete　　　　514 coral
515 debt　　　　　　516 devotion
517 divorced　　　　518 elegance
519 exhibition　　　 520 geology
521 imaginary　　　 522 insurance
523 lecture　　　　 524 mercy
525 native　　　　　526 origin
527 photographs　　528 probability

529 reconnect　　　530 revolution
531 significant　　　532 stable
533 subtitles　　　　534 tense
535 triple　　　　　536 ventured
537 witty　　　　　538 adapt
539 appearance　　540 audition

REVIEW TEST 09　　　　　　P. 114

A ❶ sprouts　　　　❷ exhibition
　　❸ privilege　　　❹ devotion
　　❺ origin　　　　 ❻ tense
　　❼ commute　　　 ❽ imaginary
　　❾ appearance　　❿ wither

B ❶ boastful 자랑이 심한　❷ illustration 예증, 삽화
　　❸ actually 실제로　　　❹ phonetic 음성학의
　　❺ sightsee 관광하다　　❻ apologize 사과하다
　　❼ attraction 매력　　　❽ exhibit 전시하다
　　❾ tension 긴장　　　　❿ merciful 자비로운

C ❶ certificate　　　❷ dear
　　❸ geologist　　　 ❹ instruct
　　❺ substitute　　　❻ compete
　　❼ geology　　　　❽ cooperate
　　❾ recognition　　 ❿ vein

D ❶ devices　　　　❷ electrons
　　❸ reverse　　　　❹ trimmed
　　❺ compete　　　 ❻ coral
　　❼ debt　　　　　❽ probability
　　❾ triple　　　　 ❿ Namely

E ❶ unreal　　　　 ❷ novel
　　❸ remember　　　❹ advantage
　　❺ grace　　　　　❻ humorous
　　❼ collaborate　　❽ insignificant
　　❾ unattractive　　❿ improbability

F ❶ challenging 도전적인　❷ origin 기원, 출처, 유래
　　❸ subtitle 자막, 부제　　❹ commute 통근하다
　　❺ fiction 소설
　　❻ memorize 암기하다, 기억하다
　　❼ privilege 특권; ~에게 특권을 주다

8 elegance 우아함　9 witty 재치 있는
10 sightseeing 관광　11 attractive 매력적인
12 division 부(서)　13 mercy 자비, 인정
14 revolution 혁명

G 1 boasts　2 sprouting
3 withered　4 bolt
5 devotion　6 imaginary
7 reconnect　8 significant
9 stable　10 appearance
11 audition　12 illustrate
13 Orient　14 phonetics
15 apology　16 exhibition

DAY 19　P. 119

541 booming　542 championship
543 competitive　544 cosmopolitan
545 decade　546 dialect
547 documents　548 embarrassed
549 existence　550 fierce
551 germs　552 immature
553 interactive　554 lessened
555 merely　556 nectar
557 original　558 physics
559 proceeding　560 recovered
561 riddle　562 silent
563 stadium　564 subtract
565 terrified　566 verbal
567 worship　568 addicted
569 appetite　570 authority

DAY 20　P. 123

571 boost　572 chaos
573 complaints　574 cosmos
575 decoded　576 domain
577 embraced　578 existing
579 finance　580 globe
581 implies　582 interfere
583 level　584 metropolis
585 neglected　586 ornaments
587 pitched　588 process

589 recreational　590 ridiculous
591 similarity　592 staff
593 suburbs　594 territory
595 tropical　596 vessel
597 worthwhile　598 additional
599 applauded　600 Avenue

REVIEW TEST 10　P. 126

A 1 original　2 process
3 cosmopolitan　4 level
5 recover　6 addicted
7 boost　8 stadium
9 similarities　10 existing

B 1 mere 단순한, 순전한　2 subtraction 뺄셈
3 addiction 중독　4 chaotic 무질서한
5 exist 존재하다
6 financial 재정상의, 재무의
7 interference 간섭, 방해
8 ridicule 비웃다, 조롱하다
9 similar 유사한　10 recovery 회복

C 1 boom　2 competitive
3 document　4 germ
5 proceed　6 authority
7 decode　8 imply
9 neglect　10 vessel

D 1 fierce　2 interactive
3 riddle　4 domain
5 ornaments　6 process
7 recreational　8 staff
9 territory　10 applauded

E 1 bewilder　2 mature
3 reduce　4 frightened
5 distaste　6 satisfaction
7 universe　8 hug
9 world　10 valuable

F 1 embarrass 당황스럽게 하다
2 immature 성숙하지 못한
3 lessen 줄이다　4 terrify 겁나게 하다

⑤ **appetite** 식욕, 욕구　　⑥ **complaint** 불평

⑦ **cosmos** 우주

⑧ **embrace** 껴안다, 둘러싸다; 포옹

⑨ **globe** 지구, 세계

⑩ **worthwhile** 보람이 있는, 가치 있는

⑪ **subtract** 빼다　　⑫ **addict** 중독되게 하다

⑬ **ridiculous** 우스운, 어리석은

⑭ **decade** 10년

G ❶ championship

❸ nectar

❺ stadium

❼ level

❾ pitched

⓫ merely

⓭ existing

⓯ interfere

❷ cosmopolitan

❹ physics

❻ worship

❽ metropolis

❿ Avenue

⓬ chaos

⓮ finance

⓰ similarity

DAY 21　　　　　　　　P. 131

601 booth

603 complicated

605 deed

607 emotional

609 financial

611 imports

613 librarian

615 neighbor

617 pity

619 reduction

621 sincerely

623 successive

625 troublemaker

627 worthy

629 applied

602 characteristic

604 costume

606 dictated

608 exotic

610 gloomy

612 internal

614 microscope

616 outcast

618 production

620 Rip

622 stain

624 theory

626 vice

628 adhered

630 awaited

DAY 22　　　　　　　　P. 135

631 bosom

633 comprehension

635 dictator

637 emphasized

639 fishery

632 charming

634 council

636 dragged

638 expanding

640 glory

641 impression

643 license

645 nervous

647 playful

649 reflection

651 stairway

653 thirst

655 victims

657 adjust

659 awake

642 interrupted

644 millionaire

646 outcome

648 productive

650 ripe

652 sue

654 tumbled

656 wound

658 approached

660 bothered

REVIEW TEST 11　　　　P. 138

A ❶ imported

❸ apply

❺ expand

❼ fishery

❾ license

❷ ripe

❹ theory

❻ financial

❽ gloomy

❿ impression

B ❶ dictatorial 독재자의　　❷ emotion 감정

❸ microscopic 현미경의　❹ produce 생산하다

❺ reduce 삭감하다, 축소하다

❻ theoretical 이론적인　❼ application 적용, 신청

❽ comprehend 이해하다

❾ reflect 반영하다　　❿ adjustment 조절, 조정

C ❶ costume

❸ neighbor

❺ troublemaker

❼ drag

❾ outcome

❷ dictate

❹ outcast

❻ worthy

❽ impression

❿ sue

D ❶ characteristic

❸ deed

❺ gloomy

❼ adhered

❾ glory

❷ complicated

❹ exotic

❻ sincerely

❽ charming

❿ approached

E ❶ export

❸ spot

❺ shrink

❼ injury

❾ disturb

❷ compassion

❹ stress

❻ unproductive

❽ asleep

❿ virtue

F ❶ import 수입하다; 수입 ❷ pity 동정, 애석한 일
❸ stain 얼룩; 얼룩지게 하다
❹ emphasize 강조하다 ❺ expand 확장하다
❻ productive 생산적인, 다산의
❼ wound 상처 ❽ awake 깨어 있는; 깨우다
❾ bother 괴롭히다; 걱정, 말썽
❿ reduction 축소, 삭감 ⓫ apply 적용하다, 신청하다
⓬ reflection 반영 ⓭ interrupt 가로막다
⓮ internal 내부의

G ❶ librarian ❷ awaited
❸ bosom ❹ council
❺ dictator ❻ license
❼ nervous ❽ stairway
❾ tumbled ❿ victims
⓫ emotional ⓬ microscope
⓭ production ⓮ theory
⓯ comprehension ⓰ adjust

DAY 23
P. 143

661 chemical | 662 compressed
663 counselor | 664 defeat
665 differs | 666 dramatic
667 employees | 668 expectations
669 fist | 670 grace
671 impressive | 672 intersection
673 lie | 674 minimum
675 Nevertheless | 676 outgrown
677 politics | 678 profession
679 refuge | 680 risk
681 Slapping | 682 stalls
683 suggestion | 684 through
685 twilight | 686 vineyard
687 wrapped | 688 Admiral
689 appropriate | 690 aware

DAY 24
P. 147

691 chemist | 692 comprise
693 countless | 694 defective
695 difficulty | 696 dread
697 employers | 698 expedition

699 flesh | 700 graceful
701 improvement | 702 introduction
703 liquid | 704 minority
705 newcomer | 706 outlet
707 pollutant | 708 profit
709 regarded | 710 rivals
711 sled | 712 suitable
713 threat | 714 tyranny
715 violence | 716 wrinkled
717 admission | 718 approved
719 axis | 720 bride

REVIEW TEST 12
P. 150

A ❶ differ ❷ admission
❸ threat ❹ comprised
❺ defective ❻ appropriate
❼ chemical ❽ twilight
❾ defeat ❿ bride

B ❶ expect 기대하다 ❷ political 정치의
❸ risky 위험한 ❹ employ 고용하다
❺ improve 향상시키다, 개선시키다
❻ pollution 오염
❼ profitable 유익한 ❽ threaten 위협하다
❾ violent 폭력적인 ❿ admit 허용하다

C ❶ compress ❷ intersection
❸ slap ❹ chemist
❺ comprise ❻ dread
❼ flesh ❽ regard
❾ suitable ❿ wrinkle

D ❶ tyranny ❷ counselor
❸ impressive ❹ refuge
❺ through ❻ wrapped
❼ aware ❽ difficulty
❾ introduction ❿ axis

E ❶ vary ❷ maximum
❸ occupation ❹ unsuitable
❺ few ❻ quest
❼ elegant ❽ majority

⑨ disapprove　⑩ employer

F ❶ tyranny 폭정　❷ differ 다르다
❸ minimum 최소한도, 최소의
❹ profession 직업　❺ appropriate 적절한
❻ countless 셀 수 없는, 무수한
❼ expedition 원정(대)　❽ graceful 우아한
❾ minority 소수　❿ approve 승인하다
⓫ risk 위험, 모험
⓬ improvement 향상, 개선
⓭ employee 종업원, 고용인
⓮ nevertheless 그럼에도 불구하고

G ❶ lie　❷ stalls
❸ vineyard　❹ Admiral
❺ newcomer　❻ outlet
❼ rivals　❽ sled
❾ bride　❿ expectations
⓫ politics　⓬ employers
⓭ pollutant　⓮ profit
⓯ threat　⓰ violence

DAY 25　P. 155

721 childlike　722 compute
723 Court　724 defend
725 digital　726 drift / drifting
727 enables　728 experimental
729 flu　730 gracious
731 incident　732 intuition
733 literature　734 miracles
735 niece　736 overestimate
737 pondered　738 progress
739 related　740 romantic
741 sleeved　742 stare
743 summarized　744 thrift
745 uncertain　746 virtual
747 wrist　748 admit
749 aptitude　750 bacteria

DAY 26　P. 159

751 bridegroom　752 choked
753 concern　754 courtesy
755 definitely　756 dimensional
757 drought　758 encountered
759 explanation　760 fluent
761 graphic　762 income
763 intuitive　764 litter
765 miraculous　766 nightfall
767 overheard　768 Popularizing
769 pronounce　770 relationship
771 rotation　772 slight
773 starvation　774 superstition
775 throat　776 unconquerable
777 visible　778 year-round
779 Arbor　780 bait

REVIEW TEST 13　P. 162

A ❶ nightfall　❷ overestimated
❸ uncertain　❹ flu
❺ intuition　❻ concern(ed)
❼ enable　❽ rotation
❾ starvation　❿ courtesy

B ❶ experiment 실험　❷ relate 관련시키다
❸ thrifty 절약하는　❹ apt 적합한
❺ explainable 설명할 수 있는
❻ intuition 직관　❼ miracle 기적
❽ popular 인기 있는, 대중의
❾ computation 계산　❿ literary 문학의

C ❶ summarize　❷ wrist
❸ dimensional　❹ drought
❺ litter　❻ slight
❼ superstition　❽ visible
❾ court　❿ bait

D ❶ defend　❷ drift / drifting
❸ gracious　❹ intuition
❺ miracles　❻ pondered
❼ stare　❽ definitely
❾ fluent　❿ overheard

ANSWER KEY

E
① forbid
② instinct
③ underestimate
④ advance
⑤ practical
⑥ deny
⑦ bride
⑧ care
⑨ famine
⑩ invincible

F
① enable 가능하게 하다
② niece 여자 조카
③ overestimate 과대평가하다
④ progress 발달, 진보; 발달하다
⑤ virtual 실제의
⑥ admit 인정하다
⑦ bridegroom 신랑
⑧ concern 관심, 염려; 관심을 갖다, 염려하다
⑨ starvation 기아, 굶주림
⑩ unconquerable 정복하기 어려운
⑪ relate 관련시키다
⑫ aptitude 적성
⑬ popularize 대중화하다
⑭ sleeve 소매

G
① childlike
② compute
③ digital
④ flu
⑤ romantic
⑥ uncertain
⑦ bacteria
⑧ graphic
⑨ nightfall
⑩ rotation
⑪ Arbor
⑫ experimental
⑬ thrift
⑭ explanation
⑮ intuitive
⑯ miraculous

DAY 27 — P. 167

781 brightened
782 cholesterol
783 concluded
784 courtroom
785 Delete
786 disabled
787 drowning
788 encouragement
789 explosions
790 folks
791 grazing
792 incorrect
793 invested
794 livestock
795 miserable
796 nightmare
797 overlook
798 portable
799 proof
800 relatives
801 rotten
802 sneezing
803 statement
804 suppose
805 throne
806 unconscious
807 Visual
808 zipped
809 adopted
810 archery

DAY 28 — P. 171

811 bald
812 broad
813 chop
814 conducted
815 coward
816 delicate
817 disagreement
818 dual
819 Endless
820 exports
821 following
822 greedy
823 indicated
824 investigative
825 lunar
826 misery
827 nitrogen
828 overly
829 portrait
830 proposal
831 relays
832 rubble
833 sobbed
834 statesman
835 supreme
836 tide
837 uncovered
838 vital
839 zoological
840 advantages

REVIEW TEST 14 — P. 174

A
① proof
② exports
③ unconscious
④ advantage
⑤ disagreement
⑥ following
⑦ conclude
⑧ delete
⑨ coward
⑩ endless

B
① disable 장애를 입히다
② investment 투자
③ misery 비참함
④ prove 증명하다
⑤ state 진술하다
⑥ disagree 불일치하다
⑦ greed 탐욕
⑧ propose 제안하다
⑨ vitality 생명력, 활기
⑩ advantageous 이로운

C
① nightmare
② sneeze
③ bald
④ conduct
⑤ indicate
⑥ overly
⑦ portrait
⑧ sob
⑨ supreme
⑩ delete

D
① courtroom
② drowning
③ folks
④ livestock
⑤ overlook
⑥ relatives
⑦ suppose
⑧ Visual
⑨ adopted
⑩ coward

E
① discouragement　② correct
③ conscious　④ wide
⑤ infinite　⑥ import
⑦ solar　⑧ debris
⑨ conceal　⑩ erase

F
① encouragement 격려
② incorrect 부정확한
③ unconscious 의식이 없는
④ broad 넓은, 광범위한　⑤ endless 끝이 없는, 무한한
⑥ export 수출하다; 수출　⑦ lunar 달의
⑧ rubble 잔해, 암석 조각　⑨ uncover 폭로하다
⑩ invest 투자하다　⑪ disagreement 불일치
⑫ advantage 이점
⑬ conclude 결론을 내리다, 마치다
⑭ rotten 썩은, 부패한

G
① cholesterol　② zipped
③ archery　④ delicate
⑤ investigative　⑥ misery
⑦ nitrogen　⑧ relays
⑨ statesman　⑩ tide
⑪ zoological　⑫ disabled
⑬ miserable　⑭ proof
⑮ statement　⑯ greedy

DAY 29　P. 179

841	architecture	842	bargain
843	brochure	844	circulation
845	cone	846	cracks
847	delightful	848	disastrous
849	due	850	enrich
851	exposition	852	forbids
853	grocery	854	indirect
855	invisible	856	luxury
857	mission	858	nomination
859	overseas	860	portrayed
861	proposed	862	relieves
863	rural	864	sociable
865	statistics	866	surgery
867	tilting	868	underwent
869	vocabulary	870	adventurous

DAY 30　P. 183

871	argument	872	barrel
873	bulletin	874	circumstances
875	confident	876	crashed
877	delivery	878	disbelief
879	duke	880	enrolling
881	expression	882	forced
883	guardian	884	individual
885	involved	886	machinery
887	tailor	888	Nonverbal
889	overview	890	post
891	prosperity	892	religion
893	satisfaction	894	social
895	steady	896	surrounded
897	timber	898	underneath
899	voyage	900	warmth

REVIEW TEST 15　P. 186

A
① overseas　② luxury
③ circulation　④ relieve
⑤ delivery　⑥ expression
⑦ voyage　⑧ brochure
⑨ social　⑩ undergo

B
① deliver 배달하다　② circulate 순환하다
③ disaster 재앙
④ enrichment 풍부하게 함, 비옥화
⑤ nominate 지명하다　⑥ relieved 안심된
⑦ adventure 모험　⑧ argue 논하다
⑨ religious 종교의　⑩ satisfy 만족시키다

C
① delightful　② grocery
③ mission　④ statistics
⑤ crash　⑥ machinery
⑦ overview　⑧ timber
⑨ voyage　⑩ tilt

D
① bargain　② cracks
③ forbids　④ portrayed
⑤ proposed　⑥ sociable
⑦ confident　⑧ enrolling

⑨ involved ⑩ surrounded

E ① direct ② visible
③ experience ④ situation
⑤ belief ⑥ impel
⑦ verbal ⑧ flourish
⑨ stable ⑩ debate

F ① social 사회적인, 사교적인
② indirect 간접적인
③ invisible 눈에 보이지 않는
④ undergo 겪다, 경험하다
⑤ circumstance 사정, 상황, 환경
⑥ disbelief 불신 ⑦ force 강제로 시키다; 힘
⑧ nonverbal 비언어적인 ⑨ prosperity 번영
⑩ steady 안정된, 꾸준한 ⑪ enrich 풍요롭게 하다
⑫ argument 논의, 말다툼
⑬ luxury 사치, 호사; 사치(품)의
⑭ cone 원뿔

G ① vocabulary ② barrel
③ delivery ④ duke
⑤ Expressing ⑥ guardian
⑦ post ⑧ underneath
⑨ warmth ⑩ circulation
⑪ disastrous ⑫ nomination
⑬ relieves ⑭ adventurous
⑮ religion ⑯ satisfaction

3rd Edition

내신·수능·토플이 가벼워지는
Vocabulary master
5단계 시리즈

절대어휘 5100

김호성, 전진완, 백영실, 고미선, 이나영, 박영은

2

WORKBOOK

중등 내신 필수
900

DARAKWON

WORKBOOK

✦ 해당 영어의 한국어 의미를 생각하면서 2번씩 적으시오.

01	앞으로, 전방으로	**forth**	앞으로, 전방으로	앞으로, 전방으로
02	같지 않음, 불평등	**inequality**	같지 않음, 불평등	같지 않음, 불평등
03	다발	**bunch**	다발	다발
04	도착	**arrival**	도착	도착
05	떠맡다	**undertake**	떠맡다	떠맡다
06	민주적인	**democratic**	민주적인	민주적인
07	반어적인	**ironical**	반어적인	반어적인
08	버리다	**dump**	버리다	버리다
09	보호	**protection**	보호	보호
10	비정상의	**abnormal**	비정상의	비정상의
11	뻗다, 넓히다	**extend**	뻗다, 넓히다	뻗다, 넓히다
12	사회학	**sociology**	사회학	사회학
13	생존	**survival**	생존	생존
14	시간표	**timetable**	시간표	시간표
15	신뢰할 수 있는	**credible**	신뢰할 수 있는	신뢰할 수 있는
16	오존	**ozone**	오존	오존
17	오해하다	**misunderstand**	오해하다	오해하다
18	인용하다	**cite**	인용하다	인용하다
19	자석	**magnet**	자석	자석
20	자세	**posture**	자세	자세
21	정상의	**normal**	정상의	정상의
22	증기	**steam**	증기	증기
23	충고하다, 조언하다	**advise**	충고하다, 조언하다	충고하다, 조언하다
24	턱수염	**beard**	턱수염	턱수염
25	톱; 톱질하다	**saw**	톱; 톱질하다	톱; 톱질하다
26	할인; 할인하다	**discount**	할인; 할인하다	할인; 할인하다
27	현관, 복도	**hallway**	현관, 복도	현관, 복도
28	현저한, 주목할 만한	**remarkable**	현저한, 주목할 만한	현저한, 주목할 만한
29	혼란시키는	**confusing**	혼란시키는	혼란시키는
30	환대, 오락	**entertainment**	환대, 오락	환대, 오락

✦ 다음을 영어는 한국어로 한국어는 영어로 적으시오.   정답 p.65

01	abnormal		01	동 떠맡다
02	advise		02	동 버리다
03	arrival		03	동 뻗다, 넓히다
04	beard		04	동 오해하다
05	bunch		05	동 인용하다
06	cite		06	동 충고하다, 조언하다
07	confusing		07	명 같지 않음, 불평등
08	credible		08	명 다발
09	democratic		09	명 도착
10	discount		10	형 민주적인
11	dump		11	명 보호
12	entertainment		12	명 사회학
13	extend		13	명 생존
14	forth		14	명 시간표
15	hallway		15	명 오존
16	inequality		16	명 자석
17	ironical		17	명 자세
18	magnet		18	명 증기
19	misunderstand		19	명 턱수염
20	normal		20	명 톱 동 톱질하다
21	ozone		21	명 할인 동 할인하다
22	posture		22	명 현관, 복도
23	protection		23	명 환대, 오락
24	remarkable		24	부 앞으로, 전방으로
25	saw		25	형 반어적인
26	sociology		26	형 비정상의
27	steam		27	형 신뢰할 수 있는
28	survival		28	형 정상의
29	timetable		29	형 현저한, 주목할 만한
30	undertake		30	형 혼란시키는

✦ 해당 영어의 한국어 의미를 생각하면서 2번씩 적으시오.

01	거의 ~ 않다	**scarcely**	거의 ~ 않다	거의 ~ 않다
02	잠재적인; 가능성	**potential**	잠재적인; 가능성	잠재적인; 가능성
03	겁 많은, 소심한	**timid**	겁 많은, 소심한	겁 많은, 소심한
04	낙담시키다	**discourage**	낙담시키다	낙담시키다
05	논증하다, 증명하다	**demonstrate**	논증하다, 증명하다	논증하다, 증명하다
06	무책임한	**irresponsible**	무책임한	무책임한
07	부담	**burden**	부담	부담
08	부분의	**partial**	부분의	부분의
09	불성실한, 불충실한	**unfaithful**	불성실한, 불충실한	불성실한, 불충실한
10	시민의	**civil**	시민의	시민의
11	열렬한	**enthusiastic**	열렬한	열렬한
12	효과, 영향	**influence**	효과, 영향	효과, 영향
13	오용하다	**misuse**	오용하다	오용하다
14	외부의	**external**	외부의	외부의
15	외상, 신용	**credit**	외상, 신용	외상, 신용
16	요새	**fortress**	요새	요새
17	의심하다; 용의자	**suspect**	의심하다; 용의자	의심하다; 용의자
18	일, 사건	**affair**	일, 사건	일, 사건
19	전사	**warrior**	전사	전사
20	주의하다; 통지	**notice**	주의하다; 통지	주의하다; 통지
21	짐승	**beast**	짐승	짐승
22	치료; 치료하다	**remedy**	치료; 치료하다	치료; 치료하다
23	크기	**magnitude**	크기	크기
24	태양의	**solar**	태양의	태양의
25	튼튼한, 내구력 있는	**durable**	튼튼한, 내구력 있는	튼튼한, 내구력 있는
26	항구	**harbor**	항구	항구
27	항의하다; 항의	**protest**	항의하다; 항의	항의하다; 항의
28	혼란	**confusion**	혼란	혼란
29	휘젓다, 뒤섞다	**stir**	휘젓다, 뒤섞다	휘젓다, 뒤섞다
30	흡수하다	**absorb**	흡수하다	흡수하다

✦ 다음을 영어는 한국어로 한국어는 영어로 적으시오.
정답 p.65

01	**absorb**		01	图 낙담시키다	
02	**affair**		02	图 논증하다, 증명하다	
03	**beast**		03	图 오용하다	
04	**burden**		04	图 의심하다 图 용의자	
05	**civil**		05	图 주의하다 图 통지	
06	**confusion**		06	图 항의하다 图 항의	
07	**credit**		07	图 휘젓다, 뒤섞다	
08	**demonstrate**		08	图 흡수하다	
09	**discourage**		09	图 부담	
10	**durable**		10	图 효과, 영향	
11	**enthusiastic**		11	图 외상, 신용	
12	**external**		12	图 요새	
13	**fortress**		13	图 일, 사건	
14	**harbor**		14	图 전사	
15	**influence**		15	图 짐승	
16	**irresponsible**		16	图 치료 图 치료하다	
17	**magnitude**		17	图 크기	
18	**misuse**		18	图 항구	
19	**notice**		19	图 혼란	
20	**partial**		20	图 거의 ~ 않다	
21	**potential**		21	图 잠재적인 图 가능성	
22	**protest**		22	图 겁 많은, 소심한	
23	**remedy**		23	图 무책임한	
24	**scarcely**		24	图 부분의	
25	**solar**		25	图 불성실한, 불충실한	
26	**stir**		26	图 시민의	
27	**suspect**		27	图 열렬한	
28	**timid**		28	图 외부의	
29	**unfaithful**		29	图 태양의	
30	**warrior**		30	图 튼튼한, 내구력 있는	

✦ 해당 영어의 한국어 의미를 생각하면서 2번씩 적으시오.

01	주로	**mainly**	주로	주로
02	간청하다, 빌다	**beg**	간청하다, 빌다	간청하다, 빌다
03	계산하다	**calculate**	계산하다	계산하다
04	고립시키다	**isolate**	고립시키다	고립시키다
05	고치다, 낫게 하다	**heal**	고치다, 낫게 하다	고치다, 낫게 하다
06	기다	**creep**	기다	기다
07	낭비의	**wasteful**	낭비의	낭비의
08	논증, 시위	**demonstration**	논증, 시위	논증, 시위
09	품절된	**sold out**	품절된	품절된
10	도자기	**pottery**	도자기.	도자기
11	동등, 평등	**equality**	동등, 평등	동등, 평등
12	멸종된	**extinct**	멸종된	멸종된
13	명료, 명확	**clarity**	명료, 명확	명료, 명확
14	발견	**discovery**	발견	발견
15	어리석은, 불합리한	**absurd**	어리석은, 불합리한	어리석은, 불합리한
16	속담, 격언	**proverb**	속담, 격언	속담, 격언
17	애정	**affection**	애정	애정
18	영향력 있는	**influential**	영향력 있는	영향력 있는
19	운 좋은	**fortunate**	운 좋은	운 좋은
20	인공적인	**artificial**	인공적인	인공적인
21	중지하다, 연기하다	**suspend**	중지하다, 연기하다	중지하다, 연기하다
22	정복	**conquest**	정복	정복
23	제거하다	**remove**	제거하다	제거하다
24	주식, 저장	**stock**	주식, 저장	주식, 저장
25	참여하다	**participate**	참여하다	참여하다
26	통합, 통일	**unification**	통합, 통일	통합, 통일
27	풍경, 경치	**scenery**	풍경, 경치	풍경, 경치
28	핵의	**nuclear**	핵의	핵의
29	혼합	**mixture**	혼합	혼합
30	황혼, 해 질 무렵	**dusk**	황혼, 해 질 무렵	황혼, 해 질 무렵

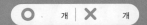

✦ 다음을 영어는 한국어로 한국어는 영어로 적으시오.

정답 p.66

01	absurd		01	동 간청하다, 빌다
02	affection		02	동 계산하다
03	artificial		03	동 고립시키다
04	beg		04	동 고치다, 낫게 하다
05	calculate		05	동 기다
06	clarity		06	동 중지하다, 연기하다
07	conquest		07	동 제거하다
08	creep		08	동 참여하다
09	demonstration		09	명 논증, 시위
10	discovery		10	명 도자기
11	dusk		11	명 동등, 평등
12	equality		12	명 명료, 명확
13	extinct		13	명 발견
14	fortunate		14	명 속담, 격언
15	heal		15	명 애정
16	influential		16	명 정복
17	isolate		17	명 주식, 저장
18	mainly		18	명 통합, 통일
19	mixture		19	명 풍경, 경치
20	nuclear		20	명 혼합
21	participate		21	명 황혼, 해 질 무렵
22	pottery		22	부 주로
23	proverb		23	형 낭비의
24	remove		24	형 품절된
25	scenery		25	형 멸종된
26	sold out		26	형 어리석은, 불합리한
27	stock		27	형 영향력 있는
28	suspend		28	형 운 좋은
29	unification		29	형 인공적인
30	wasteful		30	형 핵의

✦ 해당 영어의 한국어 의미를 생각하면서 2번씩 적으시오.

01	감옥	**jail**	감옥	감옥
02	건강에 좋은	**healthful**	건강에 좋은	건강에 좋은
03	고대의, 고전의	**classic**	고대의, 고전의	고대의, 고전의
04	교체, 교환	**replacement**	교체, 교환	교체, 교환
05	내세	**afterlife**	내세	내세
06	단단한, 고체의	**solid**	단단한, 고체의	단단한, 고체의
07	단정치 못한	**untidy**	단정치 못한	단정치 못한
08	동적인	**dynamic**	동적인	동적인
09	따르다, 복종하다	**obey**	따르다, 복종하다	따르다, 복종하다
10	부정하다, 부인하다	**deny**	부정하다, 부인하다	부정하다, 부인하다
11	비판	**criticism**	비판	비판
12	소화기	**extinguisher**	소화기	소화기
13	예술적인	**artistic**	예술적인	예술적인
14	유익한, 정보의	**informative**	유익한, 정보의	유익한, 정보의
15	유지하다	**maintain**	유지하다	유지하다
16	의심스러운	**suspicious**	의심스러운	의심스러운
17	이동성의	**mobile**	이동성의	이동성의
18	장비, 설비	**equipment**	장비, 설비	장비, 설비
19	장학금	**scholarship**	장학금	장학금
20	저장(소)	**storage**	저장(소)	저장(소)
21	주의 깊은	**watchful**	주의 깊은	주의 깊은
22	지방, 지역	**province**	지방, 지역	지방, 지역
23	차별, 식별	**discrimination**	차별, 식별	차별, 식별
24	창설, 기초, 근거	**foundation**	창설, 기초, 근거	창설, 기초, 근거
25	캠페인, 운동	**campaign**	캠페인, 운동	캠페인, 운동
26	특별한, 특정의	**particular**	특별한, 특정의	특별한, 특정의
27	파운드; 치다, 두드리다	**pound**	파운드; 치다, 두드리다	파운드; 치다, 두드리다
28	풍부한	**abundant**	풍부한	풍부한
29	학원, 학회, 학교	**academy**	학원, 학회, 학교	학원, 학회, 학교
30	행동	**behavior**	행동	행동

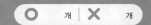
✦ 다음을 영어는 한국어로 한국어는 영어로 적으시오.

정답 p.66

01	abundant		01	통 따르다, 복종하다
02	academy		02	통 부정하다, 부인하다
03	afterlife		03	통 유지하다
04	artistic		04	명 감옥
05	behavior		05	명 교체, 교환
06	campaign		06	명 내세
07	classic		07	명 비판
08	criticism		08	명 소화기
09	deny		09	명 장비, 설비
10	discrimination		10	명 장학금
11	dynamic		11	명 저장(소)
12	equipment		12	명 지방, 지역
13	extinguisher		13	명 차별, 식별
14	foundation		14	명 창설, 기초, 근거
15	healthful		15	명 캠페인, 운동
16	informative		16	명 파운드 통 치다, 두드리다
17	jail		17	명 학원, 학회, 학교
18	maintain		18	명 행동
19	mobile		19	형 건강에 좋은
20	obey		20	형 고대의, 고전의
21	particular		21	형 단단한, 고체의
22	pound		22	형 단정치 못한
23	province		23	형 동적인
24	replacement		24	형 예술적인
25	scholarship		25	형 유익한, 정보의
26	solid		26	형 의심스러운
27	storage		27	형 이동성의
28	suspicious		28	형 주의 깊은
29	untidy		29	형 특별한, 특정의
30	watchful		30	형 풍부한

DAY 05 🎧 STEP 1
한국어 뜻 생각하며 외우기

월   일

✦ 해당 영어의 한국어 의미를 생각하면서 2번씩 적으시오.

01	고독한	**solitary**	고독한	고독한
02	그리다, 묘사하다	**depict**	그리다, 묘사하다	그리다, 묘사하다
03	극도의, 극심한	**extreme**	극도의, 극심한	극도의, 극심한
04	꾸짖다	**scold**	꾸짖다	꾸짖다
05	너그럽게 봐주다	**tolerate**	너그럽게 봐주다	너그럽게 봐주다
06	대다수, 대부분	**majority**	대다수, 대부분	대다수, 대부분
07	대리점	**agency**	대리점	대리점
08	동의하다, 찬성하다	**consent**	동의하다, 찬성하다	동의하다, 찬성하다
09	떠받치다, 유지하다	**sustain**	떠받치다, 유지하다	떠받치다, 유지하다
10	무정한, 냉혹한	**heartless**	무정한, 냉혹한	무정한, 냉혹한
11	믿음	**belief**	믿음	믿음
12	반대	**objection**	반대	반대
13	분류하다	**classify**	분류하다	분류하다
14	분수; 분출하다	**fountain**	분수; 분출하다	분수; 분출하다
15	거역하다	**disobey**	거역하다	거역하다
16	빈곤	**poverty**	빈곤	빈곤
17	수용력, 역량	**capacity**	수용력, 역량	수용력, 역량
18	심리학자	**psychologist**	심리학자	심리학자
19	알맞음, 중용	**moderation**	알맞음, 중용	알맞음, 중용
20	약화시키다	**weaken**	약화시키다	약화시키다
21	오류, 실수	**error**	오류, 실수	오류, 실수
22	열정	**passion**	열정	열정
23	완화시키다	**ease**	완화시키다	완화시키다
24	잠들어 있는	**asleep**	잠들어 있는	잠들어 있는
25	전략	**strategy**	전략	전략
26	질투가 많은	**jealous**	질투가 많은	질투가 많은
27	처음의	**initial**	처음의	처음의
28	표현	**representation**	표현	표현
29	풀다	**untie**	풀다	풀다
30	횡단보도	**crosswalk**	횡단보도	횡단보도

✦ 다음을 영어는 한국어로 한국어는 영어로 적으시오.   정답 p.67

01	agency		01	통 그리다, 묘사하다
02	asleep		02	통 꾸짖다
03	belief		03	통 너그럽게 봐주다
04	capacity		04	통 동의하다, 찬성하다
05	classify		05	통 떠받치다, 유지하다
06	consent		06	통 분류하다
07	crosswalk		07	통 거역하다
08	depict		08	통 약화시키다
09	disobey		09	통 완화시키다
10	ease		10	통 풀다
11	error		11	명 대다수, 대부분
12	extreme		12	명 대리점
13	fountain		13	명 믿음
14	heartless		14	명 반대
15	initial		15	명 분수 통 분출하다
16	jealous		16	명 빈곤
17	majority		17	명 수용력, 역량
18	moderation		18	명 심리학자
19	objection		19	명 알맞음, 중용
20	passion		20	명 오류, 실수
21	poverty		21	명 열정
22	psychologist		22	명 전략
23	representation		23	명 표현
24	scold		24	명 횡단보도
25	solitary		25	형 고독한
26	strategy		26	형 극도의, 극심한
27	sustain		27	형 무정한, 냉혹한
28	tolerate		28	형 잠들어 있는
29	untie		29	형 질투가 많은
30	weaken		30	형 처음의

✦ 해당 영어의 한국어 의미를 생각하면서 2번씩 적으시오.

01	우연히	**accidentally**	우연히	우연히
02	2학년	**sophomore**	2학년	2학년
03	가속, 촉진	**acceleration**	가속, 촉진	가속, 촉진
04	결과	**consequence**	결과	결과
05	경계하는, 조심하는	**alert**	경계하는, 조심하는	경계하는, 조심하는
06	고속도로	**freeway**	고속도로	고속도로
07	기분전환, 오락, 취미	**pastime**	기분전환, 오락, 취미	기분전환, 오락, 취미
08	낙관적인; 상승기조	**upbeat**	낙관적인; 상승기조	낙관적인; 상승기조
09	다치게 하다	**injure**	다치게 하다	다치게 하다
10	맹세하다	**swear**	맹세하다	맹세하다
11	모양, 관점	**aspect**	모양, 관점	모양, 관점
12	목표; 객관적인	**objective**	목표; 객관적인	목표; 객관적인
13	무질서	**disorder**	무질서	무질서
14	바꾸다, 수정하다	**modify**	바꾸다, 수정하다	바꾸다, 수정하다
15	부유한	**wealthy**	부유한	부유한
16	속하다	**belong**	속하다	속하다
17	숨겨진	**hidden**	숨겨진	숨겨진
18	스트레스가 많은	**stressful**	스트레스가 많은	스트레스가 많은
19	심리학, 심리	**psychology**	심리학, 심리	심리학, 심리
20	예금하다; 예금	**deposit**	예금하다; 예금	예금하다; 예금
21	요인, 요소	**factor**	요인, 요소	요인, 요소
22	관리하다	**manage**	관리하다	관리하다
23	일치, 합의	**agreement**	일치, 합의	일치, 합의
24	정기 간행물	**journal**	정기 간행물	정기 간행물
25	스카우트하다	**scout**	스카우트하다	스카우트하다
26	칭찬받을 만한	**praiseworthy**	칭찬받을 만한	칭찬받을 만한
27	태평스러운	**easygoing**	태평스러운	태평스러운
28	폭발, 분출	**eruption**	폭발, 분출	폭발, 분출
29	필요로 하다, 요구하다	**require**	필요로 하다, 요구하다	필요로 하다, 요구하다
30	혀, 말	**tongue**	혀, 말	혀, 말

✦ 다음을 영어는 한국어로 한국어는 영어로 적으시오.   정답 p.67

01	**acceleration**		01	통 다치게 하다	
02	**accidentally**		02	통 맹세하다	
03	**agreement**		03	통 바꾸다, 수정하다	
04	**alert**		04	통 속하다	
05	**aspect**		05	통 예금하다 명 예금	
06	**belong**		06	통 관리하다	
07	**consequence**		07	통 스카우트하다	
08	**deposit**		08	통 필요로 하다, 요구하다	
09	**disorder**		09	명 2학년	
10	**easygoing**		10	명 가속, 촉진	
11	**eruption**		11	명 결과	
12	**factor**		12	명 고속도로	
13	**freeway**		13	명 기분전환, 오락, 취미	
14	**hidden**		14	명 모양, 관점	
15	**injure**		15	명 목표 형 객관적인	
16	**journal**		16	명 무질서	
17	**manage**		17	명 심리학, 심리	
18	**modify**		18	명 요인, 요소	
19	**objective**		19	명 일치, 합의	
20	**pastime**		20	명 정기 간행물	
21	**praiseworthy**		21	형 칭찬받을 만한	
22	**psychology**		22	명 폭발, 분출	
23	**require**		23	명 혀, 말	
24	**scout**		24	부 우연히	
25	**sophomore**		25	형 경계하는, 조심하는	
26	**stressful**		26	형 낙관적인 명 상승기조	
27	**swear**		27	형 부유한	
28	**tongue**		28	형 숨겨진	
29	**upbeat**		29	형 스트레스가 많은	
30	**wealthy**		30	형 태평스러운	

✦ 해당 영어의 한국어 의미를 생각하면서 2번씩 적으시오.

01	껍질, 외피	**crust**	껍질, 외피	껍질, 외피
02	아래쪽에	**beneath**	아래쪽에	아래쪽에
03	거주자	**resident**	거주자	거주자
04	경제의	**economic**	경제의	경제의
05	관광	**tourism**	관광	관광
06	근본적인, 필수의	**essential**	근본적인, 필수의	근본적인, 필수의
07	깜짝 놀라게 하는	**frightening**	깜짝 놀라게 하는	깜짝 놀라게 하는
08	눈물을 흘리다	**weep**	눈물을 흘리다	눈물을 흘리다
09	대수학	**algebra**	대수학	대수학
10	~에 동반하다	**accompany**	~에 동반하다	~에 동반하다
11	목초지	**pasture**	목초지	목초지
12	문지르다	**scrape**	문지르다	문지르다
13	방해하다	**hinder**	방해하다	방해하다
14	벌주다	**punish**	벌주다	벌주다
15	보다, 관찰하다	**observe**	보다, 관찰하다	보다, 관찰하다
16	보존하다	**conserve**	보존하다	보존하다
17	상해, 손해, 부상	**injury**	상해, 손해, 부상	상해, 손해, 부상
18	습기	**moisture**	습기	습기
19	신뢰	**faith**	신뢰	신뢰
20	안내문, 소책자	**manual**	안내문, 소책자	안내문, 소책자
21	앞서다	**precede**	앞서다	앞서다
22	침울하게 만드는	**depressing**	침울하게 만드는	침울하게 만드는
23	엄격한	**strict**	엄격한	엄격한
24	위로 향한	**upward**	위로 향한	위로 향한
25	음절	**syllable**	음절	음절
26	일회용의; 일회용 물품	**disposable**	일회용의; 일회용 물품	일회용의; 일회용 물품
27	자르다; 클립, 속도	**clip**	자르다; 클립, 속도	자르다; 클립, 속도
28	캡슐, 작은 용기	**capsule**	캡슐, 작은 용기	캡슐, 작은 용기
29	판단, 판결	**judgment**	판단, 판결	판단, 판결
30	할당하다, 지정하다	**assign**	할당하다, 지정하다	할당하다, 지정하다

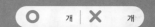
✦ 다음을 영어는 한국어로 한국어는 영어로 적으시오.

정답 p.68

01	accompany		01	통	눈물을 흘리다
02	algebra		02	통	~에 동반하다
03	assign		03	통	문지르다
04	beneath		04	통	방해하다
05	capsule		05	통	벌주다
06	clip		06	통	보다, 관찰하다
07	conserve		07	통	보존하다
08	crust		08	통	앞서다
09	depressing		09	통 자르다 명	클립, 속도
10	disposable		10	통	할당하다, 지정하다
11	economic		11	명	껍질, 외피
12	essential		12	명	거주자
13	faith		13	명	관광
14	frightening		14	명	대수학
15	hinder		15	명	목초지
16	injury		16	명	상해, 손해, 부상
17	judgment		17	명	습기
18	manual		18	명	신뢰
19	moisture		19	명	안내문, 소책자
20	observe		20	명	음절
21	pasture		21	명	캡슐, 작은 용기
22	precede		22	명	판단, 판결
23	punish		23	전	아래쪽에
24	resident		24	형	경제의
25	scrape		25	형	근본적인, 필수의
26	strict		26	형	깜짝 놀라게 하는
27	syllable		27	형	침울하게 만드는
28	tourism		28	형	엄격한
29	upward		29	형	위로 향한
30	weep		30	형 일회용의 명	일회용 물품

✦ 해당 영어의 한국어 의미를 생각하면서 2번씩 적으시오.

01	진공 청소기로 청소하다	**vacuum**	진공 청소기로 청소하다	진공 청소기로 청소하다
02	~만큼 무게가 나가다	**weigh**	~만큼 무게가 나가다	~만큼 무게가 나가다
03	경제적인	**economical**	경제적인	경제적인
04	관련시키다	**associate**	관련시키다	관련시키다
05	구입하다; 구입	**purchase**	구입하다; 구입	구입하다; 구입
06	귀중한	**precious**	귀중한	귀중한
07	봉인, 도장; 날인하다	**seal**	봉인, 도장; 날인하다	봉인, 도장; 날인하다
08	묘사	**description**	묘사	묘사
09	배심원	**jury**	배심원	배심원
10	불공정	**injustice**	불공정	불공정
11	붕괴시키다	**disrupt**	붕괴시키다	붕괴시키다
12	상징하다	**symbolize**	상징하다	상징하다
13	성큼성큼 걷다	**stride**	성큼성큼 걷다	성큼성큼 걷다
14	암호; 암호로 하다	**code**	암호; 암호로 하다	암호; 암호로 하다
15	역사적인	**historical**	역사적인	역사적인
16	골목길, 뒷골목	**alley**	골목길, 뒷골목	골목길, 뒷골목
17	윤리적인	**ethical**	윤리적인	윤리적인
18	이익	**benefit**	이익	이익
19	일치하다; 조화	**accord**	일치하다; 조화	일치하다; 조화
20	자취, 흔적	**track**	자취, 흔적	자취, 흔적
21	저항하다	**resist**	저항하다	저항하다
22	제조하다; 제조, 제품	**manufacture**	제조하다; 제조, 제품	제조하다; 제조, 제품
23	조수	**assistant**	조수	조수
24	중단하다; 일시중지	**pause**	중단하다; 일시중지	중단하다; 일시중지
25	차지하다, 점령하다	**occupy**	차지하다, 점령하다	차지하다, 점령하다
26	크리스탈; 맑고 투명한	**crystal**	크리스탈; 맑고 투명한	크리스탈; 맑고 투명한
27	탄수화물	**carbohydrate**	탄수화물	탄수화물
28	털이 많은	**furry**	털이 많은	털이 많은
29	모니터, 감시자	**monitor**	모니터, 감시자	모니터, 감시자
30	환상	**fantasy**	환상	환상

✦ 다음을 영어는 한국어로 한국어는 영어로 적으시오.

정답 p.68

01	accord		01	통 상징하다
02	alley		02	통 진공 청소기로 청소하다
03	assistant		03	통 ~만큼 무게가 나가다
04	associate		04	통 관련시키다
05	benefit		05	통 구입하다 명 구입
06	carbohydrate		06	통 붕괴시키다
07	code		07	통 성큼성큼 걷다
08	crystal		08	통 일치하다 명 조화
09	description		09	통 저항하다
10	disrupt		10	통 제조하다 명 제조, 제품
11	economical		11	통 중단하다 명 일시중지
12	ethical		12	통 차지하다, 점령하다
13	fantasy		13	명 골목길, 뒷골목
14	furry		14	명 봉인, 도장 통 날인하다
15	historical		15	명 묘사
16	injustice		16	명 배심원
17	jury		17	명 불공정
18	manufacture		18	명 암호 통 암호로 하다
19	monitor		19	명 이익
20	occupy		20	명 자취, 흔적
21	pause		21	명 조수
22	precious		22	명 크리스탈 형 맑고 투명한
23	purchase		23	명 탄수화물
24	resist		24	명 모니터, 감시자
25	seal		25	명 환상
26	stride		26	형 경제적인
27	symbolize		27	형 귀중한
28	track		28	형 역사적인
29	vacuum		29	형 윤리적인
30	weigh		30	형 털이 많은

✦ 해당 영어의 한국어 의미를 생각하면서 2번씩 적으시오.

01	가정하다, 추정하다	**assume**	가정하다, 추정하다	가정하다, 추정하다
02	고려	**consideration**	고려	고려
03	구부러진	**bent**	구부러진	구부러진
04	단서; ~에게 신호를 하다	**cue**	단서; ~에게 신호를 하다	단서; ~에게 신호를 하다
05	덩어리, 다량	**mass**	덩어리, 다량	덩어리, 다량
06	동정	**sympathy**	동정	동정
07	먼	**faraway**	먼	먼
08	목수	**carpenter**	목수	목수
09	무역, 교환; 매매하다	**trade**	무역, 교환; 매매하다	무역, 교환; 매매하다
10	민족의	**ethnic**	민족의	민족의
11	발생하다, 일어나다	**occur**	발생하다, 일어나다	발생하다, 일어나다
12	벗기다	**strip**	벗기다	벗기다
13	복지	**welfare**	복지	복지
14	무너지다; 붕괴	**collapse**	무너지다; 붕괴	무너지다; 붕괴
15	사막; 버리다	**desert**	사막; 버리다	사막; 버리다
16	삽입하다	**insert**	삽입하다	삽입하다
17	생태계	**ecosystem**	생태계	생태계
18	예언, 예보	**prediction**	예언, 예보	예언, 예보
19	용해하다, 녹다	**dissolve**	용해하다, 녹다	용해하다, 녹다
20	유효한, 효과적인	**valid**	유효한, 효과적인	유효한, 효과적인
21	음료, 마실 것	**beverage**	음료, 마실 것	음료, 마실 것
22	일치, 조화	**accordance**	일치, 조화	일치, 조화
23	대걸레; 닦다	**mop**	대걸레; 닦다	대걸레; 닦다
24	저항	**resistance**	저항	저항
25	전문, 특제품	**specialty**	전문, 특제품	전문, 특제품
26	정의, 공정	**justice**	정의, 공정	정의, 공정
27	지불하다	**pay**	지불하다	지불하다
28	찾다	**seek**	찾다	찾다
29	추구하다, 쫓다	**pursue**	추구하다, 쫓다	추구하다, 쫓다
30	향수병의	**homesick**	향수병의	향수병의

✦ 다음을 영어는 한국어로 한국어는 영어로 적으시오.

정답 p.69

01	**accordance**		01	통 가정하다, 추정하다	
02	**assume**		02	통 발생하다, 일어나다	
03	**bent**		03	통 벗기다	
04	**beverage**		04	통 무너지다　명 붕괴	
05	**carpenter**		05	통 삽입하다	
06	**collapse**		06	통 용해하다, 녹다	
07	**consideration**		07	통 지불하다	
08	**cue**		08	통 찾다	
09	**desert**		09	통 추구하다, 쫓다	
10	**dissolve**		10	명 고려	
11	**ecosystem**		11	명 단서　통 ~에게 신호를 하다	
12	**ethnic**		12	명 덩어리, 다량	
13	**faraway**		13	명 동정	
14	**homesick**		14	명 목수	
15	**insert**		15	명 무역, 교환　통 매매하다	
16	**justice**		16	명 복지	
17	**mass**		17	명 사막　통 버리다	
18	**mop**		18	명 생태계	
19	**occur**		19	명 예언, 예보	
20	**pay**		20	명 음료, 마실 것	
21	**prediction**		21	명 일치, 조화	
22	**pursue**		22	명 대걸레　통 닦다	
23	**resistance**		23	명 저항	
24	**seek**		24	명 전문, 특제품	
25	**specialty**		25	명 정의, 공정	
26	**strip**		26	형 구부러진	
27	**sympathy**		27	형 먼	
28	**trade**		28	형 민족의	
29	**valid**		29	형 유효한, 효과적인	
30	**welfare**		30	형 향수병의	

✦ 해당 영어의 한국어 의미를 생각하면서 2번씩 적으시오.

01	아마, 어쩌면	**perhaps**	아마, 어쩌면	아마, 어쩌면
02	주로	**mostly**	주로	주로
03	가정	**household**	가정	가정
04	가치 있는	**valuable**	가치 있는	가치 있는
05	거리	**distance**	거리	거리
06	결심하다, 결정하다	**resolve**	결심하다, 결정하다	결심하다, 결정하다
07	고집하다, 주장하다	**insist**	고집하다, 주장하다	고집하다, 주장하다
08	교활한, 영리한	**cunning**	교활한, 영리한	교활한, 영리한
09	동료	**colleague**	동료	동료
10	마차	**carriage**	마차	마차
11	묶다	**bind**	묶다	묶다
12	예민한, 민감한	**sensitive**	예민한, 민감한	예민한, 민감한
13	바람직한	**desirable**	바람직한	바람직한
14	더 나은, 바람직한	**preferable**	더 나은, 바람직한	더 나은, 바람직한
15	거래하다	**transact**	거래하다	거래하다
16	사색하다	**speculate**	사색하다	사색하다
17	성숙한; 성숙하게 하다	**mature**	성숙한; 성숙하게 하다	성숙한; 성숙하게 하다
18	소비자	**consumer**	소비자	소비자
19	습지대	**wetland**	습지대	습지대
20	식탁보	**tablecloth**	식탁보	식탁보
21	유치원	**kindergarten**	유치원	유치원
22	융합하다, 결합하다	**fuse**	융합하다, 결합하다	융합하다, 결합하다
23	인종의	**racial**	인종의	인종의
24	자손	**offspring**	자손	자손
25	작별, 고별	**farewell**	작별, 고별	작별, 고별
26	증발하다	**evaporate**	증발하다	증발하다
27	천문학자	**astronomer**	천문학자	천문학자
28	편집하다	**edit**	편집하다	편집하다
29	한가로이 거닐다	**stroll**	한가로이 거닐다	한가로이 거닐다
30	회계사	**accountant**	회계사	회계사

✦ 다음을 영어는 한국어로 한국어는 영어로 적으시오.

정답 p.69

01	accountant		01	통 결심하다, 결정하다	
02	astronomer		02	통 고집하다, 주장하다	
03	bind		03	통 묶다	
04	carriage		04	통 거래하다	
05	colleague		05	통 사색하다	
06	consumer		06	통 융합하다, 결합하다	
07	cunning		07	통 증발하다	
08	desirable		08	통 편집하다	
09	distance		09	통 한가로이 거닐다	
10	edit		10	명 가정	
11	evaporate		11	명 거리	
12	farewell		12	명 동료	
13	fuse		13	명 마차	
14	household		14	명 소비자	
15	insist		15	명 습지대	
16	kindergarten		16	명 식탁보	
17	mature		17	명 유치원	
18	mostly		18	명 자손	
19	offspring		19	명 작별, 고별	
20	perhaps		20	명 천문학자	
21	preferable		21	명 회계사	
22	racial		22	부 아마, 어쩌면	
23	resolve		23	부 주로	
24	sensitive		24	형 가치 있는	
25	speculate		25	형 교활한, 영리한	
26	stroll		26	형 예민한, 민감한	
27	tablecloth		27	형 바람직한	
28	transact		28	형 더 나은, 바람직한	
29	valuable		29	형 성숙한 통 성숙하게 하다	
30	wetland		30	형 인종의	

DAY 11

월   일

✦ 해당 영어의 한국어 의미를 생각하면서 2번씩 적으시오.

01	결국	**eventually**	결국	결국
02	경의를 표하는	**respectful**	경의를 표하는	경의를 표하는
03	고집하는, 주장하는	**insistent**	고집하는, 주장하는	고집하는, 주장하는
04	구레나룻	**whisker**	구레나룻	구레나룻
05	구분 짓다	**distinguish**	구분 짓다	구분 짓다
06	구	**sphere**	구	구
07	금기, 터부	**taboo**	금기, 터부	금기, 터부
08	기사	**knight**	기사	기사
09	농업	**farming**	농업	농업
10	대기	**atmosphere**	대기	대기
11	대목장	**ranch**	대목장	대목장
12	던지다	**cast**	던지다	던지다
13	버둥거리다; 투쟁	**struggle**	버둥거리다; 투쟁	버둥거리다; 투쟁
14	미래학자	**futurologist**	미래학자	미래학자
15	번역	**translation**	번역	번역
16	분리	**separation**	분리	분리
17	사설, 논설; 편집의	**editorial**	사설, 논설; 편집의	사설, 논설; 편집의
18	소비	**consumption**	소비	소비
19	시기	**period**	시기	시기
20	인류, 인류애	**humanity**	인류, 인류애	인류, 인류애
21	작동, 수술	**operation**	작동, 수술	작동, 수술
22	전기, 일대기	**biography**	전기, 일대기	전기, 일대기
23	좌우명, 표어	**motto**	좌우명, 표어	좌우명, 표어
24	즐겁게 하다	**amuse**	즐겁게 하다	즐겁게 하다
25	증기	**vapor**	증기	증기
26	최대의, 최고의	**maximum**	최대의, 최고의	최대의, 최고의
27	충돌	**collision**	충돌	충돌
28	편견	**prejudice**	편견	편견
29	필사적인, 절망적인	**desperate**	필사적인, 절망적인	필사적인, 절망적인
30	호기심	**curiosity**	호기심	호기심

✦ 다음을 영어는 한국어로 한국어는 영어로 적으시오.

정답 p.70

01	amuse		01	동 구분 짓다
02	atmosphere		02	동 던지다
03	biography		03	동 버둥거리다 명 투쟁
04	cast		04	동 즐겁게 하다
05	collision		05	명 구레나룻
06	consumption		06	명 구
07	curiosity		07	명 금기, 터부
08	desperate		08	명 기사
09	distinguish		09	명 농업
10	editorial		10	명 대기
11	eventually		11	명 대목장
12	farming		12	명 미래학자
13	futurologist		13	명 번역
14	humanity		14	명 분리
15	insistent		15	명 사설, 논설 형 편집의
16	knight		16	명 소비
17	maximum		17	명 시기
18	motto		18	명 인류, 인류애
19	operation		19	명 작동, 수술
20	period		20	명 전기, 일대기
21	prejudice		21	명 좌우명, 표어
22	ranch		22	명 증기
23	respectful		23	명 충돌
24	separation		24	명 편견
25	sphere		25	명 호기심
26	struggle		26	부 결국
27	taboo		27	형 경의를 표하는
28	translation		28	형 고집하는, 주장하는
29	vapor		29	형 최대의, 최고의
30	whisker		30	형 필사적인, 절망적인

✦ 해당 영어의 한국어 의미를 생각하면서 2번씩 적으시오.

01	~에도 불구하고	**despite**	~에도 불구하고	~에도 불구하고
02	수송하다, 나르다	**transport**	수송하다, 나르다	수송하다, 나르다
03	검사하다, 시험하다	**examine**	검사하다, 시험하다	검사하다, 시험하다
04	결합시키다	**combine**	결합시키다	결합시키다
05	고집 센, 불굴의	**stubborn**	고집 센, 불굴의	고집 센, 불굴의
06	교육시키다	**educate**	교육시키다	교육시키다
07	드문, 진기한, 희귀한	**rare**	드문, 진기한, 희귀한	드문, 진기한, 희귀한
08	미로, 미궁	**maze**	미로, 미궁	미로, 미궁
09	반대의; 반대로	**contrary**	반대의; 반대로	반대의; 반대로
10	범주	**category**	범주	범주
11	분배하다	**distribute**	분배하다	분배하다
12	생물학	**biology**	생물학	생물학
13	속삭이다; 속삭임	**whisper**	속삭이다; 속삭임	속삭이다; 속삭임
14	수다스러운	**talkative**	수다스러운	수다스러운
15	아날로그의; 아날로그	**analog**	아날로그의; 아날로그	아날로그의; 아날로그
16	영감을 주다	**inspire**	영감을 주다	영감을 주다
17	용암	**lava**	용암	용암
18	원자, 극소량	**atom**	원자, 극소량	원자, 극소량
19	은하(수), 소우주	**galaxy**	은하(수), 소우주	은하(수), 소우주
20	응답	**response**	응답	응답
21	의견	**opinion**	의견	의견
22	인류	**humankind**	인류	인류
23	정확한	**accurate**	정확한	정확한
24	준비, 대비	**preparation**	준비, 대비	준비, 대비
25	진흙의	**muddy**	진흙의	진흙의
26	척추	**spine**	척추	척추
27	해결하다, 정착하다	**settle**	해결하다, 정착하다	해결하다, 정착하다
28	허락하다; 허가장	**permit**	허락하다; 허가장	허락하다; 허가장
29	현재의; 흐름	**current**	현재의; 흐름	현재의; 흐름
30	황홀하게 하다	**fascinate**	황홀하게 하다	황홀하게 하다

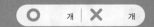
✦ 다음을 영어는 한국어로 한국어는 영어로 적으시오.   정답 p.70

01	**accurate**		01	통 수송하다, 나르다
02	**analog**		02	통 검사하다, 시험하다
03	**atom**		03	통 결합시키다
04	**biology**		04	통 교육시키다
05	**category**		05	통 분배하다
06	**combine**		06	통 속삭이다 명 속삭임
07	**contrary**		07	통 영감을 주다
08	**current**		08	통 해결하다, 정착하다
09	**despite**		09	통 허락하다 명 허가장
10	**distribute**		10	통 황홀하게 하다
11	**educate**		11	명 미로, 미궁
12	**examine**		12	명 범주
13	**fascinate**		13	명 생물학
14	**galaxy**		14	형 아날로그의 명 아날로그
15	**humankind**		15	명 용암
16	**inspire**		16	명 원자, 극소량
17	**lava**		17	명 은하(수), 소우주
18	**maze**		18	명 응답
19	**muddy**		19	명 의견
20	**opinion**		20	명 인류
21	**permit**		21	명 준비, 대비
22	**preparation**		22	명 척추
23	**rare**		23	전 ~에도 불구하고
24	**response**		24	형 고집 센, 불굴의
25	**settle**		25	형 드문, 진기한, 희귀한
26	**spine**		26	형 반대의 부 반대로
27	**stubborn**		27	형 수다스러운
28	**talkative**		28	형 정확한
29	**transport**		29	형 진흙의
30	**whisper**		30	형 현재의 명 흐름

✦ 해당 영어의 한국어 의미를 생각하면서 2번씩 적으시오.

01	익숙하게 하다	**accustom**	익숙하게 하다	익숙하게 하다
02	교육 과정	**curriculum**	교육 과정	교육 과정
03	교육적인	**educational**	교육적인	교육적인
04	기부, 기여, 공헌	**contribution**	기부, 기여, 공헌	기부, 기여, 공헌
05	낙관주의	**optimism**	낙관주의	낙관주의
06	날카로운	**sharp**	날카로운	날카로운
07	넓게 펼쳐진	**widespread**	넓게 펼쳐진	넓게 펼쳐진
08	능가하다, 우수하다	**excel**	능가하다, 우수하다	능가하다, 우수하다
09	다양한	**various**	다양한	다양한
10	대우	**treatment**	대우	대우
11	무서운, 두려운	**fearful**	무서운, 두려운	무서운, 두려운
12	물건	**stuff**	물건	물건
13	반응하다	**react**	반응하다	반응하다
14	분석하다	**analyze**	분석하다	분석하다
15	붙이기, 부착, 애착	**attachment**	붙이기, 부착, 애착	붙이기, 부착, 애착
16	비관적인	**pessimistic**	비관적인	비관적인
17	설치하다	**install**	설치하다	설치하다
18	소	**cattle**	소	소
19	놋대야	**laver**	놋대야	놋대야
20	그동안	**meantime**	그동안	그동안
21	위로, 위안	**comfort**	위로, 위안	위로, 위안
22	유머	**humor**	유머	유머
23	유치원	**preschool**	유치원	유치원
24	정신적인	**spiritual**	정신적인	정신적인
25	증가시키다, 곱하다	**multiply**	증가시키다, 곱하다	증가시키다, 곱하다
26	지역	**district**	지역	지역
27	차이, 틈	**gap**	차이, 틈	차이, 틈
28	책임	**responsibility**	책임	책임
29	파괴	**destruction**	파괴	파괴
30	품위 있는, 세련된	**tasteful**	품위 있는, 세련된	품위·있는, 세련된

✦ 다음을 영어는 한국어로 한국어는 영어로 적으시오.   정답 p.71

01	accustom		01	동 익숙하게 하다	
02	analyze		02	동 능가하다, 우수하다	
03	attachment		03	동 반응하다	
04	cattle		04	동 분석하다	
05	comfort		05	동 설치하다	
06	contribution		06	동 증가시키다, 곱하다	
07	curriculum		07	명 교육 과정	
08	destruction		08	명 기부, 기여, 공헌	
09	district		09	명 낙관주의	
10	educational		10	명 대우	
11	excel		11	명 물건	
12	fearful		12	명 붙이기, 부착, 애착	
13	gap		13	명 소	
14	humor		14	명 놋대야	
15	install		15	명 위로, 위안	
16	laver		16	명 유머	
17	meantime		17	명 유치원	
18	multiply		18	명 지역	
19	optimism		19	명 차이, 틈	
20	pessimistic		20	명 책임	
21	preschool		21	명 파괴	
22	react		22	형 교육적인	
23	responsibility		23	형 날카로운	
24	sharp		24	형 넓게 펼쳐진	
25	spiritual		25	형 다양한	
26	stuff		26	형 무서운, 두려운	
27	tasteful		27	형 비관적인	
28	treatment		28	명 그동안	
29	various		29	형 정신적인	
30	widespread		30	형 품위 있는, 세련된	

✦ 해당 영어의 한국어 의미를 생각하면서 2번씩 적으시오.

01	~인 체하다	**pretend**	~인 체하다	~인 체하다
02	괴롭히다, 놀리다	**tease**	괴롭히다, 놀리다	괴롭히다, 놀리다
03	기꺼이 ~하는	**willing**	기꺼이 ~하는	기꺼이 ~하는
04	깃털	**feather**	깃털	깃털
05	논평하다; 논평	**comment**	논평하다; 논평	논평하다; 논평
06	다르다	**vary**	다르다	다르다
07	폭파하다; 돌풍	**blast**	폭파하다; 돌풍	폭파하다; 돌풍
08	떨리다, 떨다	**tremble**	떨리다, 떨다	떨리다, 떨다
09	만화영화	**animation**	만화영화	만화영화
10	보기, 사례	**instance**	보기, 사례	보기, 사례
11	불신하다	**distrust**	불신하다	불신하다
12	살인	**murder**	살인	살인
13	석유	**petroleum**	석유	석유
14	선거	**election**	선거	선거
15	선택(권)	**option**	선택(권)	선택(권)
16	성취하다, 이루다	**achieve**	성취하다, 이루다	성취하다, 이루다
17	세부사항; 상세히 알리다	**detail**	세부사항; 상세히 알리다	세부사항; 상세히 알리다
18	수소	**hydrogen**	수소	수소
19	얇은 천, 거즈	**gauze**	얇은 천, 거즈	얇은 천, 거즈
20	예외	**exception**	예외	예외
21	인과 관계의	**causal**	인과 관계의	인과 관계의
22	잔디밭	**lawn**	잔디밭	잔디밭
23	정비사	**mechanic**	정비사	정비사
24	주관적인	**subjective**	주관적인	주관적인
25	참석자	**attendant**	참석자	참석자
26	튀기다	**splash**	튀기다	튀기다
27	편안한	**restful**	편안한	편안한
28	편의	**convenience**	편의	편의
29	피난처; 보호하다	**shelter**	피난처; 보호하다	피난처; 보호하다
30	합리적인	**reasonable**	합리적인	합리적인

✦ 다음을 영어는 한국어로 한국어는 영어로 적으시오.

정답 p.71

01	**achieve**		01	동 ~인 체하다	
02	**animation**		02	동 괴롭히다, 놀리다	
03	**attendant**		03	동 논평하다 명 논평	
04	**blast**		04	동 다르다	
05	**causal**		05	동 떨리다, 떨다	
06	**comment**		06	동 불신하다	
07	**convenience**		07	동 성취하다, 이루다	
08	**detail**		08	동 튀기다	
09	**distrust**		09	명 깃털	
10	**election**		10	동 폭파하다 명 돌풍	
11	**exception**		11	명 만화영화	
12	**feather**		12	명 보기, 사례	
13	**gauze**		13	명 살인	
14	**hydrogen**		14	명 석유	
15	**instance**		15	명 선거	
16	**lawn**		16	명 선택(권)	
17	**mechanic**		17	명 세부사항 동 상세히 알리다	
18	**murder**		18	명 수소	
19	**option**		19	명 얇은 천, 거즈	
20	**petroleum**		20	명 예외	
21	**pretend**		21	명 잔디밭	
22	**reasonable**		22	명 정비사	
23	**restful**		23	명 참석자	
24	**shelter**		24	명 편의	
25	**splash**		25	명 피난처 동 보호하다	
26	**subjective**		26	형 기꺼이 ~하는	
27	**tease**		27	형 인과 관계의	
28	**tremble**		28	형 주관적인	
29	**vary**		29	형 편안한	
30	**willing**		30	형 합리적인	

✦ 해당 영어의 한국어 의미를 생각하면서 2번씩 적으시오.

01	놓다, 눕히다	**lay**	놓다, 눕히다	놓다, 눕히다
02	거대한	**vast**	거대한	거대한
03	결심	**determination**	결심	결심
04	구두의, 구술의	**oral**	구두의, 구술의	구두의, 구술의
05	방해하다	**disturb**	방해하다	방해하다
06	보수, 요금	**fee**	보수, 요금	보수, 요금
07	본능	**instinct**	본능	본능
08	상업상의	**commercial**	상업상의	상업상의
09	생각에 잠긴	**wistful**	생각에 잠긴	생각에 잠긴
10	생각하다	**muse**	생각하다	생각하다
11	선택할 수 있는	**elective**	선택할 수 있는	선택할 수 있는
12	쉼, 휴식; 휴회하다	**recess**	쉼, 휴식; 휴회하다	쉼, 휴식; 휴회하다
13	양상, 단계	**phase**	양상, 단계	양상, 단계
14	예고편, 미리 보기	**preview**	예고편, 미리 보기	예고편, 미리 보기
15	외치다, 고함을 지르다	**exclaim**	외치다, 고함을 지르다	외치다, 고함을 지르다
16	유전자	**gene**	유전자	유전자
17	유행	**trend**	유행	유행
18	은퇴	**retirement**	은퇴	은퇴
19	1년의	**annual**	1년의	1년의
20	청각의	**acoustic**	청각의	청각의
21	전보	**telegram**	전보	전보
22	전통적인, 관습적인	**conventional**	전통적인, 관습적인	전통적인, 관습적인
23	제출하다	**submit**	제출하다	제출하다
24	중재하다	**mediate**	중재하다	중재하다
25	짧게 하다	**shorten**	짧게 하다	짧게 하다
26	나누다, 쪼개다; 쪼개짐	**split**	나누다, 쪼개다; 쪼개짐	나누다, 쪼개다; 쪼개짐
27	축하	**celebration**	축하	축하
28	표백하다; 표백제	**bleach**	표백하다; 표백제	표백하다; 표백제
29	피해; 피해를 입히다	**damage**	피해; 피해를 입히다	피해; 피해를 입히다
30	확인하다, 식별하다	**identify**	확인하다, 식별하다	확인하다, 식별하다

✦ 다음을 영어는 한국어로 한국어는 영어로 적으시오.

정답 p.72

01	acoustic		01	동 놓다, 눕히다
02	annual		02	동 방해하다
03	bleach		03	동 생각하다
04	celebration		04	동 외치다, 고함을 지르다
05	commercial		05	동 제출하다
06	conventional		06	동 중재하다
07	damage		07	동 짧게 하다
08	determination		08	동 나누다, 쪼개다 명 쪼개짐
09	disturb		09	동 표백하다 명 표백제
10	elective		10	동 확인하다, 식별하다
11	exclaim		11	명 결심
12	fee		12	명 보수, 요금
13	gene		13	명 본능
14	identify		14	명 쉼, 휴식 동 휴회하다
15	instinct		15	명 양상, 단계
16	lay		16	명 예고편, 미리 보기
17	mediate		17	명 유전자
18	muse		18	명 유행
19	oral		19	명 은퇴
20	phase		20	명 전보
21	preview		21	명 축하
22	recess		22	명 피해 동 피해를 입히다
23	retirement		23	형 상업상의
24	shorten		24	형 거대한
25	split		25	형 구두의, 구술의
26	submit		26	형 생각에 잠긴
27	telegram		27	형 선택할 수 있는
28	trend		28	형 1년의
29	vast		29	형 청각의
30	wistful		30	형 전통적인, 관습적인

✦ 해당 영어의 한국어 의미를 생각하면서 2번씩 적으시오.

01	배제적인	**exclusive**	배제적인	배제적인
02	기념비; 기념의	**memorial**	기념비; 기념의	기념비; 기념의
03	남극의	**Antarctic**	남극의	남극의
04	암송하다, 낭송하다	**recite**	암송하다, 낭송하다	암송하다, 낭송하다
05	다양한	**diverse**	다양한	다양한
06	도약하다	**leap**	도약하다	도약하다
07	동료의; 친구	**fellow**	동료의; 친구	동료의; 친구
08	무시하다	**ignore**	무시하다	무시하다
09	발전, 발달, 개발	**development**	발전, 발달, 개발	발전, 발달, 개발
10	몽상; 몽상에 잠기다	**daydream**	몽상; 몽상에 잠기다	몽상; 몽상에 잠기다
11	베일, 면사포	**veil**	베일, 면사포	베일, 면사포
12	전의, 우선하는	**prior**	전의, 우선하는	전의, 우선하는
13	부족의	**tribal**	부족의	부족의
14	설립하다; 협회, 기관	**institute**	설립하다; 협회, 기관	설립하다; 협회, 기관
15	얻다	**acquire**	얻다	얻다
16	도자기의; 도자기	**ceramic**	도자기의; 도자기	도자기의; 도자기
17	유전학, 유전적 특성	**genetics**	유전학, 유전적 특성	유전학, 유전적 특성
18	(은행) 금전출납계원	**teller**	(은행) 금전출납계원	(은행) 금전출납계원
19	재료, 물질	**substance**	재료, 물질	재료, 물질
20	재통합시키다	**reunify**	재통합시키다	재통합시키다
21	전기의	**electrical**	전기의	전기의
22	조직, 단체	**organization**	조직, 단체	조직, 단체
23	주의, 주목	**attention**	주의, 주목	주의, 주목
24	철수하다	**withdraw**	철수하다	철수하다
25	철학	**philosophy**	철학	철학
26	출혈하다	**bleed**	출혈하다	출혈하다
27	콧수염	**mustache**	콧수염	콧수염
28	의사소통하다	**communicate**	의사소통하다	의사소통하다
29	확신시키다	**convince**	확신시키다	확신시키다
30	후원하다; 후원자	**sponsor**	후원하다; 후원자	후원하다; 후원자

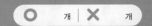
✦ 다음을 영어는 한국어로 한국어는 영어로 적으시오.　　　　　　정답 p.72

01	**acquire**		01	통 암송하다, 낭송하다
02	**Antarctic**		02	통 도약하다
03	**attention**		03	통 무시하다
04	**bleed**		04	통 설립하다 명 협회, 기관
05	**ceramic**		05	통 얻다
06	**communicate**		06	통 재통합시키다
07	**convince**		07	통 철수하다
08	**daydream**		08	통 출혈하다
09	**development**		09	통 의사소통하다
10	**diverse**		10	통 확신시키다
11	**electrical**		11	통 후원하다 명 후원자
12	**exclusive**		12	명 기념비 형 기념의
13	**fellow**		13	명 발전, 발달, 개발
14	**genetics**		14	명 몽상 통 몽상에 잠기다
15	**ignore**		15	명 베일, 면사포
16	**institute**		16	명 유전학, 유전적 특성
17	**leap**		17	명 (은행) 금전출납계원
18	**memorial**		18	명 재료, 물질
19	**mustache**		19	명 조직, 단체
20	**organization**		20	명 주의, 주목
21	**philosophy**		21	명 철학
22	**prior**		22	명 콧수염
23	**recite**		23	형 배제적인
24	**reunify**		24	형 남극의
25	**sponsor**		25	형 다양한
26	**substance**		26	형 동료의 명 친구
27	**teller**		27	형 전의, 우선하는
28	**tribal**		28	형 부족의
29	**veil**		29	형 도자기의 명 도자기
30	**withdraw**		30	형 전기의

✦ 해당 영어의 한국어 의미를 생각하면서 2번씩 적으시오.

01	즉, 다시 말해서	**namely**	즉, 다시 말해서	즉, 다시 말해서
02	기억하다, 암기하다	**memorize**	기억하다, 암기하다	기억하다, 암기하다
03	가르치다	**instruct**	가르치다	가르치다
04	가죽, 가죽제품	**leather**	가죽, 가죽제품	가죽, 가죽제품
05	거꾸로의; 거꾸로 하다	**reverse**	거꾸로의; 거꾸로 하다	거꾸로의; 거꾸로 하다
06	관광	**sightseeing**	관광	관광
07	기구	**device**	기구	기구
08	다 써버리다	**exhaust**	다 써버리다	다 써버리다
09	대신하다; 대리인	**substitute**	대신하다; 대리인	대신하다; 대리인
10	지향하게 하다; 동양	**orient**	지향하게 하다; 동양	지향하게 하다; 동양
11	매력적인	**attractive**	매력적인	매력적인
12	부(서)	**division**	부(서)	부(서)
13	사과	**apology**	사과	사과
14	소설	**fiction**	소설	소설
15	시들다	**wither**	시들다	시들다
16	실제의	**actual**	실제의	실제의
17	설명하다, 삽화를 넣다	**illustrate**	설명하다, 삽화를 넣다	설명하다, 삽화를 넣다
18	움트다; 싹	**sprout**	움트다; 싹	움트다; 싹
19	음성학	**phonetics**	음성학	음성학
20	알아봄, 인정, 승인	**recognition**	알아봄, 인정, 승인	알아봄, 인정, 승인
21	자랑하다	**boast**	자랑하다	자랑하다
22	전자	**electron**	전자	전자
23	정돈하다, 끝을 다듬다	**trim**	정돈하다, 끝을 다듬다	정돈하다, 끝을 다듬다
24	정맥, 혈관	**vein**	정맥, 혈관	정맥, 혈관
25	증명서, 수료증	**certificate**	증명서, 수료증	증명서, 수료증
26	지질학자	**geologist**	지질학자	지질학자
27	친애하는; 친애하는 사람	**dear**	친애하는; 친애하는 사람	친애하는; 친애하는 사람
28	통근하다	**commute**	통근하다	통근하다
29	특권; 특권을 주다	**privilege**	특권; 특권을 주다	특권; 특권을 주다
30	협력하다	**cooperate**	협력하다	협력하다

✦ 다음을 영어는 한국어로 한국어는 영어로 적으시오.   정답 p.73

01	actual		01	통 기억하다, 암기하다
02	apology		02	통 가르치다
03	attractive		03	통 다 써버리다
04	boast		04	통 대신하다 명 대리인
05	certificate		05	통 시들다
06	commute		06	통 설명하다, 삽화를 넣다
07	cooperate		07	통 움트다 명 싹
08	dear		08	통 자랑하다
09	device		09	통 정돈하다, 끝을 다듬다
10	division		10	통 통근하다
11	electron		11	통 협력하다
12	exhaust		12	명 가죽, 가죽제품
13	fiction		13	명 관광
14	geologist		14	명 기구
15	illustrate		15	통 지향하게 하다 명 동양
16	instruct		16	명 부(서)
17	leather		17	명 사과
18	memorize		18	명 소설
19	namely		19	명 음성학
20	orient		20	명 알아봄, 인정, 승인
21	phonetics		21	명 전자
22	privilege		22	명 정맥, 혈관
23	recognition		23	명 증명서, 수료증
24	reverse		24	명 지질학자
25	sightseeing		25	명 특권 통 특권을 주다
26	sprout		26	부 즉, 다시 말해서
27	substitute		27	형 거꾸로의 통 거꾸로 하다
28	trim		28	형 매력적인
29	vein		29	형 실제의
30	wither		30	형 친애하는 명 친애하는 사람

STEP 1
한국어 뜻 생각하며 외우기

월   일

✦ 해당 영어의 한국어 의미를 생각하면서 2번씩 적으시오.

01	3배로 되다	**triple**	3배로 되다	3배로 되다
02	강의	**lecture**	강의	강의
03	경쟁하다	**compete**	경쟁하다	경쟁하다
04	기원, 출처, 유래	**origin**	기원, 출처, 유래	기원, 출처, 유래
05	다시 연결하다	**reconnect**	다시 연결하다	다시 연결하다
06	도전적인	**challenging**	도전적인	도전적인
07	안정된; 마구간	**stable**	안정된; 마구간	안정된; 마구간
08	보험	**insurance**	보험	보험
09	볼트, 번개	**bolt**	볼트, 번개	볼트, 번개
10	빚	**debt**	빚	빚
11	사진	**photograph**	사진	사진
12	산호; 산호로 만든	**coral**	산호; 산호로 만든	산호; 산호로 만든
13	상상의	**imaginary**	상상의	상상의
14	(영화의) 자막, 부제	**subtitle**	(영화의) 자막, 부제	(영화의) 자막, 부제
15	외관, 모양	**appearance**	외관, 모양	외관, 모양
16	우아함	**elegance**	우아함	우아함
17	감행하다	**venture**	감행하다	감행하다
18	이혼; ~와 이혼하다	**divorce**	이혼; ~와 이혼하다	이혼; ~와 이혼하다
19	있을 법함, 가망	**probability**	있을 법함, 가망	있을 법함, 가망
20	자비, 인정	**mercy**	자비, 인정	자비, 인정
21	재치 있는	**witty**	재치 있는	재치 있는
22	적응시키다	**adapt**	적응시키다	적응시키다
23	전시회	**exhibition**	전시회	전시회
24	중요한	**significant**	중요한	중요한
25	지질(학)	**geology**	지질(학)	지질(학)
26	오디션	**audition**	오디션	오디션
27	출생지의, 본래의	**native**	출생지의, 본래의	출생지의, 본래의
28	긴장한; 시제	**tense**	긴장한; 시제	긴장한; 시제
29	헌신	**devotion**	헌신	헌신
30	혁명	**revolution**	혁명	혁명

✦ 다음을 영어는 한국어로 한국어는 영어로 적으시오.   정답 p.73

01	adapt		01	통 3배로 되다	
02	appearance		02	통 경쟁하다	
03	audition		03	통 다시 연결하다	
04	bolt		04	통 감행하다	
05	challenging		05	통 적응시키다	
06	compete		06	명 강의	
07	coral		07	명 기원, 출처, 유래	
08	debt		08	형 안정된 명 마구간	
09	devotion		09	명 보험	
10	divorce		10	명 볼트, 번개	
11	elegance		11	명 빚	
12	exhibition		12	명 사진	
13	geology		13	명 산호 형 산호로 만든	
14	imaginary		14	명 (영화의) 자막, 부제	
15	insurance		15	명 외관, 모양	
16	lecture		16	명 우아함	
17	mercy		17	명 이혼 통 ~와 이혼하다	
18	native		18	명 있을 법함, 가망	
19	origin		19	명 자비, 인정	
20	photograph		20	명 전시회	
21	probability		21	명 지질(학)	
22	reconnect		22	명 오디션	
23	revolution		23	명 헌신	
24	significant		24	명 혁명	
25	stable		25	형 도전적인	
26	subtitle		26	형 상상의	
27	tense		27	형 재치 있는	
28	triple		28	형 중요한	
29	venture		29	형 출생지의, 본래의	
30	witty		30	형 긴장한 명 시제	

✦ 해당 영어의 한국어 의미를 생각하면서 2번씩 적으시오.

01	단지	**merely**	단지	단지
02	빼다	**subtract**	빼다	빼다
03	10년	**decade**	10년	10년
04	겁나게 하다	**terrify**	겁나게 하다	겁나게 하다
05	경쟁적인	**competitive**	경쟁적인	경쟁적인
06	권위, 권한	**authority**	권위, 권한	권위, 권한
07	급속히 발전하다	**boom**	급속히 발전하다	급속히 발전하다
08	당황스럽게 하다	**embarrass**	당황스럽게 하다	당황스럽게 하다
09	말의	**verbal**	말의	말의
10	문서	**document**	문서	문서
11	물리학	**physics**	물리학	물리학
12	방언, 사투리	**dialect**	방언, 사투리	방언, 사투리
13	사나운	**fierce**	사나운	사나운
14	서로 작용하는	**interactive**	서로 작용하는	서로 작용하는
15	선수권 (대회)	**championship**	선수권 (대회)	선수권 (대회)
16	성숙하지 못한	**immature**	성숙하지 못한	성숙하지 못한
17	전 세계적인, 세계주의의	**cosmopolitan**	전 세계적인, 세계주의의	전 세계적인, 세계주의의
18	세균	**germ**	세균	세균
19	수수께끼	**riddle**	수수께끼	수수께끼
20	식욕, 욕구	**appetite**	식욕, 욕구	식욕, 욕구
21	예배 드리다; 예배	**worship**	예배 드리다; 예배	예배 드리다; 예배
22	원래의	**original**	원래의	원래의
23	경기장	**stadium**	경기장	경기장
24	조용한	**silent**	조용한	조용한
25	존재	**existence**	존재	존재
26	줄이다	**lessen**	줄이다	줄이다
27	중독되게 하다	**addict**	중독되게 하다	중독되게 하다
28	진행하다	**proceed**	진행하다	진행하다
29	화밀, 과즙	**nectar**	화밀, 과즙	화밀, 과즙
30	회복하다	**recover**	회복하다	회복하다

◆ 다음을 영어는 한국어로 한국어는 영어로 적으시오.　　　　　　정답 p.74

01	addict		01	동 빼다
02	appetite		02	동 겁나게 하다
03	authority		03	동 당황스럽게 하다
04	boom		04	동 예배 드리다 명 예배
05	championship		05	동 줄이다
06	competitive		06	동 중독되게 하다
07	cosmopolitan		07	동 진행하다
08	decade		08	동 회복하다
09	dialect		09	명 10년
10	document		10	명 권위, 권한
11	embarrass		11	동 급속히 발전하다
12	existence		12	명 문서
13	fierce		13	명 물리학
14	germ		14	명 방언, 사투리
15	immature		15	명 선수권 (대회)
16	interactive		16	명 세균
17	lessen		17	명 수수께끼
18	merely		18	명 식욕, 욕구
19	nectar		19	명 경기장
20	original		20	명 존재
21	physics		21	명 화밀, 과즙
22	proceed		22	부 단지
23	recover		23	형 경쟁적인
24	riddle		24	형 말의
25	silent		25	형 사나운
26	stadium		26	형 서로 작용하는
27	subtract		27	형 성숙하지 못한
28	terrify		28	형 전 세계적인, 세계주의의
29	verbal		29	형 원래의
30	worship		30	형 조용한

✦ 해당 영어의 한국어 의미를 생각하면서 2번씩 적으시오.

01	(암호를) 해독하다	**decode**	(암호를) 해독하다	(암호를) 해독하다
02	던지다; 던지기	**pitch**	던지다; 던지기	던지다; 던지기
03	게을리하다; 무시	**neglect**	게을리하다; 무시	게을리하다; 무시
04	과정	**process**	과정	과정
05	근교, 교외	**suburb**	근교, 교외	근교, 교외
06	껴안다, 둘러싸다	**embrace**	껴안다, 둘러싸다	껴안다, 둘러싸다
07	꾸밈, 장식; 장식하다	**ornament**	꾸밈, 장식; 장식하다	꾸밈, 장식; 장식하다
08	대도시	**metropolis**	대도시	대도시
09	대로, 한길	**avenue**	대로, 한길	대로, 한길
10	밀어 올리다, 후원하다	**boost**	밀어 올리다, 후원하다	밀어 올리다, 후원하다
11	방해하다, 간섭하다	**interfere**	방해하다, 간섭하다	방해하다, 간섭하다
12	배, 선박	**vessel**	배, 선박	배, 선박
13	부가적인, 추가의	**additional**	부가적인, 추가의	부가적인, 추가의
14	불평	**complaint**	불평	불평
15	수준	**level**	수준	수준
16	열대의	**tropical**	열대의	열대의
17	영토	**territory**	영토	영토
18	영토, 영역	**domain**	영토, 영역	영토, 영역
19	오락의	**recreational**	오락의	오락의
20	우스운, 어리석은	**ridiculous**	우스운, 어리석은	우스운, 어리석은
21	우주	**cosmos**	우주	우주
22	유사	**similarity**	유사	유사
23	재정, 자금	**finance**	재정, 자금	재정, 자금
24	지구, 세계	**globe**	지구, 세계	지구, 세계
25	직원	**staff**	직원	직원
26	포함하다, 암시하다	**imply**	포함하다, 암시하다	포함하다, 암시하다
27	보람이 있는	**worthwhile**	보람이 있는	보람이 있는
28	현존하는, 현재의	**existing**	현존하는, 현재의	현존하는, 현재의
29	혼돈	**chaos**	혼돈	혼돈
30	환호하다	**applaud**	환호하다	환호하다

✦ 다음을 영어는 한국어로 한국어는 영어로 적으시오.　　　　　정답 p.74

01	additional		01	동 (암호를) 해독하다
02	applaud		02	동 던지다　명 던지기
03	avenue		03	동 게을리하다　명 무시
04	boost		04	동 껴안다, 둘러싸다
05	chaos		05	동 밀어 올리다, 후원하다
06	complaint		06	동 방해하다, 간섭하다
07	cosmos		07	동 포함하다, 암시하다
08	decode		08	동 환호하다
09	domain		09	명 과정
10	embrace		10	명 근교, 교외
11	existing		11	명 꾸밈, 장식　동 장식하다
12	finance		12	명 대도시
13	globe		13	명 대로, 한길
14	imply		14	명 배, 선박
15	interfere		15	명 불평
16	level		16	명 수준
17	metropolis		17	명 영토
18	neglect		18	명 영토, 영역
19	ornament		19	명 우주
20	pitch		20	명 유사
21	process		21	명 재정, 자금
22	recreational		22	명 지구, 세계
23	ridiculous		23	명 직원
24	similarity		24	명 혼돈
25	staff		25	형 부가적인, 추가의
26	suburb		26	형 열대의
27	territory		27	형 오락의
28	tropical		28	형 우스운, 어리석은
29	vessel		29	형 보람이 있는
30	worthwhile		30	형 현존하는, 현재의

✦ 해당 영어의 한국어 의미를 생각하면서 2번씩 적으시오.

01	진정으로	**sincerely**	진정으로	진정으로
02	기다리다	**await**	기다리다	기다리다
03	감정적인	**emotional**	감정적인	감정적인
04	내부의	**internal**	내부의	내부의
05	동정, 애석한 일	**pity**	동정, 애석한 일	동정, 애석한 일
06	들러붙다, 고수하다	**adhere**	들러붙다, 고수하다	들러붙다, 고수하다
07	문제아, 말썽꾸러기	**troublemaker**	문제아, 말썽꾸러기	문제아, 말썽꾸러기
08	받아쓰게 하다	**dictate**	받아쓰게 하다	받아쓰게 하다
09	복잡한	**complicated**	복잡한	복잡한
10	복장	**costume**	복장	복장
11	사서	**librarian**	사서	사서
12	생산, 제품	**production**	생산, 제품	생산, 제품
13	수입하다; 수입	**import**	수입하다; 수입	수입하다; 수입
14	악덕, 부도덕	**vice**	악덕, 부도덕	악덕, 부도덕
15	얼룩; 얼룩지게 하다	**stain**	얼룩; 얼룩지게 하다	얼룩; 얼룩지게 하다
16	연속적인	**successive**	연속적인	연속적인
17	우울한	**gloomy**	우울한	우울한
18	이국적인	**exotic**	이국적인	이국적인
19	이론	**theory**	이론	이론
20	이웃; 이웃의	**neighbor**	이웃; 이웃의	이웃; 이웃의
21	재정의, 금융의	**financial**	재정의, 금융의	재정의, 금융의
22	적용하다, 신청하다	**apply**	적용하다, 신청하다	적용하다, 신청하다
23	쫓겨난; 추방된 사람	**outcast**	쫓겨난; 추방된 사람	쫓겨난; 추방된 사람
24	찢다	**rip**	찢다	찢다
25	축소, 삭감	**reduction**	축소, 삭감	축소, 삭감
26	칸막이 좌석, 부스석	**booth**	칸막이 좌석, 부스석	칸막이 좌석, 부스석
27	특색을 이루는; 특성	**characteristic**	특색을 이루는; 특성	특색을 이루는; 특성
28	행위	**deed**	행위	행위
29	현미경	**microscope**	현미경	현미경
30	훌륭한, 가치 있는	**worthy**	훌륭한, 가치 있는	훌륭한, 가치 있는

✦ 다음을 영어는 한국어로 한국어는 영어로 적으시오.   정답 p.75

01	adhere		01	통 기다리다	
02	apply		02	통 들러붙다, 고수하다	
03	await		03	통 받아쓰게 하다	
04	booth		04	통 수입하다 명 수입	
05	characteristic		05	통 찢다	
06	complicated		06	명 동정, 애석한 일	
07	costume		07	명 문제아, 말썽꾸러기	
08	deed		08	명 복장	
09	dictate		09	명 사서	
10	emotional		10	명 생산, 제품	
11	exotic		11	명 악덕, 부도덕	
12	financial		12	명 얼룩 통 얼룩지게 하다	
13	gloomy		13	명 이론	
14	import		14	명 이웃 형 이웃의	
15	internal		15	통 적용하다, 신청하다	
16	librarian		16	명 축소, 삭감	
17	microscope		17	명 칸막이 좌석, 부스석	
18	neighbor		18	명 행위	
19	outcast		19	명 현미경	
20	pity		20	부 진정으로	
21	production		21	형 감정적인	
22	reduction		22	형 내부의	
23	rip		23	형 복잡한	
24	sincerely		24	형 연속적인	
25	stain		25	형 우울한	
26	successive		26	형 이국적인	
27	theory		27	형 재정의, 금융의	
28	troublemaker		28	형 쫓겨난 명 추방된 사람	
29	vice		29	형 특색을 이루는 명 특성	
30	worthy		30	형 훌륭한, 가치 있는	

✦ 해당 영어의 한국어 의미를 생각하면서 2번씩 적으시오.

01	가로막다	**interrupt**	가로막다	가로막다
02	가슴, 품	**bosom**	가슴, 품	가슴, 품
03	갈증, 목마름	**thirst**	갈증, 목마름	갈증, 목마름
04	강조하다	**emphasize**	강조하다	강조하다
05	계단	**stairway**	계단	계단
06	고소하다	**sue**	고소하다	고소하다
07	괴롭히다; 걱정, 말썽	**bother**	괴롭히다; 걱정, 말썽	괴롭히다; 걱정, 말썽
08	깨어 있는; 깨우다	**awake**	깨어 있는; 깨우다	깨어 있는; 깨우다
09	끌다, 끌어 당기다	**drag**	끌다, 끌어 당기다	끌다, 끌어 당기다
10	넘어지다, 굴리다	**tumble**	넘어지다, 굴리다	넘어지다, 굴리다
11	놀기 좋아하는	**playful**	놀기 좋아하는	놀기 좋아하는
12	독재자	**dictator**	독재자	독재자
13	매력 있는	**charming**	매력 있는	매력 있는
14	면허(증); 면허를 주다	**license**	면허(증); 면허를 주다	면허(증); 면허를 주다
15	반영	**reflection**	반영	반영
16	백만장자	**millionaire**	백만장자	백만장자
17	상처	**wound**	상처	상처
18	생산적인, 다산의	**productive**	생산적인, 다산의	생산적인, 다산의
19	결과, 성과	**outcome**	결과, 성과	결과, 성과
20	어업	**fishery**	어업	어업
21	영광	**glory**	영광	영광
22	이해	**comprehension**	이해	이해
23	익은	**ripe**	익은	익은
24	인상	**impression**	인상	인상
25	접근하다; 접근	**approach**	접근하다; 접근	접근하다; 접근
26	조절하다, 조정하다	**adjust**	조절하다, 조정하다	조절하다, 조정하다
27	초조한	**nervous**	초조한	초조한
28	피해자	**victim**	피해자	피해자
29	확장하다	**expand**	확장하다	확장하다
30	지방 의회, 회의	**council**	지방 의회, 회의	지방 의회, 회의

✦ 다음을 영어는 한국어로 한국어는 영어로 적으시오.   정답 p.75

01	adjust		01	통 가로막다	
02	approach		02	통 강조하다	
03	awake		03	통 고소하다	
04	bosom		04	통 괴롭히다 명 걱정, 말썽	
05	bother		05	통 끌다, 끌어 당기다	
06	charming		06	통 넘어지다, 굴리다	
07	comprehension		07	통 접근하다 명 접근	
08	council		08	통 조절하다, 조정하다	
09	dictator		09	통 확장하다	
10	drag		10	명 가슴, 품	
11	emphasize		11	명 갈증, 목마름	
12	expand		12	명 계단	
13	fishery		13	명 독재자	
14	glory		14	명 면허(증) 통 면허를 주다	
15	impression		15	명 반영	
16	interrupt		16	명 백만장자	
17	license		17	명 상처	
18	millionaire		18	명 결과, 성과	
19	nervous		19	명 어업	
20	outcome		20	명 영광	
21	playful		21	명 이해	
22	productive		22	명 인상	
23	reflection		23	명 피해자	
24	ripe		24	명 지방 의회, 회의	
25	stairway		25	형 깨어 있는 통 깨우다	
26	sue		26	형 놀기 좋아하는	
27	thirst		27	형 매력 있는	
28	tumble		28	형 생산적인, 다산의	
29	victim		29	형 익은	
30	wound		30	형 초조한	

✦ 해당 영어의 한국어 의미를 생각하면서 2번씩 적으시오.

01	그럼에도 불구하고	**nevertheless**	그럼에도 불구하고	그럼에도 불구하고
02	~을 통하여	**through**	~을 통하여	~을 통하여
03	~보다 커지다	**outgrow**	~보다 커지다	~보다 커지다
04	싸다, 포장하다; 덮개	**wrap**	싸다, 포장하다; 덮개	싸다, 포장하다; 덮개
05	감동적인	**impressive**	감동적인	감동적인
06	교차로	**intersection**	교차로	교차로
07	극적인	**dramatic**	극적인	극적인
08	기대	**expectation**	기대	기대
09	놓여있다, 눕다	**lie**	놓여있다, 눕다	놓여있다, 눕다
10	누르다, 압축하다	**compress**	누르다, 압축하다	누르다, 압축하다
11	다르다	**differ**	다르다	다르다
12	마구간, 매점; 꼼짝 못하다	**stall**	마구간, 매점; 꼼짝 못하다	마구간, 매점; 꼼짝 못하다
13	물리치다, 패배시키다	**defeat**	물리치다, 패배시키다	물리치다, 패배시키다
14	상담원, 카운슬러	**counselor**	상담원, 카운슬러	상담원, 카운슬러
15	알고 있는	**aware**	알고 있는	알고 있는
16	암시, 제안	**suggestion**	암시, 제안	암시, 제안
17	우아함	**grace**	우아함	우아함
18	위험, 모험	**risk**	위험, 모험	위험, 모험
19	적절한	**appropriate**	적절한	적절한
20	정치학	**politics**	정치학	정치학
21	종업원, 고용인	**employee**	종업원, 고용인	종업원, 고용인
22	주먹	**fist**	주먹	주먹
23	직업	**profession**	직업	직업
24	찰싹 치다; 찰싹 치기	**slap**	찰싹 치다; 찰싹 치기	찰싹 치다; 찰싹 치기
25	최소한도	**minimum**	최소한도	최소한도
26	포도밭	**vineyard**	포도밭	포도밭
27	피난, 피난처	**refuge**	피난, 피난처	피난, 피난처
28	해군 대장	**admiral**	해군 대장	해군 대장
29	화학적인; 화학제품	**chemical**	화학적인; 화학제품	화학적인; 화학제품
30	황혼	**twilight**	황혼	황혼

✦ 다음을 영어는 한국어로 한국어는 영어로 적으시오.   정답 p.76

01	admiral	01	통 ～보다 커지다
02	appropriate	02	통 싸다, 포장하다 명 덮개
03	aware	03	통 놓여있다, 눕다
04	chemical	04	통 누르다, 압축하다
05	compress	05	통 다르다
06	counselor	06	통 물리치다, 패배시키다
07	defeat	07	통 찰싹 치다 명 찰싹 치기
08	differ	08	명 교차로
09	dramatic	09	명 기대
10	employee	10	명 마구간, 매점 통 꼼짝 못하다
11	expectation	11	명 상담원, 카운슬러
12	fist	12	명 암시, 제안
13	grace	13	명 우아함
14	impressive	14	명 위험, 모험
15	intersection	15	명 정치학
16	lie	16	명 종업원, 고용인
17	minimum	17	명 주먹
18	nevertheless	18	명 직업
19	outgrow	19	명 최소한도
20	politics	20	명 포도밭
21	profession	21	명 피난, 피난처
22	refuge	22	명 해군 대장
23	risk	23	명 황혼
24	slap	24	부 그럼에도 불구하고
25	stall	25	전 ～을 통하여
26	suggestion	26	형 감동적인
27	through	27	형 극적인
28	twilight	28	형 알고 있는
29	vineyard	29	형 적절한
30	wrap	30	형 화학적인 명 화학제품

✦ 해당 영어의 한국어 의미를 생각하면서 2번씩 적으시오.

01	간주하다, 여기다	**regard**	간주하다, 여기다	간주하다, 여기다
02	결점이 있는	**defective**	결점이 있는	결점이 있는
03	경쟁자; 경쟁하다	**rival**	경쟁자; 경쟁하다	경쟁자; 경쟁하다
04	고용주	**employer**	고용주	고용주
05	도입, 소개	**introduction**	도입, 소개	도입, 소개
06	두려워하다; 공포	**dread**	두려워하다; 공포	두려워하다; 공포
07	살	**flesh**	살	살
08	풋내기, 새로 온 사람	**newcomer**	풋내기, 새로 온 사람	풋내기, 새로 온 사람
09	셀 수 없는, 무수한	**countless**	셀 수 없는, 무수한	셀 수 없는, 무수한
10	할인점, 판매점	**outlet**	할인점, 판매점	할인점, 판매점
11	소수	**minority**	소수	소수
12	승인하다	**approve**	승인하다	승인하다
13	신부	**bride**	신부	신부
14	썰매	**sled**	썰매	썰매
15	액체	**liquid**	액체	액체
16	어려움, 장애	**difficulty**	어려움, 장애	어려움, 장애
17	오염 물질	**pollutant**	오염 물질	오염 물질
18	우아한	**graceful**	우아한	우아한
19	원정, 원정대	**expedition**	원정, 원정대	원정, 원정대
20	위협, 협박	**threat**	위협, 협박	위협, 협박
21	이득; 이익을 얻다	**profit**	이득; 이익을 얻다	이득; 이익을 얻다
22	입장, 입학	**admission**	입장, 입학	입장, 입학
23	적당한, 알맞은	**suitable**	적당한, 알맞은	적당한, 알맞은
24	주름살이 지다; 주름	**wrinkle**	주름살이 지다; 주름	주름살이 지다; 주름
25	축, 굴대	**axis**	축, 굴대	축, 굴대
26	포함하다, 구성하다	**comprise**	포함하다, 구성하다	포함하다, 구성하다
27	폭력, 격렬	**violence**	폭력, 격렬	폭력, 격렬
28	폭정	**tyranny**	폭정	폭정
29	향상, 개선	**improvement**	향상, 개선	향상, 개선
30	화학자	**chemist**	화학자	화학자

✦ 다음을 영어는 한국어로 한국어는 영어로 적으시오.   정답 p.76

01	**admission**	01	동 간주하다, 여기다
02	**approve**	02	동 두려워하다 명 공포
03	**axis**	03	동 승인하다
04	**bride**	04	동 주름살이 지다 명 주름
05	**chemist**	05	동 포함하다, 구성하다
06	**comprise**	06	명 경쟁자 동 경쟁하다
07	**countless**	07	명 고용주
08	**defective**	08	명 도입, 소개
09	**difficulty**	09	명 살
10	**dread**	10	명 풋내기, 새로 온 사람
11	**employer**	11	명 할인점, 판매점
12	**expedition**	12	명 소수
13	**flesh**	13	명 신부
14	**graceful**	14	명 썰매
15	**improvement**	15	명 액체
16	**introduction**	16	명 어려움, 장애
17	**liquid**	17	명 오염 물질
18	**minority**	18	명 원정, 원정대
19	**newcomer**	19	명 위협, 협박
20	**outlet**	20	명 이득 동 이익을 얻다
21	**pollutant**	21	명 입장, 입학
22	**profit**	22	명 축, 굴대
23	**regard**	23	명 폭력, 격렬
24	**rival**	24	명 폭정
25	**sled**	25	명 향상, 개선
26	**suitable**	26	명 화학자
27	**threat**	27	형 결점이 있는
28	**tyranny**	28	형 셀 수 없는, 무수한
29	**violence**	29	형 우아한
30	**wrinkle**	30	형 적당한, 알맞은

✦ 해당 영어의 한국어 의미를 생각하면서 2번씩 적으시오.

01	가능하게 하다	**enable**	가능하게 하다	가능하게 하다
02	검약, 검소	**thrift**	검약, 검소	검약, 검소
03	계산하다	**compute**	계산하다	계산하다
04	과대평가하다	**overestimate**	과대평가하다	과대평가하다
05	관련시키다	**relate**	관련시키다	관련시키다
06	기적	**miracle**	기적	기적
07	낭만적인	**romantic**	낭만적인	낭만적인
08	디지털 방식의	**digital**	디지털 방식의	디지털 방식의
09	문학, 문헌	**literature**	문학, 문헌	문학, 문헌
10	박테리아	**bacteria**	박테리아	박테리아
11	발달, 진보; 발달하다	**progress**	발달, 진보; 발달하다	발달, 진보; 발달하다
12	법정, 안뜰, 궁정	**court**	법정, 안뜰, 궁정	법정, 안뜰, 궁정
13	보호하다, 지키다	**defend**	보호하다, 지키다	보호하다, 지키다
14	불확실한	**uncertain**	불확실한	불확실한
15	사건	**incident**	사건	사건
16	소매	**sleeve**	소매	소매
17	손목	**wrist**	손목	손목
18	숙고하다	**ponder**	숙고하다	숙고하다
19	순진한, 아이 같은	**childlike**	순진한, 아이 같은	순진한, 아이 같은
20	실제의	**virtual**	실제의	실제의
21	실험의	**experimental**	실험의	실험의
22	여자 조카	**niece**	여자 조카	여자 조카
23	요약하다	**summarize**	요약하다	요약하다
24	유행성 감기, 독감	**flu**	유행성 감기, 독감	유행성 감기, 독감
25	응시하다	**stare**	응시하다	응시하다
26	인정하다	**admit**	인정하다	인정하다
27	적성	**aptitude**	적성	적성
28	직감, 직관	**intuition**	직감, 직관	직감, 직관
29	친절한, 자비로운	**gracious**	친절한, 자비로운	친절한, 자비로운
30	표류하다; 표류	**drift**	표류하다; 표류	표류하다; 표류

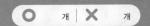
✦ 다음을 영어는 한국어로 한국어는 영어로 적으시오.

정답 p.77

01	admit		01	통 가능하게 하다
02	aptitude		02	통 계산하다
03	bacteria		03	통 과대평가하다
04	childlike		04	통 관련시키다
05	compute		05	통 보호하다, 지키다
06	court		06	통 숙고하다
07	defend		07	통 요약하다
08	digital		08	통 응시하다
09	drift		09	통 인정하다
10	enable		10	통 표류하다 명 표류
11	experimental		11	명 검약, 검소
12	flu		12	명 기적
13	gracious		13	명 문학, 문헌
14	incident		14	명 박테리아
15	intuition		15	명 발달, 진보 통 발달하다
16	literature		16	명 법정, 안뜰, 궁정
17	miracle		17	명 사건
18	niece		18	명 소매
19	overestimate		19	명 손목
20	ponder		20	명 여자 조카
21	progress		21	명 유행성 감기, 독감
22	relate		22	명 적성
23	romantic		23	명 직감, 직관
24	sleeve		24	형 낭만적인
25	stare		25	형 디지털 방식의
26	summarize		26	형 불확실한
27	thrift		27	형 순진한, 아이 같은
28	uncertain		28	형 실제의
29	virtual		29	형 실험의
30	wrist		30	형 친절한, 자비로운

✦ 해당 영어의 한국어 의미를 생각하면서 2번씩 적으시오.

01	명확히, 물론	**definitely**	명확히, 물론	명확히, 물론
02	가뭄	**drought**	가뭄	가뭄
03	관계	**relationship**	관계	관계
04	관심, 염려; 염려하다	**concern**	관심, 염려; 염려하다	관심, 염려; 염려하다
05	그래프의	**graphic**	그래프의	그래프의
06	근소한, 가벼운; 경멸	**slight**	근소한, 가벼운; 경멸	근소한, 가벼운; 경멸
07	기아, 굶주림	**starvation**	기아, 굶주림	기아, 굶주림
08	기적적인	**miraculous**	기적적인	기적적인
09	나무 (그늘), 수목	**arbor**	나무 (그늘), 수목	나무 (그늘), 수목
10	눈에 보이는	**visible**	눈에 보이는	눈에 보이는
11	대중화하다	**popularize**	대중화하다	대중화하다
12	목구멍	**throat**	목구멍	목구멍
13	미끼; 미끼를 달다	**bait**	미끼; 미끼를 달다	미끼; 미끼를 달다
14	미신	**superstition**	미신	미신
15	발음하다	**pronounce**	발음하다	발음하다
16	설명	**explanation**	설명	설명
17	수입, 소득	**income**	수입, 소득	수입, 소득
18	신랑	**bridegroom**	신랑	신랑
19	쓰레기; 어지르다	**litter**	쓰레기; 어지르다	쓰레기; 어지르다
20	연중 계속되는	**year-round**	연중 계속되는	연중 계속되는
21	예의	**courtesy**	예의	예의
22	우연히 듣다, 엿듣다	**overhear**	우연히 듣다, 엿듣다	우연히 듣다, 엿듣다
23	우연히 만나다	**encounter**	우연히 만나다	우연히 만나다
24	유창한	**fluent**	유창한	유창한
25	정복하기 어려운	**unconquerable**	정복하기 어려운	정복하기 어려운
26	직관에 의한, 직관적인	**intuitive**	직관에 의한, 직관적인	직관에 의한, 직관적인
27	질식시키다	**choke**	질식시키다	질식시키다
28	차원의	**dimensional**	차원의	차원의
29	황혼	**nightfall**	황혼	황혼
30	회전	**rotation**	회전	회전

✦ 다음을 영어는 한국어로 한국어는 영어로 적으시오.　　　　정답 p.77

01	**arbor**		01	통 대중화하다
02	**bait**		02	통 발음하다
03	**bridegroom**		03	통 우연히 듣다, 엿듣다
04	**choke**		04	통 우연히 만나다
05	**concern**		05	통 질식시키다
06	**courtesy**		06	명 가뭄
07	**definitely**		07	명 관계
08	**dimensional**		08	명 관심, 염려 통 염려하다
09	**drought**		09	명 기아, 굶주림
10	**encounter**		10	명 나무 (그늘), 수목
11	**explanation**		11	명 목구멍
12	**fluent**		12	명 미끼 통 미끼를 달다
13	**graphic**		13	명 미신
14	**income**		14	명 설명
15	**intuitive**		15	명 수입, 소득
16	**litter**		16	명 신랑
17	**miraculous**		17	명 쓰레기 통 어지르다
18	**nightfall**		18	명 예의
19	**overhear**		19	명 황혼
20	**popularize**		20	명 회전
21	**pronounce**		21	부 명확히, 물론
22	**relationship**		22	형 그래프의
23	**rotation**		23	형 근소한, 가벼운 명 경멸
24	**slight**		24	형 기적적인
25	**starvation**		25	형 눈에 보이는
26	**superstition**		26	형 연중 계속되는
27	**throat**		27	형 유창한
28	**unconquerable**		28	형 정복하기 어려운
29	**visible**		29	형 직관에 의한, 직관적인
30	**year-round**		30	형 차원의

DAY 27 STEP 1
한국어 뜻 생각하며 외우기

월   일

✦ 해당 영어의 한국어 의미를 생각하면서 2번씩 적으시오.

01	가축	**livestock**	가축	가축
02	격려	**encouragement**	격려	격려
03	결론을 내리다, 마치다	**conclude**	결론을 내리다, 마치다	결론을 내리다, 마치다
04	장애가 있는	**disabled**	장애가 있는	장애가 있는
05	못 보고 지나가다	**overlook**	못 보고 지나가다	못 보고 지나가다
06	법정	**courtroom**	법정	법정
07	부정확한	**incorrect**	부정확한	부정확한
08	비참한	**miserable**	비참한	비참한
09	빛내다	**brighten**	빛내다	빛내다
10	사람들, 가족; 민속의	**folk**	사람들, 가족; 민속의	사람들, 가족; 민속의
11	삭제하다	**delete**	삭제하다	삭제하다
12	상상하다, 가정하다	**suppose**	상상하다, 가정하다	상상하다, 가정하다
13	시각의, 눈에 보이는	**visual**	시각의, 눈에 보이는	시각의, 눈에 보이는
14	썩은, 부패한	**rotten**	썩은, 부패한	썩은, 부패한
15	악몽	**nightmare**	악몽	악몽
16	양궁, 궁술	**archery**	양궁, 궁술	양궁, 궁술
17	왕좌	**throne**	왕좌	왕좌
18	의식이 없는	**unconscious**	의식이 없는	의식이 없는
19	익사하다	**drown**	익사하다	익사하다
20	재채기; 재채기하다	**sneeze**	재채기; 재채기하다	재채기; 재채기하다
21	증거	**proof**	증거	증거
22	지퍼로 잠그다	**zip**	지퍼로 잠그다	지퍼로 잠그다
23	입양하다, 양자로 삼다	**adopt**	입양하다, 양자로 삼다	입양하다, 양자로 삼다
24	친척; 상대적인	**relative**	친척; 상대적인	친척; 상대적인
25	콜레스테롤	**cholesterol**	콜레스테롤	콜레스테롤
26	투자하다	**invest**	투자하다	투자하다
27	폭발	**explosion**	폭발	폭발
28	성명, 진술	**statement**	성명, 진술	성명, 진술
29	풀을 뜯어먹다	**graze**	풀을 뜯어먹다	풀을 뜯어먹다
30	휴대용의	**portable**	휴대용의	휴대용의

DAY 27 55

✦ 다음을 영어는 한국어로 한국어는 영어로 적으시오.   정답 p.78

01	adopt		01	통 결론을 내리다, 마치다
02	archery		02	통 못보고 지나가다
03	brighten		03	통 빛내다
04	cholesterol		04	통 삭제하다
05	conclude		05	통 상상하다, 가정하다
06	courtroom		06	통 익사하다
07	delete		07	통 지퍼로 잠그다
08	disabled		08	통 입양하다, 양자로 삼다
09	drown		09	통 투자하다
10	encouragement		10	통 풀을 뜯어먹다
11	explosion		11	명 콜레스테롤
12	folk		12	명 가축
13	graze		13	명 격려
14	incorrect		14	명 법정
15	invest		15	명 사람들, 가족 형 민속의
16	livestock		16	명 악몽
17	miserable		17	명 양궁, 궁술
18	nightmare		18	명 왕좌
19	overlook		19	명 재채기 통 재채기하다
20	portable		20	명 증거
21	proof		21	명 친척 형 상대적인
22	relative		22	명 폭발
23	rotten		23	명 성명, 진술
24	sneeze		24	형 비참한
25	statement		25	형 장애가 있는
26	suppose		26	형 부정확한
27	throne		27	형 시각의, 눈에 보이는
28	unconscious		28	형 썩은, 부패한
29	visual		29	형 의식이 없는
30	zip		30	형 휴대용의

✦ 해당 영어의 한국어 의미를 생각하면서 2번씩 적으시오.

01	몹시, 지나치게	**overly**	몹시, 지나치게	몹시, 지나치게
02	가리키다, 지적하다	**indicate**	가리키다, 지적하다	가리키다, 지적하다
03	교대, 교체	**relay**	교대, 교체	교대, 교체
04	그 다음의	**following**	그 다음의	그 다음의
05	극히 중요한, 생명의	**vital**	극히 중요한, 생명의	극히 중요한, 생명의
06	끝이 없는, 무한한	**endless**	끝이 없는, 무한한	끝이 없는, 무한한
07	넓은, 광범위한	**broad**	넓은, 광범위한	넓은, 광범위한
08	달의	**lunar**	달의	달의
09	대머리의, 머리가 벗겨진	**bald**	대머리의, 머리가 벗겨진	대머리의, 머리가 벗겨진
10	동물학의	**zoological**	동물학의	동물학의
11	둘의, 이중의	**dual**	둘의, 이중의	둘의, 이중의
12	불일치	**disagreement**	불일치	불일치
13	비겁자; 겁 많은	**coward**	비겁자; 겁 많은	비겁자; 겁 많은
14	비참함	**misery**	비참함	비참함
15	섬세한	**delicate**	섬세한	섬세한
16	수출하다; 수출	**export**	수출하다; 수출	수출하다; 수출
17	잔해, 암석 조각	**rubble**	잔해, 암석 조각	잔해, 암석 조각
18	이점	**advantage**	이점	이점
19	자르다	**chop**	자르다	자르다
20	정치가	**statesman**	정치가	정치가
21	제안, 청혼	**proposal**	제안, 청혼	제안, 청혼
22	조사의	**investigative**	조사의	조사의
23	조수, 조류	**tide**	조수, 조류	조수, 조류
24	질소	**nitrogen**	질소	질소
25	초상화	**portrait**	초상화	초상화
26	최상의, 최우수의	**supreme**	최상의, 최우수의	최상의, 최우수의
27	탐욕스러운, 몹시 탐내는	**greedy**	탐욕스러운, 몹시 탐내는	탐욕스러운, 몹시 탐내는
28	폭로하다	**uncover**	폭로하다	폭로하다
29	행하다; 행위	**conduct**	행하다; 행위	행하다; 행위
30	흐느껴 울다	**sob**	흐느껴 울다	흐느껴 울다

✦ 다음을 영어는 한국어로 한국어는 영어로 적으시오.

정답 p.78

01	advantage		01	동 가리키다, 지적하다
02	bald		02	동 수출하다 명 수출
03	broad		03	동 자르다
04	chop		04	동 폭로하다
05	conduct		05	동 행하다 명 행위
06	coward		06	동 흐느껴 울다
07	delicate		07	명 교대, 교체
08	disagreement		08	형 넓은, 광범위한
09	dual		09	명 불일치
10	endless		10	명 비겁자 형 겁 많은
11	export		11	명 비참함
12	following		12	명 잔해, 암석 조각
13	greedy		13	명 이점
14	indicate		14	명 정치가
15	investigative		15	명 제안, 청혼
16	lunar		16	명 조수, 조류
17	misery		17	명 질소
18	nitrogen		18	명 초상화
19	overly		19	부 몹시, 지나치게
20	portrait		20	형 그 다음의
21	proposal		21	형 극히 중요한, 생명의
22	relay		22	형 끝이 없는, 무한한
23	rubble		23	형 달의
24	sob		24	형 대머리의, 머리가 벗겨진
25	statesman		25	형 동물학의
26	supreme		26	형 둘의, 이중의
27	tide		27	형 섬세한
28	uncover		28	형 조사의
29	vital		29	형 최상의, 최우수의
30	zoological		30	형 탐욕스러운, 몹시 탐내는

✦ 해당 영어의 한국어 의미를 생각하면서 2번씩 적으시오.

01	예정인, 만기가 된	**due**	예정인, 만기가 된	예정인, 만기가 된
02	간접적인	**indirect**	간접적인	간접적인
03	갈라진 틈; 갈라지다	**crack**	갈라진 틈; 갈라지다	갈라진 틈; 갈라지다
04	건축	**architecture**	건축	건축
05	겪다, 경험하다	**undergo**	겪다, 경험하다	겪다, 경험하다
06	경감시키다	**relieve**	경감시키다	경감시키다
07	금지하다	**forbid**	금지하다	금지하다
08	기울이다	**tilt**	기울이다	기울이다
09	눈에 보이지 않는	**invisible**	눈에 보이지 않는	눈에 보이지 않는
10	모험심이 강한, 대담한	**adventurous**	모험심이 강한, 대담한	모험심이 강한, 대담한
11	묘사하다	**portray**	묘사하다	묘사하다
12	박람회	**exposition**	박람회	박람회
13	풍요롭게 하다	**enrich**	풍요롭게 하다	풍요롭게 하다
14	비참한, 재해의	**disastrous**	비참한, 재해의	비참한, 재해의
15	사교적인	**sociable**	사교적인	사교적인
16	사명, 임무	**mission**	사명, 임무	사명, 임무
17	사치, 호사; 사치(품)의	**luxury**	사치, 호사; 사치(품)의	사치, 호사; 사치(품)의
18	순환	**circulation**	순환	순환
19	시골의, 전원의	**rural**	시골의, 전원의	시골의, 전원의
20	식료품점	**grocery**	식료품점	식료품점
21	싼 물건, 거래	**bargain**	싼 물건, 거래	싼 물건, 거래
22	어휘	**vocabulary**	어휘	어휘
23	수술, 외과	**surgery**	수술, 외과	수술, 외과
24	원뿔	**cone**	원뿔	원뿔
25	제안하다	**propose**	제안하다	제안하다
26	즐거운, 유쾌한	**delightful**	즐거운, 유쾌한	즐거운, 유쾌한
27	지명	**nomination**	지명	지명
28	통계학	**statistics**	통계학	통계학
29	브로셔, 책자	**brochure**	브로셔, 책자	브로셔, 책자
30	해외의; 해외로	**overseas**	해외의; 해외로	해외의; 해외로

✦ 다음을 영어는 한국어로 한국어는 영어로 적으시오.   정답 p.79

01	adventurous		01	통 겪다, 경험하다
02	architecture		02	통 경감시키다
03	bargain		03	통 금지하다
04	brochure		04	통 기울이다
05	circulation		05	통 묘사하다
06	cone		06	통 풍요롭게 하다
07	crack		07	통 제안하다
08	delightful		08	명 갈라진 틈 통 갈라지다
09	disastrous		09	명 건축
10	due		10	명 박람회
11	enrich		11	명 사명, 임무
12	exposition		12	명 사치, 호사 형 사치(품)의
13	forbid		13	명 순환
14	grocery		14	명 식료품점
15	indirect		15	명 싼 물건, 거래
16	invisible		16	명 어휘
17	luxury		17	명 수술, 외과
18	mission		18	명 원뿔
19	nomination		19	명 지명
20	overseas		20	명 통계학
21	portray		21	명 브로셔, 책자
22	propose		22	형 예정인, 만기가 된
23	relieve		23	형 간접적인
24	rural		24	형 눈에 보이지 않는
25	sociable		25	형 모험심이 강한, 대담한
26	statistics		26	형 비참한, 재해의
27	surgery		27	형 사교적인
28	tilt		28	형 시골의, 전원의
29	undergo		29	형 즐거운, 유쾌한
30	vocabulary		30	형 해외의 부 해외로

✦ 해당 영어의 한국어 의미를 생각하면서 2번씩 적으시오.

01	~의 아래에	**underneath**	~의 아래에	~의 아래에
02	강제로 시키다; 힘	**force**	강제로 시키다; 힘	강제로 시키다; 힘
03	개요, 개관	**overview**	개요, 개관	개요, 개관
04	개인의; 개인	**individual**	개인의; 개인	개인의; 개인
05	게시, 고시	**bulletin**	게시, 고시	게시, 고시
06	공작	**duke**	공작	공작
07	기계류, 장치	**machinery**	기계류, 장치	기계류, 장치
08	논의, 말다툼	**argument**	논의, 말다툼	논의, 말다툼
09	둘러싸다	**surround**	둘러싸다	둘러싸다
10	등록하다	**enroll**	등록하다	등록하다
11	따뜻함, 온기	**warmth**	따뜻함, 온기	따뜻함, 온기
12	만족	**satisfaction**	만족	만족
13	목재	**timber**	목재	목재
14	배달	**delivery**	배달	배달
15	번영	**prosperity**	번영	번영
16	보호자	**guardian**	보호자	보호자
17	불신	**disbelief**	불신	불신
18	비언어적인	**nonverbal**	비언어적인	비언어적인
19	사회적인, 사교적인	**social**	사회적인, 사교적인	사회적인, 사교적인
20	안정된, 꾸준한	**steady**	안정된, 꾸준한	안정된, 꾸준한
21	재단사; 맞추다	**tailor**	재단사; 맞추다	재단사; 맞추다
22	연관시키다	**involve**	연관시키다	연관시키다
23	우편	**post**	우편	우편
24	자신 있는	**confident**	자신 있는	자신 있는
25	종교	**religion**	종교	종교
26	사정, 상황, 환경	**circumstance**	사정, 상황, 환경	사정, 상황, 환경
27	충돌하다; 충돌	**crash**	충돌하다; 충돌	충돌하다; 충돌
28	통	**barrel**	통	통
29	표현	**expression**	표현	표현
30	항해	**voyage**	항해	항해

✦ 다음을 영어는 한국어로 한국어는 영어로 적으시오.   정답 p.79

01	argument		01	동 강제로 시키다 명 힘	
02	barrel		02	동 둘러싸다	
03	bulletin		03	동 등록하다	
04	circumstance		04	동 연관시키다	
05	confident		05	동 충돌하다 명 충돌	
06	crash		06	명 개요, 개관	
07	delivery		07	명 게시, 고시	
08	disbelief		08	명 공작	
09	duke		09	명 기계류, 장치	
10	enroll		10	명 논의, 말다툼	
11	expression		11	명 따뜻함, 온기	
12	force		12	명 만족	
13	guardian		13	명 목재	
14	individual		14	명 배달	
15	involve		15	명 번영	
16	machinery		16	명 보호자	
17	tailor		17	명 불신	
18	nonverbal		18	명 재단사 동 맞추다	
19	overview		19	명 우편, 집배	
20	post		20	명 종교	
21	prosperity		21	명 사정, 상황, 환경	
22	religion		22	명 통	
23	satisfaction		23	명 표현	
24	social		24	명 항해	
25	steady		25	전 ~의 아래에	
26	surround		26	형 개인의 명 개인	
27	timber		27	형 비언어적인	
28	underneath		28	형 사회적인, 사교적인	
29	voyage		29	형 안정된, 꾸준한	
30	warmth		30	형 자신 있는	

3rd Edition

절대어휘 5100

② 중등 내신 필수 900

*WORKBOOK
ANSWER KEY

WORKBOOK ANSWER KEY

DAY 01 P. 4

01 형 비정상의	01 undertake
02 동 충고하다, 조언하다	02 dump
03 명 도착	03 extend
04 명 턱수염	04 misunderstand
05 명 다발	05 cite
06 동 인용하다	06 advise
07 형 혼란시키는	07 inequality
08 형 신뢰할 수 있는	08 bunch
09 형 민주적인	09 arrival
10 명 할인 동 할인하다	10 democratic
11 동 버리다	11 protection
12 명 환대, 오락	12 sociology
13 동 뻗다, 넓히다	13 survival
14 부 앞으로, 전방으로	14 timetable
15 명 현관, 복도	15 ozone
16 명 같지 않음, 불평등	16 magnet
17 형 반어적인	17 posture
18 명 자석	18 steam
19 동 오해하다	19 beard
20 형 정상의	20 saw
21 명 오존	21 discount
22 명 자세	22 hallway
23 명 보호	23 entertainment
24 형 현저한, 주목할 만한	24 forth
25 명 톱 동 톱질하다	25 ironical
26 명 사회학	26 abnormal
27 명 증기	27 credible
28 명 생존	28 normal
29 명 시간표	29 remarkable
30 동 떠맡다	30 confusing

DAY 02 P. 6

01 동 흡수하다	01 discourage
02 명 일, 사건	02 demonstrate
03 명 짐승	03 misuse
04 명 부담	04 suspect
05 형 시민의	05 notice
06 명 혼란	06 protest
07 명 외상, 신용	07 stir
08 동 논증하다, 증명하다	08 absorb
09 동 낙담시키다	09 burden
10 형 튼튼한, 내구력 있는	10 influence
11 형 열렬한	11 credit
12 형 외부의	12 fortress
13 명 요새	13 affair
14 명 항구	14 warrior
15 명 영향, 효과	15 beast
16 형 무책임한	16 remedy
17 명 크기	17 magnitude
18 동 오용하다	18 harbor
19 동 주의하다 명 통지	19 confusion
20 형 부분의	20 scarcely
21 형 잠재적인 명 가능성	21 potential
22 동 항의하다 명 항의	22 timid
23 명 치료 동 치료하다	23 irresponsible
24 부 거의 ~ 않다	24 partial
25 형 태양의	25 unfaithful
26 동 휘젓다, 뒤섞다	26 civil
27 동 의심하다 명 용의자	27 enthusiastic
28 형 겁 많은, 소심한	28 external
29 형 불성실한, 불충실한	29 solar
30 명 전사	30 durable

DAY 03 P. 8

01 혱 어리석은, 불합리한	01 beg
02 명 애정	02 calculate
03 혱 인공적인	03 isolate
04 동 간청하다, 빌다	04 heal
05 동 계산하다	05 creep
06 명 명료, 명확	06 suspend
07 명 정복	07 remove
08 동 기다	08 participate
09 명 논증, 시위	09 demonstration
10 명 발견	10 pottery
11 명 황혼, 해 질 무렵	11 equality
12 명 동등, 평등	12 clarity
13 혱 멸종된	13 discovery
14 혱 운 좋은	14 proverb
15 동 고치다, 낫게 하다	15 affection
16 혱 영향력 있는	16 conquest
17 동 고립시키다	17 stock
18 부 주로	18 unification
19 명 혼합	19 scenery
20 혱 핵의	20 mixture
21 동 참여하다	21 dusk
22 명 도자기	22 mainly
23 명 속담, 격언	23 wasteful
24 동 제거하다	24 sold out
25 명 풍경, 경치	25 extinct
26 혱 품절된	26 absurd
27 명 주식, 저장	27 influential
28 동 중지하다, 연기하다	28 fortunate
29 명 통합, 통일	29 artificial
30 혱 낭비의	30 nuclear

DAY 04 P. 10

01 혱 풍부한	01 obey
02 명 학원, 학회, 학교	02 deny
03 명 내세	03 maintain
04 혱 예술적인	04 jail
05 명 행동	05 replacement
06 명 캠페인, 운동	06 afterlife
07 혱 고대의, 고전의	07 criticism
08 명 비판	08 extinguisher
09 동 부정하다, 부인하다	09 equipment
10 명 차별, 식별	10 scholarship
11 혱 동적인	11 storage
12 명 장비, 설비	12 province
13 명 소화기	13 discrimination
14 명 창설, 기초, 근거	14 foundation
15 혱 건강에 좋은	15 campaign
16 혱 유익한, 정보의	16 pound
17 명 감옥	17 academy
18 동 유지하다	18 behavior
19 혱 이동성의	19 healthful
20 동 따르다, 복종하다	20 classic
21 혱 특별한, 특정의	21 solid
22 명 파운드 동 치다, 두드리다	22 untidy
23 명 지방, 지역	23 dynamic
24 명 교체, 교환	24 artistic
25 명 장학금	25 informative
26 혱 단단한, 고체의	26 suspicious
27 명 저장(소)	27 mobile
28 혱 의심스러운	28 watchful
29 혱 단정치 못한	29 particular
30 혱 주의 깊은	30 abundant

DAY 05 P. 12

01 명 대리점	01 depict
02 형 잠들어 있는	02 scold
03 명 믿음	03 tolerate
04 명 수용력, 역량	04 consent
05 동 분류하다	05 sustain
06 동 동의하다, 찬성하다	06 classify
07 명 횡단보도	07 disobey
08 동 그리다, 묘사하다	08 weaken
09 동 거역하다	09 ease
10 동 완화시키다	10 untie
11 명 오류, 실수	11 majority
12 형 극도의, 극심한	12 agency
13 명 분수 동 분출하다	13 belief
14 형 무정한, 냉혹한	14 objection
15 형 처음의	15 fountain
16 형 질투가 많은	16 poverty
17 명 대다수, 대부분	17 capacity
18 명 알맞음, 중용	18 psychologist
19 명 반대	19 moderation
20 명 열정	20 error
21 명 빈곤	21 passion
22 명 심리학자	22 strategy
23 명 표현	23 representation
24 동 꾸짖다	24 crosswalk
25 형 고독한	25 solitary
26 명 전략	26 extreme
27 동 떠받치다, 유지하다	27 heartless
28 동 너그럽게 봐주다	28 asleep
29 동 풀다	29 jealous
30 동 약화시키다	30 initial

DAY 06 P. 14

01 명 가속, 촉진	01 injure
02 부 우연히	02 swear
03 명 일치, 합의	03 modify
04 형 경계하는, 조심하는	04 belong
05 명 모양, 관점	05 deposit
06 동 속하다	06 manage
07 명 결과	07 scout
08 동 예금하다 명 예금	08 require
09 명 무질서	09 sophomore
10 형 태평스러운	10 acceleration
11 명 폭발, 분출	11 consequence
12 명 요인, 요소	12 freeway
13 명 고속도로	13 pastime
14 형 숨겨진	14 aspect
15 동 다치게 하다	15 objective
16 명 정기 간행물	16 disorder
17 동 관리하다	17 psychology
18 동 바꾸다, 수정하다	18 factor
19 명 목표 형 객관적인	19 agreement
20 명 기분전환, 오락, 취미	20 journal
21 형 칭찬받을 만한	21 praiseworthy
22 명 심리학, 심리	22 eruption
23 동 필요로 하다, 요구하다	23 tongue
24 동 스카우트하다	24 accidentally
25 명 2학년	25 alert
26 형 스트레스가 많은	26 upbeat
27 동 맹세하다	27 wealthy
28 명 혀, 말	28 hidden
29 형 낙관적인 명 상승기조	29 stressful
30 형 부유한	30 easygoing

DAY 07   P. 16

01	동 ~에 동반하다	01	weep
02	명 대수학	02	accompany
03	동 할당하다, 지정하다	03	scrape
04	전 아래쪽에	04	hinder
05	명 캡슐, 작은 용기	05	punish
06	동 자르다 명 클립, 속도	06	observe
07	동 보존하다	07	conserve
08	명 껍질, 외피	08	precede
09	형 침울하게 만드는	09	clip
10	형 일회용의 명 일회용 물품	10	assign
11	형 경제의	11	crust
12	형 근본적인, 필수의	12	resident
13	명 신뢰	13	tourism
14	형 깜짝 놀라게 하는	14	algebra
15	동 방해하다	15	pasture
16	명 상해, 손해, 부상	16	injury
17	명 판단, 판결	17	moisture
18	명 안내문, 소책자	18	faith
19	명 습기	19	manual
20	동 보다, 관찰하다	20	syllable
21	명 목초지	21	capsule
22	동 앞서다	22	judgment
23	동 벌주다	23	beneath
24	명 거주자	24	economic
25	동 문지르다	25	essential
26	형 엄격한	26	frightening
27	명 음절	27	depressing
28	명 관광	28	strict
29	형 위로 향한	29	upward
30	동 눈물을 흘리다	30	disposable

DAY 08   P. 18

01	동 일치하다 명 조화	01	symbolize
02	명 골목길, 뒷골목	02	vacuum
03	명 조수	03	weigh
04	동 관련시키다	04	associate
05	명 이익	05	purchase
06	명 탄수화물	06	disrupt
07	명 암호 동 암호로 하다	07	stride
08	명 크리스탈 형 맑고 투명한	08	accord
09	명 묘사	09	resist
10	동 붕괴시키다	10	manufacture
11	형 경제적인	11	pause
12	형 윤리적인	12	occupy
13	명 환상	13	alley
14	형 털이 많은	14	seal
15	형 역사적인	15	description
16	명 불공정	16	jury
17	명 배심원	17	injustice
18	동 제조하다 명 제조, 제품	18	code
19	명 모니터, 감시자	19	benefit
20	동 차지하다, 점령하다	20	track
21	동 중단하다 명 일시중지	21	assistant
22	형 귀중한	22	crystal
23	동 구입하다 명 구입	23	carbohydrate
24	동 저항하다	24	monitor
25	명 봉인, 도장 동 날인하다	25	fantasy
26	동 성큼성큼 걷다	26	economical
27	동 상징하다	27	precious
28	명 자취, 흔적	28	historical
29	동 진공 청소기로 청소하다	29	ethical
30	동 ~만큼 무게가 나가다	30	furry

DAY 09

01	명 일치, 조화	01	assume
02	동 가정하다, 추정하다	02	occur
03	형 구부러진	03	strip
04	명 음료, 마실 것	04	collapse
05	명 목수	05	insert
06	동 무너지다 명 붕괴	06	dissolve
07	명 고려	07	pay
08	명 단서 동 ~에게 신호를 하다	08	seek
09	명 사막 동 버리다	09	pursue
10	동 용해하다, 녹다	10	consideration
11	명 생태계	11	cue
12	형 민족의	12	mass
13	형 먼	13	sympathy
14	형 향수병의	14	carpenter
15	동 삽입하다	15	trade
16	명 정의, 공정	16	welfare
17	명 덩어리, 다량	17	desert
18	명 대걸레 동 닦다	18	ecosystem
19	동 발생하다, 일어나다	19	prediction
20	동 지불하다	20	beverage
21	명 예언, 예보	21	accordance
22	동 추구하다, 쫓다	22	mop
23	명 저항	23	resistance
24	동 찾다	24	specialty
25	명 전문, 특제품	25	justice
26	동 벗기다	26	bent
27	명 동정	27	faraway
28	명 무역, 교환 동 매매하다	28	ethnic
29	형 유효한, 효과적인	29	valid
30	명 복지	30	homesick

DAY 10

01	명 회계사	01	resolve
02	명 천문학자	02	insist
03	동 묶다	03	bind
04	명 마차	04	transact
05	명 동료	05	speculate
06	명 소비자	06	fuse
07	형 교활한, 영리한	07	evaporate
08	형 바람직한	08	edit
09	명 거리	09	stroll
10	동 편집하다	10	household
11	동 증발하다	11	distance
12	명 작별, 고별	12	colleague
13	동 융합하다, 결합하다	13	carriage
14	명 가정	14	consumer
15	동 고집하다, 주장하다	15	wetland
16	명 유치원	16	tablecloth
17	형 성숙한 동 성숙하게 하다	17	kindergarten
18	부 주로	18	offspring
19	명 자손	19	farewell
20	부 아마, 어쩌면	20	astronomer
21	형 더 나은, 바람직한	21	accountant
22	형 인종의	22	perhaps
23	동 결심하다, 결정하다	23	mostly
24	형 예민한, 민감한	24	valuable
25	동 사색하다	25	cunning
26	동 한가로이 거닐다	26	sensitive
27	명 식탁보	27	desirable
28	동 거래하다	28	preferable
29	형 가치 있는	29	mature
30	명 습지대	30	racial

DAY 11 — P. 24

01 동 즐겁게 하다	01 distinguish
02 명 대기	02 cast
03 명 전기, 일대기	03 struggle
04 동 던지다	04 amuse
05 명 충돌	05 whisker
06 명 소비	06 sphere
07 명 호기심	07 taboo
08 형 필사적인, 절망적인	08 knight
09 동 구분 짓다	09 farming
10 명 사설, 논설 형 편집의	10 atmosphere
11 부 결국	11 ranch
12 명 농업	12 futurologist
13 명 미래학자	13 translation
14 명 인류, 인류애	14 separation
15 형 고집하는, 주장하는	15 editorial
16 명 기사	16 consumption
17 형 최대의, 최고의	17 period
18 명 좌우명, 표어	18 humanity
19 명 작동, 수술	19 operation
20 명 시기	20 biography
21 명 편견	21 motto
22 명 대목장	22 vapor
23 형 경의를 표하는	23 collision
24 명 분리	24 prejudice
25 명 구	25 curiosity
26 동 버둥거리다 명 투쟁	26 eventually
27 명 금기, 터부	27 respectful
28 명 번역	28 insistent
29 명 증기	29 maximum
30 명 구레나룻	30 desperate

DAY 12 — P. 26

01 형 정확한	01 transport
02 형 아날로그의 명 아날로그	02 examine
03 명 원자, 극소량	03 combine
04 명 생물학	04 educate
05 명 범주	05 distribute
06 동 결합시키다	06 whisper
07 형 반대의 부 반대로	07 inspire
08 형 현재의 명 흐름	08 settle
09 전 ~에도 불구하고	09 permit
10 동 분배하다	10 fascinate
11 동 교육시키다	11 maze
12 동 검사하다, 시험하다	12 category
13 동 황홀하게 하다	13 biology
14 명 은하(수), 소우주	14 analog
15 명 인류	15 lava
16 동 영감을 주다	16 atom
17 명 용암	17 galaxy
18 명 미로, 미궁	18 response
19 형 진흙의	19 opinion
20 명 의견	20 humankind
21 동 허락하다 명 허가장	21 preparation
22 명 준비, 대비	22 spine
23 형 드문, 진기한, 희귀한	23 despite
24 명 응답	24 stubborn
25 동 해결하다, 정착하다	25 rare
26 명 척추	26 contrary
27 형 고집 센, 불굴의	27 talkative
28 형 수다스러운	28 accurate
29 동 수송하다, 나르다	29 muddy
30 동 속삭이다 명 속삭임	30 current

DAY 13 P. 28

01	통 익숙하게 하다	01	accustom
02	통 분석하다	02	excel
03	명 붙이기, 부착, 애착	03	react
04	명 소	04	analyze
05	명 위로, 위안	05	install
06	명 기부, 기여, 공헌	06	multiply
07	명 교육 과정	07	curriculum
08	명 파괴	08	contribution
09	명 지역	09	optimism
10	형 교육적인	10	treatment
11	통 능가하다, 우수하다	11	stuff
12	형 무서운, 두려운	12	attachment
13	명 차이, 틈	13	cattle
14	명 유머	14	laver
15	통 설치하다	15	comfort
16	명 놋대야	16	humor
17	명 그동안	17	preschool
18	통 증가시키다, 곱하다	18	district
19	명 낙관주의	19	gap
20	형 비관적인	20	responsibility
21	명 유치원	21	destruction
22	통 반응하다	22	educational
23	명 책임	23	sharp
24	형 날카로운	24	widespread
25	형 정신적인	25	various
26	명 물건	26	fearful
27	형 품위 있는, 세련된	27	pessimistic
28	명 대우	28	meantime
29	형 다양한	29	spiritual
30	형 넓게 펼쳐진	30	tasteful

DAY 14 P. 30

01	통 성취하다, 이루다	01	pretend
02	명 만화영화	02	tease
03	명 참석자	03	comment
04	통 폭파하다 명 돌풍	04	vary
05	형 인과 관계의	05	tremble
06	통 논평하다 명 논평	06	distrust
07	명 편의	07	achieve
08	명 세부사항 통 상세히 알리다	08	splash
09	통 불신하다	09	feather
10	명 선거	10	blast
11	명 예외	11	animation
12	명 깃털	12	instance
13	명 얇은 천, 거즈	13	murder
14	명 수소	14	petroleum
15	명 보기, 사례	15	election
16	명 잔디밭	16	option
17	명 정비사	17	detail
18	명 살인	18	hydrogen
19	명 선택(권)	19	gauze
20	명 석유	20	exception
21	통 ~인 체하다	21	lawn
22	형 합리적인	22	mechanic
23	형 편안한	23	attendant
24	명 피난처 통 보호하다	24	convenience
25	통 튀기다	25	shelter
26	형 주관적인	26	willing
27	통 괴롭히다, 놀리다	27	causal
28	통 떨리다, 떨다	28	subjective
29	통 다르다	29	restful
30	형 기꺼이 ~하는	30	reasonable

DAY 15 P. 32

01	형 청각의	01	lay
02	형 1년의	02	disturb
03	동 표백하다 명 표백제	03	muse
04	명 축하	04	exclaim
05	형 상업상의	05	submit
06	형 전통적인, 관습적인	06	mediate
07	명 피해 동 피해를 입히다	07	shorten
08	명 결심	08	split
09	동 방해하다	09	bleach
10	형 선택할 수 있는	10	identify
11	동 외치다, 고함을 지르다	11	determination
12	명 보수, 요금	12	fee
13	명 유전자	13	instinct
14	동 확인하다, 식별하다	14	recess
15	명 본능	15	phase
16	동 놓다, 눕히다	16	preview
17	동 중재하다	17	gene
18	동 생각하다	18	trend
19	형 구두의, 구술의	19	retirement
20	명 양상, 단계	20	telegram
21	명 예고편, 미리 보기	21	celebration
22	명 쉼, 휴식 동 휴회하다	22	damage
23	명 은퇴	23	commercial
24	동 짧게 하다	24	vast
25	동 나누다, 쪼개다 명 쪼개짐	25	oral
26	동 제출하다	26	wistful
27	명 전보	27	elective
28	명 유행	28	annual
29	형 거대한	29	acoustic
30	형 생각에 잠긴	30	conventional

DAY 16 P. 34

01	동 얻다	01	recite
02	형 남극의	02	leap
03	명 주의, 주목	03	ignore
04	동 출혈하다	04	institute
05	형 도자기의 명 도자기	05	acquire
06	동 의사소통하다	06	reunify
07	동 확신시키다	07	withdraw
08	명 몽상 동 몽상에 잠기다	08	bleed
09	명 발전, 발달, 개발	09	communicate
10	형 다양한	10	convince
11	형 전기의	11	sponsor
12	형 배제적인	12	memorial
13	형 동료의 명 친구	13	development
14	명 유전학, 유전적 특성	14	daydream
15	동 무시하다	15	veil
16	동 설립하다 명 협회, 기관	16	genetics
17	동 도약하다	17	teller
18	명 기념비 형 기념의	18	substance
19	명 콧수염	19	organization
20	명 조직, 단체	20	attention
21	명 철학	21	philosophy
22	형 전의, 우선하는	22	mustache
23	동 암송하다, 낭송하다	23	exclusive
24	동 재통합시키다	24	Antarctic
25	동 후원하다 명 후원자	25	diverse
26	명 재료, 물질	26	fellow
27	명 (은행) 금전출납계원	27	prior
28	형 부족의	28	tribal
29	명 베일, 면사포	29	ceramic
30	동 철수하다	30	electrical

DAY 17
P. 36

01	형 실제의	01	memorize
02	명 사과	02	instruct
03	형 매력적인	03	exhaust
04	동 자랑하다	04	substitute
05	명 증명서, 수료증	05	wither
06	동 통근하다	06	illustrate
07	동 협력하다	07	sprout
08	형 친애하는 명 친애하는 사람	08	boast
09	명 기구	09	trim
10	명 부(서)	10	commute
11	명 전자	11	cooperate
12	동 다 써버리다	12	leather
13	명 소설	13	sightseeing
14	명 지질학자	14	device
15	동 설명하다, 삽화를 넣다	15	orient
16	동 가르치다	16	division
17	명 가죽, 가죽제품	17	apology
18	동 기억하다, 암기하다	18	fiction
19	부 즉, 다시 말해서	19	phonetics
20	동 지향하게 하다 명 동양	20	recognition
21	명 음성학	21	electron
22	명 특권 동 특권을 주다	22	vein
23	명 알아봄, 인정, 승인	23	certificate
24	형 거꾸로의 동 거꾸로 하다	24	geologist
25	명 관광	25	privilege
26	동 움트다 명 싹	26	namely
27	동 대신하다 명 대리인	27	reverse
28	동 정돈하다, 끝을 다듬다	28	attractive
29	명 정맥, 혈관	29	actual
30	동 시들다	30	dear

DAY 18
P. 38

01	동 적응시키다	01	triple
02	명 외관, 모양	02	compete
03	명 오디션	03	reconnect
04	명 볼트, 번개	04	venture
05	형 도전적인	05	adapt
06	동 경쟁하다	06	lecture
07	명 산호 형 산호로 만든	07	origin
08	명 빚	08	stable
09	명 헌신	09	insurance
10	명 이혼 동 ~와 이혼하다	10	bolt
11	명 우아함	11	debt
12	명 전시회	12	photograph
13	명 지질(학)	13	coral
14	형 상상의	14	subtitle
15	명 보험	15	appearance
16	명 강의	16	elegance
17	명 자비, 인정	17	divorce
18	형 출생지의, 본래의	18	probability
19	명 기원, 출처, 유래	19	mercy
20	명 사진	20	exhibition
21	명 있을 법함, 가망	21	geology
22	동 다시 연결하다	22	audition
23	명 혁명	23	devotion
24	형 중요한	24	revolution
25	형 안정된 명 마구간	25	challenging
26	명 (영화의) 자막, 부제	26	imaginary
27	형 긴장한 명 시제	27	witty
28	동 3배로 되다	28	significant
29	동 감행하다	29	native
30	형 재치 있는	30	tense

DAY 19 P. 40

01	통 중독되게 하다	01	subtract
02	명 식욕, 욕구	02	terrify
03	명 권위, 권한	03	embarrass
04	통 급속히 발전하다	04	worship
05	명 선수권 (대회)	05	lessen
06	형 경쟁적인	06	addict
07	형 전 세계적인, 세계주의의	07	proceed
08	명 10년	08	recover
09	명 방언, 사투리	09	decade
10	명 문서	10	authority
11	통 당황스럽게 하다	11	boom
12	명 존재	12	document
13	형 사나운	13	physics
14	명 세균	14	dialect
15	형 성숙하지 못한	15	championship
16	형 서로 작용하는	16	germ
17	통 줄이다	17	riddle
18	부 단지	18	appetite
19	명 화밀, 과즙	19	stadium
20	형 원래의	20	existence
21	명 물리학	21	nectar
22	통 진행하다	22	merely
23	통 회복하다	23	competitive
24	명 수수께끼	24	verbal
25	형 조용한	25	fierce
26	명 경기장	26	interactive
27	통 빼다	27	immature
28	통 겁나게 하다	28	cosmopolitan
29	형 말의	29	original
30	통 예배 드리다 명 예배	30	silent

DAY 20 P. 42

01	형 부가적인, 추가의	01	decode
02	통 환호하다	02	pitch
03	명 대로, 한길	03	neglect
04	통 밀어 올리다, 후원하다	04	embrace
05	명 혼돈	05	boost
06	명 불평	06	interfere
07	명 우주	07	imply
08	통 (암호를) 해독하다	08	applaud
09	명 영토, 영역	09	process
10	통 껴안다, 둘러싸다	10	suburb
11	형 현존하는, 현재의	11	ornament
12	명 재정, 자금	12	metropolis
13	명 지구, 세계	13	avenue
14	통 포함하다, 암시하다	14	vessel
15	통 방해하다, 간섭하다	15	complaint
16	명 수준	16	level
17	명 대도시	17	territory
18	통 게을리하다 명 무시	18	domain
19	명 꾸밈, 장식 통 장식하다	19	cosmos
20	통 던지다 명 던지기	20	similarity
21	명 과정	21	finance
22	형 오락의	22	globe
23	형 우스운, 어리석은	23	staff
24	명 유사	24	chaos
25	명 직원	25	additional
26	명 근교, 교외	26	tropical
27	명 영토	27	recreational
28	형 열대의	28	ridiculous
29	명 배, 선박	29	worthwhile
30	형 보람이 있는	30	existing

DAY 21 P. 44

01	동 들러붙다, 고수하다	01	await
02	동 적용하다, 신청하다	02	adhere
03	동 기다리다	03	dictate
04	명 칸막이 좌석, 부스석	04	import
05	형 특색을 이루는 명 특성	05	rip
06	형 복잡한	06	pity
07	명 복장	07	troublemaker
08	명 행위	08	costume
09	동 받아쓰게 하다	09	librarian
10	형 감정적인	10	production
11	형 이국적인	11	vice
12	형 재정의, 금융의	12	stain
13	형 우울한	13	theory
14	동 수입하다 명 수입	14	neighbor
15	형 내부의	15	apply
16	명 사서	16	reduction
17	명 현미경	17	booth
18	명 이웃 형 이웃의	18	deed
19	형 쫓겨난 명 추방된 사람	19	microscope
20	명 동정, 애석한 일	20	sincerely
21	명 생산, 제품	21	emotional
22	명 축소, 삭감	22	internal
23	동 찢다	23	complicated
24	부 진정으로	24	successive
25	명 얼룩 동 얼룩지게 하다	25	gloomy
26	형 연속적인	26	exotic
27	명 이론	27	financial
28	명 문제아, 말썽꾸러기	28	outcast
29	명 악덕, 부도덕	29	characteristic
30	형 훌륭한, 가치 있는	30	worthy

DAY 22 P. 46

01	동 조절하다, 조정하다	01	interrupt
02	동 접근하다 명 접근	02	emphasize
03	형 깨어 있는 동 깨우다	03	sue
04	명 가슴, 품	04	bother
05	동 괴롭히다 명 걱정, 말썽	05	drag
06	형 매력 있는	06	tumble
07	명 이해	07	approach
08	명 지방 의회, 회의	08	adjust
09	명 독재자	09	expand
10	동 끌다, 끌어 당기다	10	bosom
11	동 강조하다	11	thirst
12	동 확장하다	12	stairway
13	명 어업	13	dictator
14	명 영광	14	license
15	명 인상	15	reflection
16	동 가로막다	16	millionaire
17	명 면허(증) 동 면허를 주다	17	wound
18	명 백만장자	18	outcome
19	형 초조한	19	fishery
20	명 결과, 성과	20	glory
21	형 놀기 좋아하는	21	comprehension
22	형 생산적인, 다산의	22	impression
23	명 반영	23	victim
24	형 익은	24	council
25	명 계단	25	awake
26	동 고소하다	26	playful
27	명 갈증, 목마름	27	charming
28	동 넘어지다, 굴리다	28	productive
29	명 피해자	29	ripe
30	명 상처	30	nervous

DAY 23 P. 48

01 명 해군 대장	01 outgrow
02 형 적절한	02 wrap
03 형 알고 있는	03 lie
04 형 화학적인 명 화학제품	04 compress
05 동 누르다, 압축하다	05 differ
06 명 상담원, 카운슬러	06 defeat
07 동 물리치다, 패배시키다	07 slap
08 동 다르다	08 intersection
09 형 극적인	09 expectation
10 명 종업원, 고용인	10 stall
11 명 기대	11 counselor
12 명 주먹	12 suggestion
13 명 우아함	13 grace
14 형 감동적인	14 risk
15 명 교차로	15 politics
16 동 놓여있다, 눕다	16 employee
17 명 최소 한도	17 fist
18 부 그럼에도 불구하고	18 profession
19 동 ~보다 커지다	19 minimum
20 명 정치학	20 vineyard
21 명 직업	21 refuge
22 명 피난, 피난처	22 admiral
23 명 위험, 모험	23 twilight
24 동 찰싹 치다 명 찰싹 치기	24 nevertheless
25 명 마구간, 매점 동 꼼짝 못하다	25 through
26 명 암시, 제안	26 impressive
27 전 ~을 통하여	27 dramatic
28 명 황혼	28 aware
29 명 포도밭	29 appropriate
30 동 싸다, 포장하다 명 덮개	30 chemical

DAY 24 P. 50

01 명 입장, 입학	01 regard
02 동 승인하다	02 dread
03 명 축, 굴대	03 approve
04 명 신부	04 wrinkle
05 명 화학자	05 comprise
06 동 포함하다, 구성하다	06 rival
07 형 셀 수 없는, 무수한	07 employer
08 형 결점이 있는	08 introduction
09 명 어려움, 장애	09 flesh
10 동 두려워하다 명 공포	10 newcomer
11 명 고용주	11 outlet
12 명 원정, 원정대	12 minority
13 명 살	13 bride
14 형 우아한	14 sled
15 명 향상, 개선	15 liquid
16 명 도입, 소개	16 difficulty
17 명 액체	17 pollutant
18 명 소수	18 expedition
19 명 풋내기, 새로 온 사람	19 threat
20 명 할인점, 판매점	20 profit
21 명 오염 물질	21 admission
22 명 이득 동 이익을 얻다	22 axis
23 동 간주하다, 여기다	23 violence
24 명 경쟁자 동 경쟁하다	24 tyranny
25 명 썰매	25 improvement
26 형 적당한, 알맞은	26 chemist
27 명 위험, 협박	27 defective
28 명 폭정	28 countless
29 명 폭력, 격렬	29 graceful
30 동 주름살이 지다 명 주름	30 suitable

01	통 인정하다	01	enable
02	명 적성	02	compute
03	명 박테리아	03	overestimate
04	형 순진한, 아이 같은	04	relate
05	통 계산하다	05	defend
06	명 법정, 안뜰, 궁정	06	ponder
07	통 보호하다, 지키다	07	summarize
08	형 디지털 방식의	08	stare
09	통 표류하다 명 표류	09	admit
10	통 가능하게 하다	10	drift
11	형 실험의	11	thrift
12	명 유행성 감기, 독감	12	miracle
13	형 친절한, 자비로운	13	literature
14	명 사건	14	bacteria
15	명 직감, 직관	15	progress
16	명 문학, 문헌	16	court
17	명 기적	17	incident
18	명 여자 조카	18	sleeve
19	통 과대평가하다	19	wrist
20	통 숙고하다	20	niece
21	명 발달, 진보 통 발달하다	21	flu
22	통 관련시키다	22	aptitude
23	형 낭만적인	23	intuition
24	명 소매	24	romantic
25	통 응시하다	25	digital
26	통 요약하다	26	uncertain
27	명 검약, 검소	27	childlike
28	형 불확실한	28	virtual
29	형 실제의	29	experimental
30	명 손목	30	gracious

01	명 나무 (그늘), 수목	01	popularize
02	명 미끼 통 미끼를 달다	02	pronounce
03	명 신랑	03	overhear
04	통 질식시키다	04	encounter
05	명 관심, 염려 통 염려하다	05	choke
06	명 예의	06	drought
07	부 명확히, 물론	07	relationship
08	형 차원의	08	concern
09	명 가뭄	09	starvation
10	통 우연히 만나다	10	arbor
11	명 설명	11	throat
12	형 유창한	12	bait
13	형 그래프의	13	superstition
14	명 수입, 소득	14	explanation
15	형 직관에 의한, 직관적인	15	income
16	명 쓰레기 통 어지르다	16	bridegroom
17	형 기적적인	17	litter
18	명 황혼	18	courtesy
19	통 우연히 듣다, 엿듣다	19	nightfall
20	통 대중화하다	20	rotation
21	통 발음하다	21	definitely
22	명 관계	22	graphic
23	명 회전	23	slight
24	형 근소한, 가벼운 명 경멸	24	miraculous
25	명 기아, 굶주림	25	visible
26	명 미신	26	year-round
27	명 목구멍	27	fluent
28	형 정복하기 어려운	28	unconquerable
29	형 눈에 보이는	29	intuitive
30	형 연중 계속되는	30	dimensional

DAY 27 — P. 56

01 동 입양하다, 양자로 삼다	01 conclude
02 명 양궁, 궁술	02 overlook
03 동 빛내다	03 brighten
04 명 콜레스테롤	04 delete
05 동 결론을 내리다, 마치다	05 suppose
06 명 법정	06 drown
07 동 삭제하다	07 zip
08 형 장애가 있는	08 adopt
09 동 익사하다	09 invest
10 명 격려	10 graze
11 명 폭발	11 cholesterol
12 명 사람들, 가족 형 민속의	12 livestock
13 동 풀을 뜯어먹다	13 encouragement
14 형 부정확한	14 courtroom
15 동 투자하다	15 folk
16 명 가축	16 nightmare
17 형 비참한	17 archery
18 명 악몽	18 throne
19 동 못 보고 지나가다	19 sneeze
20 형 휴대용의	20 proof
21 명 증거	21 relative
22 명 친척 형 상대적인	22 explosion
23 형 썩은, 부패한	23 statement
24 명 재채기 동 재채기하다	24 miserable
25 명 성명, 진술	25 disabled
26 동 상상하다, 가정하다	26 incorrect
27 명 왕좌	27 visual
28 형 의식이 없는	28 rotten
29 형 시각의, 눈에 보이는	29 unconscious
30 동 지퍼로 잠그다	30 portable

DAY 28 — P. 58

01 명 이점	01 indicate
02 형 대머리의, 머리가 벗겨진	02 export
03 형 넓은, 광범위한	03 chop
04 동 자르다	04 uncover
05 동 행하다 명 행위	05 conduct
06 명 비겁자 형 겁 많은	06 sob
07 형 섬세한	07 relay
08 명 불일치	08 broad
09 형 둘의, 이중의	09 disagreement
10 형 끝이 없는, 무한한	10 coward
11 동 수출하다 명 수출	11 misery
12 형 그 다음의	12 rubble
13 형 탐욕스러운, 몹시 탐내는	13 advantage
14 동 가리키다, 지적하다	14 statesman
15 형 조사의	15 proposal
16 형 달의	16 tide
17 명 비참함	17 nitrogen
18 명 질소	18 portrait
19 부 몹시, 지나치게	19 overly
20 명 초상화	20 following
21 명 제안, 청혼	21 vital
22 명 교대, 교체	22 endless
23 명 잔해, 암석 조각	23 lunar
24 동 흐느껴 울다	24 bald
25 명 정치가	25 zoological
26 형 최상의, 최우수의	26 dual
27 명 조수, 조류	27 delicate
28 동 폭로하다	28 investigative
29 형 극히 중요한, 생명의	29 supreme
30 형 동물학의	30 greedy

DAY 29 P. 60

01 형 모험심이 강한, 대담한	01 undergo
02 명 건축	02 relieve
03 명 싼 물건, 거래	03 forbid
04 명 브로셔, 책자	04 tilt
05 명 순환	05 portray
06 명 원뿔	06 enrich
07 명 갈라진 틈 동 갈라지다	07 propose
08 형 즐거운, 유쾌한	08 crack
09 형 비참한, 재해의	09 architecture
10 형 예정인, 만기가 된	10 exposition
11 동 풍요롭게 하다	11 mission
12 명 박람회	12 luxury
13 동 금지하다	13 circulation
14 명 식료품점	14 grocery
15 형 간접적인	15 bargain
16 형 눈에 보이지 않는	16 vocabulary
17 명 사치, 호사 형 사치(품)의	17 surgery
18 명 사명, 임무	18 cone
19 명 지명	19 nomination
20 형 해외의 부 해외로	20 statistics
21 동 묘사하다	21 brochure
22 동 제안하다	22 due
23 동 경감시키다	23 indirect
24 형 시골의, 전원의	24 invisible
25 형 사교적인	25 adventurous
26 명 통계학	26 disastrous
27 명 수술, 외과	27 sociable
28 동 기울이다	28 rural
29 동 겪다, 경험하다	29 delightful
30 명 어휘	30 overseas

DAY 30 P. 62

01 명 논의, 말다툼	01 force
02 명 통	02 surround
03 명 게시, 고시	03 enroll
04 명 사정, 상황, 환경	04 involve
05 형 자신 있는	05 crash
06 동 충돌하다 명 충돌	06 overview
07 명 배달	07 bulletin
08 명 불신	08 duke
09 명 공작	09 machinery
10 동 등록하다	10 argument
11 명 표현	11 warmth
12 동 강제로 시키다 명 힘	12 satisfaction
13 명 보호자	13 timber
14 형 개인의 명 개인	14 delivery
15 동 연관시키다	15 prosperity
16 명 기계류, 장치	16 guardian
17 명 재단사 동 맞추다	17 disbelief
18 형 비언어적인	18 tailor
19 명 개요, 개관	19 post
20 명 우편	20 religion
21 명 번영	21 circumstance
22 명 종교	22 barrel
23 명 만족	23 expression
24 형 사회적인, 사교적인	24 voyage
25 형 안정된, 꾸준한	25 underneath
26 동 둘러싸다	26 individual
27 명 목재	27 nonverbal
28 전 ～의 아래에	28 social
29 명 항해	29 steady
30 명 따뜻함, 온기	30 confident

MEMO